평 신 도 를 위 한 신 앙 지 침 서

예수님, 어떻게 믿을까요?

최 재 화 지음

kmc

머리말 _ 개정판에 부쳐

이 세상에서 가장 큰 복은 먼저 하나님을 만나는 복입니다. 둘째는 진리의 기둥과 터인 하나님의 교회를 만나는 복이고, 셋째는 생명의 복음을 전하는 목회자를 만나는 복과 복음으로 살아가는 성도를 만나는 복입니다.

저는 2011년 5월에 영국감리교단의 초청을 받아 영국을 방문한 적이 있었습니다. 연회 일정을 마치고 영국의 명튼 명문학교장의 안내를 받아 학교 소개를 들으면서 그의 깊은 신앙심과 복음의 열정에 감탄하지 않을 수 없었습니다. 저는 그에게 "당신의 비전은 무엇입니까?"라고 질문을 던졌습니다. 그때 그는 이렇게 대답하였습니다. "나의 비전은 나와 함께하는 모든 학생들이 예수님처럼 살아가는 것입니다."

그동안 한국 교회는 하나님의 특별한 사랑과 은혜를 입었습니다. 가난과 문맹과 삶의 질곡의 쇠사슬에 묶여 있었을 때 순교정신으로 무장한 선교사들의 선교열정으로 이 땅에 복음의 꽃이 피었습니다. 그 후 경제성장과 함께 교회의 종탑은 높이 올라갔고 진리와 함께 민주화와 세계화를 이루었습니다. 당시 세계가 주목하는 한국이 되었고, 외국 교회가 한국 교회를 배우겠다고 찾아왔지만 지금 그런 이들의 모습이 더 이상 보이지 않습니다.

오늘의 기독교는 풍요 속의 빈곤처럼 교회와 신자 수는 많아졌는데, 세상의 등대가 되지 못하고 비판의 대상이 되고 말았습니다. 전에는 교회가 세상을 염려했는데 요사이는 세상이 교회를 염려하기도 합니다. 심히 안타까운 일입니다.

그럼에도 불구하고 한국 교회에는 여전히 희망이 있습니다.

아무리 무서운 질병일지라도 원인을 알면 치료할 수 있듯이, 작금의 교회 현실을 정확히 진단하고 대처한다면 한국 교회는 세상 사람들에게 희망을 비추는 빛이 되고 맛을 내는 소금의 역할을 능히 감당할 수 있습니다.

복음이신 예수께로 돌아가는 길만이 한국 교회의 희망이며 인류의 희망입니다. 그 길은 순전한 교회로 돌아가는 것입니다. 말씀 중심의 신앙을 회복하는 것입니다. 철저한 성경 중심, 복음 중심이야말로 교회를 교회 되게 하고, 진리 중심의 신앙생활이 성도를 성도 되게 합니다. 복음과 생활이 하나 될 때 인생이 행복해집니다.

그러한 마음에서 보다 철저히 성경을 통한 복음을 전달하고 진리 안에서 자유인으로 살아갈 수 있도록 설교를 준비하고, 성경공부를 지도하며 준비한 내용입니다. 그렇게 하나하나 정리한 것을 한 권의 책으로 내놓게 되었습니다. 심히 부끄럽습니다만, 한국 교회를 염려하면서 하나님이 기뻐하시는 진정한 교회를 세우는 데 조금이라도 도움이 되었으면 하는 기도하는 심정으로 글을 썼습니다.

이 책이 나오기까지 수고하신 많은 분들께 감사드립니다. 교회가 위기를 맞고 있는 이때에 성경 중심의 교재가 성도들에게 절실히 요구된다며 독려해 주신 출판국 손인선 총무직무대리와 수고하신 편집실 모든 분들께 진심으로 감사드립니다.

2012년 10월
최 재 화 목사

차례

Chapter 1

하나님은 어떤 분이신가?

하나님은 어떤 분이신가?

이 세상에는 유신론과 무신론이 서로 대립하고 있다. 장님이 태양을 볼 수 없다고 해서 하나님이 계시지 않는 것이 아니듯 우리가 하나님을 볼 수 없다고 해서 하나님이 계시지 않는 것은 아니다. 하나님은 영이신고로 인간의 오감으로 보거나 만지거나 느낄 수 없고 그림으로 그릴 수도, 저울이나 자로 잴 수도 없다. 바람이 불어도 바람 자체는 볼 수 없듯이 하나님은 우리의 육안으로 볼 수 없지만, 지금 이 시간에도 역사 속에서 일하시며 인간의 삶을 주관하신다.

하나님은 태초에 천지를 창조하시고 자기 형상대로 인간을 만드셨다. 그러므로 모든 인생의 궁극적 관심이자 목적은 '어떻게 하면 하나님을 영화롭게 할까?'에 있다. 만일 '하나님이 어디 계시느냐?'고 반문하는 사람이 있다면, 그는 자기 존재의 근원을 모를 뿐 아니라 인생이 무엇인지 모르고 사는 사람과 같다. 하나님은 모든 믿는 자들의 믿음의 대상이요 신앙의 중심이다. 또한 불신자들의 구원의 대상이시다.

"태초에 하나님이 천지를 창조하시니라"(창 1:1)

"하나님이 자기 형상 곧 하나님의 형상대로 사람을 창조하시되 남자와 여자를 창조하시고"(창 1:27)

"여호와를 경외하는 것이 지식의 근본이거늘 미련한 자는 지혜와 훈계를 멸시하느니라"(잠 1:7)

"그런즉 너희가 먹든지 마시든지 무엇을 하든지 다 하나님의 영광을 위하여 하라"(고전 10:31)

1. 하나님을 아는 길

하나님은 어디 계시고, 무엇으로 증명할 수 있으며 어떻게 알 수 있을까? 칼 바르트는 "우리가 하나님을 볼 수는 없으나 만날 수는 있다"고 하였다. 16세기 종교개혁자 존 칼뱅의 「기독교 강요」라는 책에는 이런 글이 있다. "어느 나라 임금이 나라 안의 모든 학자들을 모아놓고 '하나님이란 누구신가?'를 알기 쉽게 설명하라고 하였다. 학자들은 며칠간의 여유를 달라고 요청한 후 수많은 책을 조사하며 명상에 잠긴 채 해답을 찾기 위해 노력하였다. 그들은 결국 임금 앞에서 '임금님, 하나님이란 알 수 없는 분입니다. 왜냐하면 망원경으로 보면 해와 달 등 천체가 보이고, 현미경으로 보면 세균은 보여도 하나님은 보이지 않기 때문입니다'라고 고백하였다."

세상에는 눈으로 보아서 알 수 있는 것만이 아니라 들어서 알 수 있는 것, 느낌으로 알 수 있는 것 등 수없이 많다. 또한 보이는 것과 보이지 않는 것이 얼마나 많은가? 하늘과 땅을 보아도 천지의 끝은 보이지 않고, 산을 보아도 산맥은 보이지 않고, 우주를 보아도 원리는 보이지 않듯이 인간을 보아도 영혼은 보이지 않는다. 그럼에도 많은 사람들은 눈에 보이지 않지만 오늘도 살아서 역사하시는 하나님의 존재를 증명하려고 부단히 노력하였다.

안셀름(Anselm)은 하나님의 존재론적 증명을 위해서 하나님의 관념

(idea)에 초점을 두고 그 관념의 내적 의미를 추구해 나가는 방법을 택하였다. 그는 '보다 더 큰 것을 생각할 수 없는 분, 그리고 그 이상 위대한 분을 상상할 수 없는 실재가 하나님'이라고 하였다. 근대철학의 아버지라 불리는 데카르트(Descartes) 역시 하나님은 존재라고 하는 필연적인 속성을 가졌다고 말하였다. 토마스 아퀴나스는 원동자(原動者), 제1원인, 스스로 필연적인 존재, 최고 존재, 궁극적인 목적을 하나님이라고 하여 우주론적 증명을 시도하였다. 페일리(Paley)는 이 세계가 시계와 같이 복잡한 구조를 가지고 있기 때문에 이 세계의 설계자가 반드시 존재한다는 것을 증명한다고 말하였다. 칸트(Kant)는 하나님의 존재는 이러저러한 논리로 증명할 수 있는 분이 아니고 오직 그 존재가 도덕적으로 요청된다고 하였다. 이렇듯 하나님에 대하여 존재론적, 우주론적, 목적론적, 도덕론적으로 증명하고 학문적으로 나타내고자 했지만 모두 부족하다.

우리는 하나님의 존재가 증명되었기 때문에 하나님을 믿는 것이 아니라 하나님의 존재를 믿기 때문에 하나님을 알고 있다. 하나님의 존재가 믿어지고, 은혜를 받으면 하나님의 존재에 대해 조금도 의심치 않고 확실한 믿음에 거한다. 그러므로 우리가 하나님의 존재를 믿는 것은 하나님의 은혜이다. 하나님은 인간의 이론 탐구의 대상이 아니다. 그러므로 하나님에 대한 존재 증명은 무신론자를 개조하여 신자가 되게 할 수는 있지만 이미 신앙이 있는 자가 하나님을 깊이 이해하는 데 도움을 줄 수는 없다.

탈무드에 보면 한 로마인이 랍비에게 "하나님이 어디 계시는지 알려다오. 그러면 믿겠다"고 했다. 랍비는 그에게 "먼저 태양을 바라볼 수 있느냐?"고 물었다. 로마인은 "어리석은 소리! 어떻게 태양을 직접 볼 수 있냐?"고 반문했다. 랍비는 "하나님이 만드신 수많은 것 중의 하나인 태양도 볼 수 없으면서 어찌 거룩한 하나님을 보여 달라고 하느냐?"고 힐책하였다.

하나님이 계신 증거를 살펴보자.

1) 성경으로 안다

하나님이 천지를 창조하셨기에 그 삼라만상이 오늘날까지 아름다움을 보여 주고 있지 않은가. 시계가 있으면 시계를 만든 사람이 누구인지는 몰라도 만든 사람이 있음을 의심치 않는다. 하물며 만들어진 것을 보면서도 만드신 분을 보아야 믿겠다는 것은 어리석은 생각이다.

"이 성경이 곧 내게 대하여 증언하는 것이니라"(요 5:39)

"하늘이 하나님의 영광을 선포하고 궁창이 그의 손으로 하신 일을 나타내는도다" (시 19:1)

"창세로부터 그의 보이지 아니하는 것들 곧 그의 영원하신 능력과 신성이 그가 만드신 만물에 분명히 보여 알려졌나니 그러므로 그들이 핑계하지 못할지니라"(롬 1:20)

2) 양심으로 안다

칸트(Kant)는 "하늘에는 별이 빛나고 사람의 마음에는 도덕적 법칙이 있다"고 했다. 양심은 나의 일부면서도 나의 편만 들지 않는다. 악한 일을 하면 꾸짖고 좋은 일을 하면 만족하고 기뻐한다.

마치 나침반의 N극이 언제나 북쪽을 가리키고 있듯이 양심은 언제나 하나님을 찾고 있고 또 하나님의 뜻을 나타내려 하고 있다. 하나님의 존재를 부정하는 사람은 하나님을 발견할 수 없어서가 아니라 죽음 후에 하나님 앞에서 심판받을 것이 두려워 하나님의 존재를 부인하는 것이다. 인간이 죄를 지을 때마다 왜 두렵고 고통스러운가? 완전범죄해도 자신을 속이지 못하는 이유가 무엇인가? 하나님을 속일 수 없기 때문이다.

하늘을 나는 비행기를 조종하는 조종사를 보지 못했다고 조종사가 없다고 고집하는 것은 아집이며 무지의 소산이다. 어느 누구도 자신의 뇌와 심장을 본 사람은 없으되 의심하는 사람은 없다.

> "이런 이들은 그 양심이 증거가 되어 그 생각들이 서로 혹은 고발하며 혹은 변명하여 그 마음에 새긴 율법의 행위를 나타내느니라"(롬 2:15)
> "예수께서 이르시되 너는 나를 본 고로 믿느냐 보지 못하고 믿는 자들은 복되도다 하시니라"(요 20:29)

3) 생명으로 안다

인간은 어디에서 와서 어디로 가는가? 만물은 어떻게 생성 소멸되는가? 생명은 생명으로부터 온다. 그렇다면 생명의 최초의 근원은 무엇인가? 아메바? 우연? 아니면 진화인가? 생명은 영생을 소유하신 하나님으로부터 온 것이다.

아우구스티누스는 「고백록」에서 "당신은 우리를 당신 자신을 위해서 창조하셨습니다. 때문에 우리는 당신 안에서 쉴 때까지 참 평안을 얻을 수가 없습니다"고 말하고 있다.

> "진실로 생명의 원천이 주께 있사오니 주의 빛 안에서 우리가 빛을 보리이다"(시 36:9)
> "주여 사람이 사는 것이 이에 있고 내 심령의 생명도 온전히 거기에 있사오니 원하건대 나를 치료하시며 나를 살려 주옵소서"(사 38:16)
> "여호와 하나님이 땅의 흙으로 사람을 지으시고 생기를 그 코에 불어넣으시니"(창 2:7)

4) 목적론적으로 안다

모든 일에 원인이 있고 목적이 있듯이 역사의 운행과정도 어떤 목적을 향한다. 건축물도 건축주의 목적 아래서 세워지는 것처럼 모든 일들이 하나님의 계획 즉, 하나님의 섭리 아래 이루어지고 있다. 마치 시계가 정확한 것처럼 역사는 일정한 방향을 향해 나아가고 있다.

5) 예수 그리스도로 안다

예수 그리스도는 하나님에 대한 계시자로서 이 세상에 오셨다고 성서는 증언하고 있다. "말씀이 육신이 되어 우리 가운데 거하시매 우리가 그의 영광을 보니 아버지의 독생자의 영광이요 은혜와 진리가 충만하더라"(요 1:14) 주후 325년 니케아 회의에서 채택된 신조에서도 "예수 그리스도는 하나님의 아들이며 동시에 그로 말미암아 나타나신 예수님은 그 본질에 있어서 아버지인 하나님과 동일하다"고 고백했다.

훗날 루터는 "예수 그리스도는 참 하나님이시며 동시에 그는 참 사람이시다. 그리고 그는 하나님과 본질이 동일하신 분으로 다만 육을 입으신 것이 하나님과 다를 뿐이다. 그의 성육신은 인간에 의하여 성취된 것이 아니라 하나님 스스로에 의한 계시로서의 성취이다"라고 했다. 그리스도가 곧 하나님이시라는 구체적인 증거로는 그의 생애 즉, 동정녀 탄생, 이적, 십자가, 부활, 승천 등이 있으며 그의 교훈의 진리성과 거룩성에 있다고 할 수 있다. 그리스도의 성육신은 자연의 법칙과 인간 이성의 한계를 초월하여 계시된 하나님의 사건이다.

"태초에 말씀이 계시니라 이 말씀이 하나님과 함께 계셨으니 이 말씀은 곧 하나님이시니라"(요 1:1)
"내가 곧 길이요 진리요 생명이니 나로 말미암지 않고는 아버지께로 올 자가 없느니라 너희가 나를 알았더라면 내 아버지도 알았으리로다 이제부터는 너희가 그를 알았고 또 보았느니라"(요 14:6, 7)

2. 하나님의 명칭

하나님은 '스스로 존재하는 분'으로 영원한 자존자(I am that I am. I be-came that I become.)이시다. 모든 생명의 근원이 되시며 모든 시공을 초월하시며 지고(至高)하신 분으로 절대적인 능력의 소유자이시다. 고로 하나님의 이름 역시 하나님의 인격, 성품, 사역, 능력 등을 나타내주고 있다.

1) 구약성경에서 말하는 명칭

엘(El)

제일 먼저 존재한다는 뜻이다. 위엄, 창조, 능력의 의미가 담긴 이 엘은 경외의 대상을 가리키는 명칭으로 2,500회나 사용되었다. 구약은 하나님을 영원하신 분, 스스로 존재하시는 분, 즉 모든 생명의 근원이 되시는 분으로 계시하고 있다.

엘로힘

엘(El)의 복수로 '강하다, 존귀하다'의 의미를 지닌다. 하나님의 초월성과 최고의 완벽한 품성을 가리키는 말이다.

아도나이(Adonai)

우리말의 '주(主)'라는 의미로 하나님께서 전 인류의 소유자이시며 통치자이심을 드러내는 이름이다.

엘 샤다이(El Shadai)

전능하신 하나님으로, 천지간에 제일 능력이 많은 분을 나타낸다. 하나님께서 그 백성의 축복과 위안의 근원이 되심을 말한다.

여호와(Jehoyah, 야훼)

특별히 하나님은 '여호와'(야훼)라는 이름으로 가장 널리 알려져 있다. 이 명칭은 출애굽기 3장 14절에서 사용된 히브리어의 '자존하다'라는 동사에서 유래된 것으로 하나님의 불변성을 가리키는 가장 신성하고 탁월한 이름이다.

그 밖의 명칭으로는 다음과 같은 것들이 있다.

- 여호와이레 : 준비하시는 하나님
- 여호와라파 : 치료하시는 하나님
- 여호와닛시 : 여호와는 나의 깃발, 나의 승리
- 여호와샬롬 : 여호와는 평강이시다
- 여호와삼마 : 임재하시는 분, 거기 계신 분
- 여호와엘리온 : 축복하시는 하나님

2) 신약성경에서 말하는 명칭

하나님(Theos, 테오스)

신약성경에서 사용된 가장 공통적인 이름이다. 이 용어는 지극히 높으신 분이나 하나님 또는 전능하신 하나님, 그리고 나와 너, 우리의 하나님을 의미한다.

주(Kurios, 큐리오스)

하나님뿐 아니라 그리스도에 대해서도 사용된 이름이다. 이 명칭은 만물 특히 하나님 백성의 소유자요, 지배자로서의 하나님, 왕의 권세와 권위를 가지신 하나님을 가리킨다.

아버지(Pater)

하나님은 이스라엘의 아버지, 창조주, 삼위일체의 제1위이신 성부 하나님, 하나님의 영적 자녀인 신자들의 아버지이시다.

3. 하나님의 속성

하나님의 존재(본질, God's Being)를 믿게 되면 그 하나님에 대해 알고 싶어진다. 여기에서 하나님의 속성이란 하나님의 본질을 말한다.

1) 어디에나 계시는 하나님

하나님은 우주 어느 곳에도 계시지 않는 곳이 없다. 자연 속에서는 창조적인 존재로, 인간 속에서는 도덕적, 영적인 존재로, 역사 속에서는 다스리시는 주권자로 계시므로 그를 피하여 한시도 살 수 없다.

> "여호와여 주께서 나를 살펴 보셨으므로 나를 아시나이다 주께서 내가 앉고 일어섬을 아시고 멀리서도 나의 생각을 밝히 아시오며 나의 모든 길과 내가 눕는 것을 살펴 보셨으므로 나의 모든 행위를 익히 아시오니 여호와여 내 혀의 말을 알지 못하시는 것이 하나도 없으시니이다"(시 139:1~4)
>
> "여호와의 말씀이니라 사람이 내게 보이지 아니하려고 누가 자신을 은밀한 곳에 숨길 수 있겠느냐 여호와가 말하노라 나는 천지에 충만하지 아니하냐"(렘 23:24)

2) 모든 일에 전지전능하신 하나님

인간에게는 모든 것이 유한하며 불완전하다. 지혜와 능력, 지식과 기술, 수명까지도 한계가 있다. 그러나 하나님은 모든 것을 알고 계시며, 못하시는 능력이 없으시다. 만일 하나님이 전지전능하신 분이 아니시라면 인간은 그에게 운명을 맡길 수 없다. 그리고 우리의 생명의 구주로 믿을 필요도 없다.

왜냐하면 인간이 인간을 구원할 수 없는 것처럼 유한자가 유한자의 구주가 될 수 없기 때문이다. 전지(全知)라는 말은 라틴어로 '옴니사이엔티아'(Omniscientia)로 '모든 것을 안다'는 뜻이다. 모든 것이란 시간적으로 과거와 현재와 미래를 포함할 뿐만 아니라 시공을 초월한 모든 것을 말한다.

하나님의 전지는 인간의 지식과 전혀 다르다. 인간은 배우고 경험해서 알지만 하나님은 존재 자체가 앎이요, 그의 지식은 시간과 공간의 제한을 받지 않는다. 전능(全能)이란 '옴니포텐티아'(Omnipotentia)를 번역한 말인데 모든 것을 할 수 있다는 뜻을 가지고 있다. 태초에 하나님은 아무것도 없는 중에서 만유를 창조하셨다.

또한 모든 인간을 그 행한 대로 심판하시고 악한 세력을 정복하시는 하나님은 인간의 깊은 생각까지도 통찰하시는 분이다.

"하나님의 말씀은 살아 있고 활력이 있어 좌우에 날선 어떤 검보다도 예리하여 혼과 영과 및 관절과 골수를 찔러 쪼개기까지 하며 또 마음의 생각과 뜻을 판단하나니 지으신 것이 하나도 그 앞에 나타나지 않음이 없고 우리의 결산을 받으실 이의 눈 앞에 만물이 벌거벗은 것 같이 드러나느니라"(히 4:12, 13)

3) 영원불변하시는 하나님

공간 안에 계시는 하나님은 전지전능하시고 무소부재하시며 모든 사물을 공의와 사랑으로 지배하신다. 또한 시간 속에 계신 하나님은 영원불변하신 분이시다. 하나님의 무한성 곧 영원성은 넓은 의미에서 시간을 초월하여 계신다는 뜻이다.

영원의 반대 개념인 시간이란 어떤 것인가? 시간에는 시작과 마지막이 있다. 시간은 모든 것을 제한하는 규제 조건이다. 시간은 그 자체의 힘으로는 자체의 한계를 극복할 수 없다. 시간은 그 안에 담겨 있는 존재와 같이 흘러가 버린다. 한 번 흘러가 버린 시간은 다시 오지 않는다.

시간은 영원과 신비적인 관계를 맺는다. 그러면 하나님의 영원성은 무엇을 말하는가? 하나님은 시간의 제약을 받지 않는다는 것을 뜻한다. 만일 하나님께서 자신이 창조한 시간의 지배를 받게 된다면 그는 피조물과 같은 운명을 지닌 자에 불과할 것이다. 그러나 하나님은 시간조차도 창조하신 분이다. 하나님은 창조주로서 현재의 시간과 영원을 지배하시면서 그 안에서 모든 것을 성취하시는 분이다.

> "산이 생기기 전, 땅과 세계도 주께서 조성하시기 전 곧 영원부터 영원까지 주는 하나님이시니이다"(시 90:2)

4) 인격자이신 하나님

인격이란 지(知) · 정(情) · 의(義)를 말하는 것으로 하나님은 시공을 초월하시면서 모든 일을 알고 계시고 보고 계시며 인간의 마음 상태를 꿰뚫어 보신다. 선을 기뻐하시고 악을 미워하시며 사랑과 공의를 베푸시며 참되고 은혜로우시며 거룩하시고 끝까지 참고 기다리시는 오직 한 분이신 하나님이시다.

하나님이 인격을 지니셨다는 말은 그의 성품을 가리키는 말인 동시에 하나님이 살아 계신다는 의미도 있다. 왜냐하면 인격이 있다는 말은 곧 살아 있다는 말과 같기 때문이다. 그러므로 우리가 하나님 안에 거할 때 그의 인격의 표현인 사랑을 체험할 수 있다. 즉 인격성(personality)을 지니셨기 때문에 하나님의 한없는 사랑이 우리에게 나타나며 우리와의 사귐도 가능하다.

"하나님이 지으신 그 모든 것을 보시니 보시기에 심히 좋았더라"(창 1:31)
"여호와께서 사람의 죄악이 세상에 가득함과 그의 마음으로 생각하는 모든 계획이 항상 악할 뿐임을 보시고 땅 위에 사람 지으셨음을 한탄하사 마음에 근심하시고"(창 6:5, 6)
"하나님이 우리를 사랑하시는 사랑을 우리가 알고 믿었노니 하나님은 사랑이시라 사랑 안에 거하는 자는 하나님 안에 거하고 하나님도 그의 안에 거하시느니라"(요일 4:16)

5) 스스로 계시는 하나님

신학자들은 하나님을 영원자, 절대자, 창조자, 전능자, 지선자(至善者), 자존자(自存者) 등으로 부르고 있다. 이것은 사람들이 붙인 명칭이고, 하나님께서 스스로 붙인 이름은 '나 여호와 스스로 있는 자'(I am who I am)이다. 스스로 있는 자란 자신의 존재 근원을 자신 안에 가지고 있는 자를 말한다. 세상의 모든 존재는 그 자체의 존재 원인을 자체 안에 가지고 있지 않고 타자에 두고 있다.

예를 들면 집은 목수의 손에 의해서 건축되었고, 곡식은 농부에 의해서 배양되고, 도자기는 도예공의 손에 의하여 만들어졌다. 그러나 하나님은 무엇에 의하여 만들어지거나 탄생한 분이 아니라 영원부터 영원까지 스스로 있는 자이시다. 자존자란 말은 스스로 존재하는 자란 뜻이다. 또한 스스로 존재한다는 말은 그 무엇을 필요로 하는 존재가 아니라는 말이다.

쇠붙이가 아무리 단단해도 공기와 물에 의해서 산화해 버리고, 바위도 풍화작용에 의해서 흙으로 변해 버린다. 그러나 하나님은 무엇에 의해서 변질되거나 생명을 유지해 가는 분이 아니시다. 하나님은 구애됨도 부족함도 없는 절대 완전하신 분이시다.

하나님의 자존은 모든 존재의 근원이 되신다. 세계는 하나님에 의해서 창조되었기 때문에 세계는 하나님께 의존하고 존재한다. 하나님은 세계가 없어도 존재하지만 하나님 없이 이 세상은 아무것도 존재할 수 없다.

그리고 하나님은 모든 사람과 피조물의 존재 목적이 되신다. 그러므로 하나님 앞에서 이 땅에 무가치한 것은 아무것도 없다.

"모세가 하나님께 아뢰되 내가 이스라엘 자손에게 가서 이르기를 너희의 조상의 하나님이 나를 너희에게 보내셨다 하면 그들이 내게 묻기를 그의 이름이 무엇이냐 하리니 내가 무엇이라고 그들에게 말하리이까 하나님이 모세에게 이르시되 나는 스스로 있는 자이니라 또 이르시되 너는 이스라엘 자손에게 이같이 이르기를 스스로 있는 자가 나를 너희에게 보내셨다 하라"(출 3:13, 14)

6) 거룩하신 하나님

'거룩'(聖)이라는 말인 히브리어 '카드슈'는 '분리, 구별'이란 의미가 있다. 하나님은 죄와는 완전히 구별되어 도덕적으로 순결하고 거룩한 성품을 지니고 계신다. 하나님은 거룩하신 분이기 때문에 인간과 분리되며, 그의 사역도 초인적으로 나타나게 된다.

하나님의 거룩성은 하나님의 위엄만을 의미하거나 인간과의 거리만을 강조하는 것이 아니라 하나님과 인간과의 가장 근본적으로 심층적인 관계를 보여 주는 말이다. 하나님은 거룩하시므로 인간의 찬양과 경배를 받으시는 것이다.

"너희는 여호와 우리 하나님을 높이고 그 성산에서 예배할지어다 여호와 우리 하나님은 거룩하심이로다"(시 99:9)
"여호와여 신 중에 주와 같은 자가 누구니이까 주와 같이 거룩함으로 영광스러우며 찬송할 만한 위엄이 있으며 기이한 일을 행하는 자가 누구니이까"(출 15:11)

"여호와께 감사하라 그는 선하시며 그 인자하심이 영원함이로다"(시 136:1)

"그러므로 너희 총명한 자들아 내 말을 들으라 하나님은 악을 행하지 아니하시며 전능자는 결코 불의를 행하지 아니하시고"(욥 34:10)

7) 아버지 되시는 하나님

인격적인 하나님은 인간과 세계의 근거가 되는 창조주일 뿐 아니라 우리와 더불어 사귀어 주는 사랑의 아버지이시다.

하나님을 아버지라 부를 때 몇 가지 사실이 분명해진다. 하나님은 사랑이시라는 사실이다. 인간은 마음의 상태가 늘 변하고 있지만 하나님은 늘 변함이 없으시다. 사람은 대상이 누구냐에 따라 사랑의 농도가 다르지만 하나님의 사랑은 인간의 조건과 상황이 문제가 되지 않는다. 인간의 요청에 의해서 사랑하는 것이 아니라 요청을 하기 전에 그의 섭리에 따라 언제든지 먼저 인간을 사랑하신다.

하나님께서 우리의 아버지가 되신다는 것은 그가 우리에게 공의로운 분이시라는 뜻이다. 공의란 단어 '디카이오수네'에는 '정의, 정당성, 옳음' 등의 뜻이 있다. 자녀를 양육함에는 어머니의 사랑과 아버지의 엄위가 필요하다. 엄격하기만 하면 탈선하기 쉽고 사랑하기만 하면 버릇이 없어지기 쉽다.

또한 하나님께서 우리의 아버지가 되신다는 것은 우리의 신앙과 기도의 대상이 되신다는 뜻이다. 아버지는 자녀를 보호할 의무와 능력을 지니고 있어야 하며, 반면 자녀는 아버지에게 그 보호와 사랑을 받을 권리가 있다.

하나님을 아버지로 모시고 그를 믿는 자는 이와 같이 사랑의 보호를 받을 권리가 있으며 공의로 다스림을 받을 의무가 있다.

"너희가 아들이므로 하나님이 그 아들의 영을 우리 마음 가운데 보내사 아빠 아버지

라 부르게 하셨느니라"(갈 4:6)

"하나님이 우리를 사랑하시는 사랑을 우리가 알고 믿었노니 하나님은 사랑이시라 사
랑 안에 거하는 자는 하나님 안에 거하고 하나님도 그의 안에 거하시느니라"(요일 4:16)

"너희 중에 누가 아들이 떡을 달라 하는데 돌을 주며 생선을 달라 하는데 뱀을 줄 사
람이 있겠느냐 너희가 악한 자라도 좋은 것으로 자식에게 줄 줄 알거든 하물며 하
늘에 계신 너희 아버지께서 구하는 자에게 좋은 것으로 주시지 않겠느냐"(마 7:9~11)

4. 하나님의 사역

1) 창조주 하나님

"태초에 하나님이 천지를 창조하시니라"(창 1:1) 성서 첫머리에 기록된 이
말씀은 기독교 신앙의 근본이 된다. 하나님의 사역을 크게 두 가지로 나눈
다면 과거 일회적 사역으로서의 창조활동과 현재에도 계속되고 있는 구원
사역이라고 할 수 있다.

현대 과학자들은 '창조'를 대신하여 '진화'라는 말을 사용하고 있지만 성
경은 '무(無)에서의 창조'(Creato ex nihilo)를 분명히 말하고 있다. 만일 하
나님이 창조하시지 않는 하나님이라면 구원자로서의 하나님이 될 수 없다.

창조(Creation)란 전혀 새로운 것 즉, 전혀 존재하지 않는 데서의 발생을
의미한다. '무에서의 창조론'은 현대 과학의 입장에서 볼 때 믿어지지 않는
일이지만 믿음의 눈으로 관찰하고 신앙으로 받아들일 때는 무한한 진리가
있음을 발견하게 한다.

아우구스티누스는 「고백록」에서 '태초' 이전에는 시간이 없었다고 한다.
왜냐하면 시간도 하나님이 창조하신 것이기 때문이다. 그러므로 하나님
은 분명한 목적과 사랑의 의지를 가지시고 사랑의 대상으로서 인간을 창

조하셨다.

따라서 창조된 모든 인간과 만물은 존재 목적이 분명하다. 마치 물고기가 물을 떠나 살 수 없듯이 우주는 하나님 안에서만 그 존재를 지탱해 갈 수밖에 없다.

'무에서의 창조'는 예수 그리스도에 대한 진리성을 뒷받침한다. 만일 '무에서의 창조'를 믿지 못한다면 그리스도의 십자가와 부활을 믿을 수 없다. 무(無)는 죽음을 뜻한다.

'인생은 한 번 죽으면 그만이다'라는 사상은 무의 사상에서 나온 말이다. '이래도 한 세상, 저래도 한 세상 호박같이 둥근 세상 둥글둥글 살자'라는 말은 인간의 목숨이 다 무로 돌아간다는 생각에서 나온 것이다. 이러한 사상은 불교의 윤회사상에서 나온 것이다. 이런 사고와 의식은 인간을 운명론에 빠뜨려 꿈과 희망을 빼앗아 버리고 만다.

그러나 '무에서의 창조'는 무에서 방황하는 인간에게 무한한 희망을 안겨 준다. 왜냐하면 인간은 죽음으로 끝나지 않고 부활이라는 영원한 시간과 생명이 있기 때문이다.

"태초에 하나님이 천지를 창조하시니라 땅이 혼돈하고 공허하며 흑암이 깊음 위에 있고 하나님의 영은 수면 위에 운행하시니라"(창 1:1, 2)
"하늘이 하나님의 영광을 선포하고 궁창이 그의 손으로 하신 일을 나타내는도다 날은 날에게 말하고 밤은 밤에게 지식을 전하니 언어도 없고 말씀도 없으며 들리는 소리도 없으나 그의 소리가 온 땅에 통하고 그의 말씀이 세상 끝까지 이르도다"(시 19:1~4)

2) 하나님의 섭리

하나님은 세계를 창조하셨을 뿐 아니라 그 역사를 인도하고, 하나님이 정하신 목표인 하나님 나라를 향하여 움직이고 계신다. 이렇듯 하나님이 세계를 운행하고 있는 것을 '섭리'라고 한다. 섭리라는 말은 라틴어 '프로비데오'(Provideo)에서 나온 말로서 두 가지 의미가 있다. 하나는 '미리 본다', 즉 예지를 의미하고 다른 하나는 '미리 알고 그것에 대하여 대책을 세운다'는 뜻이다. 우리가 믿는 하나님이 미래의 것에 대하여 잘 모르고 계신다면 그분은 우리의 믿음의 대상이 될 수 없다. 하나님은 인간 개개인과 역사의 미래까지 자신의 섭리 아래 계획하고 계신다. 따라서 하나님의 섭리 사상을 배격할 때 모순이 생기게 된다. 그리고 운명과 팔자를 믿게 된다.

해가 매일 뜨고 지는 것 역시 자연 질서에 의해서 맹목적으로 되는 것이 아니라 하나님의 주관에 의해서 되는 것이다. 다시 말하면 우주의 운행과 인간의 생명은 섭리 안에서 이루어지므로 인간은 섭리를 믿고 하나님의 영광을 위해 힘쓰기만 하면 모든 것이 전화위복이 될 수 있다.

하나님은 결코 자기의 피조물을 비극과 절망의 구렁텅이에 버려두기를 원치 않으신다. 예수 그리스도께서는 겟세마네 동산에서 땀방울이 핏방울이 되도록 이렇게 기도하셨다. "아버지여, 내 원대로 마옵시고, 아버지의 원대로 되기를 원하나이다." 이와 같이 하나님의 뜻을 믿고 모든 것을 하나님께 맡기고 믿음으로 살면 하나님은 반드시 축복된 삶을 안겨 주신다.

하나님의 창조 섭리는 모든 인간이 구원받기를 원하신다. 한 영혼이라도 멸망당하는 것을 원치 않으신다. 그러므로 누구든지 예수 그리스도를 믿기만 하면 구원하신다. 이것이 하나님의 섭리요, 질서이다.

스위스의 에밀 브루너(Emil Brunner)는 이 질서를 가리켜 '보존의 질서'라고 했다. 하나님께서 세계를 보존하시기 위해서 정한 질서라는 것이다. 스피노자가 '내일 지구의 종말이 온다고 할지라도 나는 사과나무 한 그루를 심는다'라고 말할 수 있는 이유가 여기에 있는 것이다.

"내가 모태에서 알몸으로 나왔사온즉 또한 알몸이 그리로 돌아가올지라 주신 이도 여호와시요 거두신 이도 여호와시오니 여호와의 이름이 찬송을 받으실지니이다"(욥 1:21) "당신들이 나를 이 곳에 팔았다고 해서 근심하지 마소서 한탄하지 마소서 하나님이 생명을 구원하시려고 나를 당신들보다 먼저 보내셨나이다"(창 45:5)

3) 계시의 하나님

하나님은 인간을 초월한 존재이기 때문에 인간은 자기의 지혜나 힘으로 파악할 수가 없다. 그러나 인간 편에서는 하나님을 파악할 수가 없지만 하나님 편에서 인간에게 접근하여 자신에 대하여 알려 주시므로 인간은 하나님을 알 수 있다.

"열 길 물속은 알아도 한 길 사람 속은 알 수 없다"는 말이 있다. 하나님의 경우에도 하나님 편에서 인간에게 말씀하실 때에만 우리는 하나님을 알 수 있게 된다. 이를 계시라고 하는데 하나님은 성서를 통하여 예수 그리스도 자신을 보내 주심으로 자신을 완전히 인간에게 계시하셨다.

기독교 본질의 3대 원리 중 하나는 계시 신앙이다. 하나님은 자신을 계시하시고 인간은 그 계시를 믿고 경외함이 종교의 본질이다.

계시에는 일반계시와 특별계시가 있다. 일반계시는 자연계시로 자연의 모든 현상을 통해 하나님 자신을 나타내는 방법이고, 특별계시는 구원의 계시로 성경과 예수 그리스도를 통하여 나타내는 방법이다. 그러므로 계시의 정점은 예수 그리스도이다. 예수 그리스도를 통하여 하나님은 자신을 우리에게 드러내시고 그분이 어떤 존재인지를 알 수 있게 한다.

"옛적에 선지자들을 통하여 여러 부분과 여러 모양으로 우리 조상들에게 말씀하신 하나님이 이 모든 날 마지막에는 아들을 통하여 우리에게 말씀하셨으니 이 아들을 만유의 상속자로 세우시고 또 그로 말미암아 모든 세계를 지으셨느니라"(히 1:1, 2)

5. 삼위일체의 하나님

하나님은 본질적으로 한 분이시지만 이 한 분 안에는 성부, 성자, 성령이라고 불리는 삼위가 존재한다. 이는 분리된 세 인격이 아니라 하시는 역사가 다른 세 형태임을 의미한다. 여기에 하나님의 신비한 요소가 있다.

1) 삼위일체의 근거

삼위일체란 천지만물을 창조하신 하나님, 인류를 구원하고자 이 세상에 오셔서 십자가를 지신 예수님, 우리에게 힘과 위로와 능력이 되시는 성령님, 이 세 위격이 일체라는 교리이다.

창조에서 일하시는 삼위를 예로 든다면 성부 하나님께서 말씀하셨고(창 1:3), 성자 하나님은 말씀 자신이셨고(요 1:1), 그리고 성령 하나님께서 수면 위를 운행하셨다(창 1:2).

인간을 창조하실 때와 예수가 세례 받으실 때, 그리고 제자들을 파송하실 때, 축복기도하실 때에 삼위의 하나님을 볼 수 있다.

"하나님이 이르시되 우리의 형상을 따라 우리의 모양대로 우리가 사람을 만들고 그들로 바다의 물고기와 하늘의 새와 가축과 온 땅과 땅에 기는 모든 것을 다스리게 하자 하시고"(창 1:26)

"예수께서 세례를 받으시고 곧 물에서 올라오실새 하늘이 열리고 하나님의 성령이 비둘기 같이 내려 자기 위에 임하심을 보시더니 하늘로부터 소리가 있어 말씀하시되 이는 내 사랑하는 아들이요 내 기뻐하는 자라 하시니라"(마 3:16, 17)

"그러므로 너희는 가서 모든 민족을 제자로 삼아 아버지와 아들과 성령의 이름으로 세례를 베풀고"(마 28:19)

2) 삼위일체 교리에 관한 실례

클로버는 세 잎을 가진 하나의 식물이다. 물(H2O)은 고체(얼음)와 기체(수증기)로 변하지만 모두 다 물이다. 태양은 태양 자체, 빛, 열의 모습으로 나타난다.

삼위(三位)라는 말은 '트레스 페르소나이'(tres personae)라는 말로서 따로 독립되어 있다는 말이며, 일체(一體)라는 말은 희랍어 '미아우시아'를 영어 'one substance'라는 말로 번역한 것이다. 이는 독립된 인격성을 가지고 있으면서 그 본체가 동일하거나 유사하거나 동질적인 것이 아니라 하나라는 뜻이다.

즉 성부 하나님은 우주 만물을 창조하시고 주관하시며 약속된 하나님 나라를 완성하신다. 성자 하나님은 신인(神人)간의 중보자가 되셨고 인류의 십자가를 통해 모든 죄를 위한 대속의 죽음을 지셨고 모든 사람의 구주가 되셨다.

성령 하나님은 그리스도가 승천하신 후 세상에 남아서 그리스도의 복음을 전하는 신자들 사이에서 계속 역사하시며, 장차 하나님의 나라가 완성될 때까지 그리스도의 몸된 교회를 성장케 하고 역사하신다.

그렇다고 성부 하나님이 창조하실 때 성자가 전혀 관여하지 않은 것이 아니다. 창조 시에도 성자 예수 그리스도께서 역사하셨다. 중세기의 신비주의 신학자 요아킴(Joakim, 1132~1202)은 3시대론을 주장했는데 즉 구약시대는 성부의 시대요, 신약시대는 성자의 시대요, 지금 교회시대는 성령의 시대라고 구분했다. 그러나 이러한 구분은 구약시대는 성부만, 신약시대는 성자만, 지금은 성령만 역사하는 것처럼 이해하기 쉽다.

하지만 삼위일체 하나님은 영원 전부터 함께 계시고 함께 역사하셨기 때문에 3시대론을 받아들일 수 없다. 아우구스티누스는 성부 하나님을 가리켜 '사랑하는 분', 성자 예수를 '사랑받는 분', 성령을 '사랑 그 자체'라고 표현했다.

3) 삼위일체론이 형성된 이유

이스라엘은 구약성경을 통해 오직 한 분이신 하나님을 믿는 유일신(有一神) 신앙을 지켜왔다. 그런데 예수 그리스도 자신이 하나님을 아버지로 부르고 '나와 하나님은 하나'(요 10:30)라고 말씀하셨다. 그리고 예수는 부활 승천하시면서 성령을 보내신다고 하셨다. 그러나 제자들과 초대교회는 그리스도의 위치에 대해 이해가 부족했다.

하나님은 한 분인데 그렇다면 예수 그리스도는 누구인가? 초대교회 시대에는 유일신 신앙을 지키느냐 아니면 삼위일체 신, 이신일체(二神一體) 신을 믿느냐 하는 것으로 분분했다. 그래서 어떤 교부는 성부를 제일 큰 신으로 생각하고 성자와 성령을 그 아래 신으로 생각하기도 하고 그리스도의 신성을 부인하고 양자(養子)로 보는 등 많은 이단사상이 나타났다. 그러므로 성서에 충실한 교부들이 성경에 따라 삼위일체 교리를 형성하였고 아우구스티누스는 이를 체계화하였다. 이로 말미암아 3신(三神)을 믿는 다신론이 제거되고 성부, 성자, 성령을 한 분으로 믿는 삼위일체 신앙을 오늘까지 지키게 되었다.

그러나 여호와의 증인, 크리스챤 사이언스 등의 이단들은 지금도 삼위일체론을 부인한다. 하지만 기독교의 유일신론은 오직 하나님 한 분만 계시다는 것이다. 다신론은 희랍의 신화처럼 신이 여럿임을 주장하는 이론이다. 최고신론(hero theism)은 여러 신 중에서 한 분만 섬기는 것을 말하며, 범신론은 우주 삼라만상 모든 것에 신령(神靈)이 있다는 것을 뜻한다.

기독교의 신관은 삼위일체론이다. 성서에는 삼위일체라는 단어는 없지만 삼위일체 하나님에 대하여 말하고 있다. 삼위일체 하나님은 창세전부터 계신 하나님이시다. 삼위일체론은 성서의 하나님을 설명하기 위해 만들어진 것이다.

4) 삼위일체론에 관한 이단들

종속설(Arianism)

이단으로 규정된 아리우스(Arius)에 의해 만들어진 것으로, 성자와 성령을 성부보다 못한 존재라고 보는 이론이다. 종속설에 따르면 하나님은 가장 높은 실체이며 모든 존재자의 원인이다. 그런데 하나님은 모든 존재자들과의 관계를 위하여 중간 존재, 즉 그리스도가 필요하다. 고로 그리스도는 하나님의 최초의 피조물이다. 그러므로 성자는 성부보다 열등하다. 오리겐도 여기에 속한다.

양태론(Modalism)

사벨리우스(Sabellius)에게서 나온 이단사상으로, 하나님은 오직 한 분이며 성부, 성자, 성령이라는 세 모습으로 자신을 계시할 뿐이며 따라서 삼위는 한 분 하나님이 역사하는 세 가지 다른 모양일 뿐 하나님 자신은 한 분이시다라고 주장한다. 양태론은 삼위의 독자성(particularity)과 구별성을 부인한다.

5) 삼위일체의 관계

삼위일체론이란 창조자 성부, 구원자 성자, 성화자 성령, 이 세 분이 본질적으로는 한 분이요, 위격에서는 셋이라는 것이다.

역사적으로 삼위(trinitas)라는 말은 터툴리안이 가장 먼저 사용하였다. 삼위일체론은 두 가지를 동시에 만족시킨다. 하나는 삼위의 통일성(unity)이다. 삼위 하나님은 세 가지의 모습으로 나타나지만 서로 상관없는 별개의 세 분 하나님이 아니라 이 셋은 본질적으로 한 분 하나님 즉, 구약의 이스라엘 민족에게 유일신으로 나타났던 바로 그분이라는 것이다. 그러므로 삼위의 동일본질이 곧 하나님이라는 것이다.

또 하나는 삼위의 독자성(particularity)이다. 하나님은 본질적으로 한 분이지만 구별성과 독립성을 가지고 있다. 삼위의 독자성과 통일성을 동시에 만족시킨다는 것은 논리적으로 모순이다. 그것은 수학적으로 1=3이라는 논리와 같다. 그러나 예수 그리스도의 죽음과 부활을 믿을 때 그 믿음의 사건을 통하여 삼위일체 하나님을 이해할 수 있다.

6) 삼위일체론의 의의

삼위일체론은 교회의 경험을 해명하기 위해 생긴 신학적 이론이다. 예수께서 십자가에 달려 돌아가신 후 다시 살아나지 않았다면 삼위일체론은 생기지 않았을 것이다. 예수께서는 부활하신 후 40일 동안 많은 사람들과 제자들에게 나타나시고 승천하셨다.

그 후 성령이 강림하여 제자들은 성령의 충만함을 얻었다. 그리고 수많은 기적을 맛보았다. 그들은 살아 계신 하나님을 전하기 시작했다. 예수님은 단순한 인간이 아니라 바로 하나님의 아들이라는 사실을 깨달은 것이다.

성령을 통하여 예수께서 그들과 함께 산다는 체험을 성서에 기록하였고 교회는 이것을 삼위일체론으로 체계화하였다. 그러므로 삼위일체론은 단순히 추상적인 논리가 아니다.

오늘날도 성령 체험을 하여 하나님의 살아 계심과 예수 그리스도가 우리를 위하여 십자가에 달려 돌아가셨으며 삼일 만에 부활하였다고 믿는 믿음은 모든 사람들에게 이 삼위일체론을 진리로서 받아들이게 한다.

Chapter 2

예수님은 어떤 분이신가?

예수님은 어떤 분이신가?

기독교의 중심은 예수 그리스도이다. '예수'라는 명칭은 유대인의 이름이지만 '그리스도'는 히브리어의 '메시아'란 뜻으로 이름이라기보다 칭호이다. 그리스도(Christ)의 어원은 '크리스토스'다. 이 말은 '기름부음을 받은 자'란 의미로서 '기름부음, 주유, 기름'이란 뜻을 가지고 있는 '크리스마'에서 유래하였다.

구약의 메시아는 '마솨흐', '기름 바르다'라는 말에서 나온 것으로 특별한 사명을 받은 사람을 일컫는 단어이다. 구약시대에 기름부음을 받은 자는 왕과 제사장 그리고 선지자였다. 그러므로 메시아는 하나님에 의해 세움 받아 하나님의 백성을 구하는 사람, 즉 '구주'다.

구약에 보면 종교의식을 행할 때 주로 기름을 많이 사용했는데 예를 들면 하나님께 제물로 바칠 떡을 구울 때 기름 섞은 고운 가루로 만들었으며, 짐승의 기름을 태워서 하나님이 향기를 흠향하시게 했다. 이와 같이 기름은 향기롭고 깨끗하며 거룩하다는 의미를 지닌다. 그리스도는 거룩하신 분이시며, 그리고 장차 오실 참된 왕과 제사장과 예언자가 되신다는 의미가 그의 이름 속에 들어 있다.

복음서에서 예수는 제자들에게 "너희는 나를 누구라 하느냐"고 물었고 베드로는 "주는 그리스도시요 살아 계신 하나님의 아들이십니다"라고 대답했다. 예수란 이름도 '예수스', 즉 구약의 여호수아, 예호수아라는 말에서 온 것으로 '구원자'란 뜻이다. 그러므로 예수 외에는 구원받을 길이 없다. 예수는 참 하나님(vere Deus)이시며 참 인간(vere homo)이시다. 예수 그리스도는 역사의 중심이시다. 역사를 뜻하는 영어 단어 'history'는 곧 'His story'다. 즉 역사란 예수 그리스도에 대한 이야기이다.

인간의 역사는 그리스도 이전(before christ)과 우리 주님의 시대(Anno Domini)로 나누어지지만 예수는 역사의 중심인물이다. 예수는 참된 하나님이시다. 예수는 성령으로 잉태되어 동정녀 마리아에게서 나신 참 하나님이시다. 육신을 입고 이 세상에 오신 예수는 자신이 하나님을 증명하셨다. 예수는 영혼과 육체만 가진 인성(人性)뿐 아니라, 하나님께로부터 오셨으므로 하나님의 성품(神性)까지도 지니신 분이다. 그러므로 예수는 하나님이 가지신 능력을 갖추고 있으며 믿는 자들의 최후 승리를 위해 부활하셨으며 영원한 안식을 위해 승천하셨다.

예수 그리스도는 하나님과 인간을 중재하는 중보자(the Mediator)이시다. 원죄와 파멸된 삶에 빠진 인간은 죄의 값을 치를 능력도 없고, 하나님께 완전히 복종할 수도 없다. 하나님의 구속의 은총이 아니고서는 하나님의 진노를 영원히 짊어지고 살 수밖에 없으므로 하나님과 범죄한 인간을 화해시킬 분은 하나님 자신뿐이시다. 그러므로 '근본 하나님의 본체시나 하나님과 동등됨을 취할 것으로 여기지 아니하신'(빌 2:6) 예수 그리스도는 이 세상에 육신의 옷을 입고 오신 참 하나님이시다. 그러므로 예수는 땅 위의 모든 권세, 병 고치는 권세, 죽음을 지배하는 권세, 자연을 관장하는 권세, 하늘의 모든 권세를 갖고 계신다.

"말씀이 육신이 되어 우리 가운데 거하시매 우리가 그의 영광을 보니 아버지의 독생자의 영광이요 은혜와 진리가 충만하더라"(요 1:14)

"하물며 아버지께서 거룩하게 하사 세상에 보내신 자가 나는 하나님의 아들이라 하는 것으로 너희가 어찌 신성모독이라 하느냐"(요 10:36)

"이는 한 아기가 우리에게 났고 한 아들을 우리에게 주신 바 되었는데 그의 어깨에는 정사를 메었고 그의 이름은 기묘자라, 모사라, 전능하신 하나님이라, 영존하시는 아버지라, 평강의 왕이라 할 것임이라"(사 9:6)

"또 아는 것은 하나님의 아들이 이르러 우리에게 지각을 주사 우리로 참된 자를 알게 하신 것과 또한 우리가 참된 자 곧 그의 아들 예수 그리스도 안에 있는 것이니 그는 참 하나님이시요 영생이시라"(요일 5:20)

"예수께서 침묵하시거늘 대제사장이 이르되 내가 너로 살아 계신 하나님께 맹세하게 하노니 네가 하나님의 아들 그리스도인지 우리에게 말하라 예수께서 이르시되 네가 말하였느니라 그러나 내가 너희에게 이르노니 이 후에 인자가 권능의 우편에 앉아 있는 것과 하늘 구름을 타고 오는 것을 너희가 보리라 하시니"(마 26:63, 64)

1. 그리스도의 본질

1) 예수 그리스도는 참된 인간이시다

예수는 완전한 하나님이신 동시에 참 인간이시다. "아기가 자라며 강하여지고 지혜가 충만하며 하나님의 은혜가 그의 위에 있더라"(눅 2:40), "말씀이 육신이 되어 우리 가운데 거하시매"(요 1:14 상반절). 이 성서 구절들은 그리스도의 인간됨을 잘 나타내고 있는 말들이다. 그리스도는 사람이다. 사람으로 태어나서 사람으로 살다가 사람으로 죽으셨다는 기록이 복음서에 나타나 있다.

AD 325년 니케아 회의에서는 그리스도의 신성과 인격에 대하여 다음과 같이 정의했다. "그는 인류와 우리의 구원을 위하여 하늘에서 내려오셨고 성령에 의하여 동정녀 마리아로부터 몸을 입으시고 사람이 되셨다."

사도 바울 역시 그리스도는 우리와 같은 인간의 육을 입고 세상에 오셨다고 했다. "그는 근본 하나님의 본체시나 하나님과 동등됨을 취할 것으로 여기지 아니하시고 오히려 자기를 비워 종의 형체를 가지사 사람들과 같이 되셨고 사람의 모양으로 나타나사 자기를 낮추시고 죽기까지 복종하셨으니 곧 십자가에 죽으심이라"(빌 2:6~8)

이와 같이 그리스도는 참 하나님이신 동시에 참 인간이시다. 이 두 가지 본성이 한 인격 안에 존재하고 있는데 양자의 관계는 혼돈되지 않고 변동되지 않으며 분할되지 않고 분리되지 않는 관계 속에서 존재한다. 그런데 하나님의 신성과 인성을 부정하는 이단들이 초대교회 당시에도 있었다.

가현설(Docetism)

초대교회에서 일어났던 이단으로 그리스도의 신성을 강조한 나머지 그리스도가 죄악된 인간의 몸을 입을 수 없다 하여 눈에 보이는 예수 그리스도의 몸과 모습을 환상(illusion)이라고 하였다. 참 신이 인간의 모습을 지닌다는 것은 불가능하다는 것이다. 하나님은 전지전능하시고 무소부재하시는 분인데 어떻게 유한하고 불완전한 인간의 육체 안에 거할 수 있느냐는 것이다. 어떻게 신이 아파하고 배고파하고 슬퍼하며 희로애락을 느낄 수 있느냐는 것이다. 그래서 그들은 그리스도의 육체를 가현적인 적으로 보았다. 즉 우리 인간의 육체와 질적으로 다를 뿐 아니라 인간처럼 보인 것에 불과하다고 했다. 이들은 영지주의자들이다.

순인설(Ebionism)

이는 유대적 사고에서 발생한 이단설로 예수 그리스도의 동정녀 탄생과 부활 그리고 이적을 부인한다. 나사렛 예수는 평범한 인간에 지나지 않고,

선지자의 한 사람에 불과하다고 했다.

양자설(Adoptionism)

예수 그리스도는 순수한 인간이었으나 요단강에서 세례 요한에게 세계를 받은 이후부터 하나님의 양자가 되었다는 것이다. 그러나 예수는 본래 하나님의 아들이셨다. 그리고 인간을 구원하기 위하여 인간의 모습으로 오셨으며, 고난 받는 생명의 구주가 되기 위하여 고난의 육체를 가지고 살았다. 그러므로 그가 참 하나님이며 참 사람이심을 믿는 것이 참 믿음이요 참 신앙이다.

> "우리에게 있는 대제사장은 우리의 연약함을 동정하지 못하실 이가 아니요 모든 일에 우리와 똑같이 시험을 받으신 이로되 죄는 없으시니라"(히 4:15)
> "사십 일을 밤낮으로 금식하신 후에 주리신지라"(마 4:2)
> "그 후에 예수께서 모든 일이 이미 이루어진 줄 아시고 성경을 응하게 하려 하사 이르시되 내가 목마르다 하시니"(요 19:28)
> "바다에 큰 놀이 일어나 배가 물결에 덮이게 되었으되 예수께서는 주무시는지라"(마 8:24)
> "예수께서 눈물을 흘리시더라"(요 11:35)

2) 예수는 믿는 자의 구주가 되신다

하나님은 사랑이시다. 모든 사람이 범죄하여 불법을 행하며 죄의 길을 걸었으므로 하나님의 심판과 멸망을 받을 수밖에 없었다. 그러나 하나님은 사랑이시므로 모든 사람이 구원에 이르지 못하매 독생자 예수 그리스도를 세상에 보내시어 세상 죄를 지고 가는 어린 양이 되어 만민의 화목 제물로 십자가에 못 박히게 하였다. 곧 율법(율법=제사, 제물=피)의 완성으로 영원한 속죄제물이 되신 것이다.

그러므로 모든 인생은 예수의 보혈을 통하지 않고서는 구원받을 수 없고 오직 하나님의 긍휼하심을 깨닫고 예수의 보혈을 믿고 구주로 영접하여 의롭다 함을 받아야 한다. 이로 인해 예수는 인간을 죄에서뿐만 아니라 마귀와 사망의 권세에서도 구원해 주셨다.

"하나님이 세상을 이처럼 사랑하사 독생자를 주셨으니 이는 그를 믿는 자마다 멸망하지 않고 영생을 얻게 하려 하심이라"(요 3:16)

3) 생명과 구원의 길

죽음은 존재의 중단이 아니라 분리이다. 육체적인 죽음은 육체로부터 영혼이 분리되는 것이며 그 결과로 육체는 부패한다. 영적인 죽음은 하나님으로부터 분리되는 것을 의미한다. 영적 죽음과 육체적인 죽음은 모두 죄의 결과이다.

죄란 인간이 독단적으로 살아가려는 마음이다. 날 때부터 첫 번 아담으로부터 받은 원죄(Original Sin)와 자신이 범한 자범죄 때문에 인간 스스로 구원은 불가능하다. 콘센트에서 플러그를 빼면 즉시 전류의 흐름이 단절되고 불이 꺼지는 것과 같다. 불을 켜려면 다시 플러그를 꽂아서 연결해야 한다. 그와 같은 일은 예수 그리스도가 중보하시고 우리 인간은 믿음을 통하여 그 길을 찾아가는 것이다.

구원의 길은 예수 그리스도밖에는 없다. 그러므로 나 자신이 죄인임을 깨닫고 예수가 지신 고난의 십자가를 생각하며, 믿는 자의 구주는 오직 예수임을 깨닫고 나아가야 한다.

2. 그리스도의 직분

그리스도는 우리 죄를 위하여 십자가에 달려 돌아가셨다. 그리스도께서 과거에 우리를 대신하여 속죄의 죽음을 죽으신 것이 아니라 현재도 살아서 하나님과 인간을 연결시키고 있다. 그리스도의 사역에는 세 가지 직분, 직능이 있다. 그것은 예언자, 대제사장, 왕인데 이 세 가지 직분은 구약시대부터 있던 것이지만 그리스도는 그 직분을 종합하고 또한 완성하셨다.

1) 예언자로서의 그리스도

예언자를 히브리어로 '나비' 혹은 '로에', '호제'라고 한다. 그 의미는 '대언자, 입, 소명자'라는 뜻이다. 이들의 사명은 하나님의 대언자로서 하나님의 뜻을 백성에서 전달하는 것이다. 때로는 율법을 풀어 주고 강조하기도 하며, 때로는 원시적인 영안을 가지고 먼 미래에 보이는 희망을 백성에게 전달해 주기도 한다. 이러한 의미에서 예언자는 '보는 자'(the seer)가 되는 것이 그의 사명이다.

흔히 예언자를 통속적 개념대로 '미리 말하는 자' 혹은 '미래를 점치는 자'로 생각하는 경우가 있다. '나비'라는 말은 하나님으로부터 메시지를 가지고 사람들에게 전하러 오는 사람을 의미한다.

신약에서는 '프로페테스'라는 말이 사용되었는데 이것은 '프로'(앞에)와 '페미'(말씀)의 합성어로서 전치사 '프로'는 시간적인 앞이 아니라 장소적인 앞을 의미한다. 그러므로 '프로페미'라는 말은 앞날을 미리 말하는 것이 아니고 하나님의 말씀을 받아서 다른 사람들 '앞에 나아가 말하는 자'(to speak forth)이며 하나님의 의지의 통변자 또는 계시자, 하나님과 사람 사이의 교통의 중계자를 의미한다. 다시 말하면 땅과 하늘의 교차 소리를 듣고 중간에서 하나님의 영음을 전달하는 자, 곧 '말하는 자'(the speaker)가

되는 것이 예언자의 사명이다.

그리스도는 이 예언자적 사명을 다하기 위하여 세상에 오셨다. 하나님의 섭리와 경륜에 따라 그리스도께서 때가 차서 성육신하신 사건 자체가 곧 하나님 말씀의 전달이다.

예언자의 의무는 하나님의 뜻을 백성에게 계시하는 것이다. 이것은 가르침과 경계, 권면, 영광스러운 약속들, 엄한 책망의 형식으로 시행된다. 하나님의 의지를 백성에게 알려주며, 율법을 도덕적, 영적인 면에서 해석해주며, 형식주의와 죄를 대항하여 싸우며 백성으로 하여금 의무의 길로 돌아오게 하며, 미래를 위한 하나님의 영광스러운 약속에 대하여 주의를 환기시켜 주는 데 있다.

또한 예수는 공생애를 통하여 하나님의 말씀을 전파했다. 그리고 예언자로서의 그리스도는 이적을 행하고 십자가를 지시고 부활하심으로 그의 예언자적 직무를 수행하였다.

그리스도는 지금도 교회의 성례전과 교제와 설교와 선교를 통하여 예언자의 사명을 계속하고 있다. 이는 그의 재림 때까지 계속되는 예언 활동이다. 우리는 보혈의 피, 대속의 피를 받고 믿음으로 예수 그리스도를 영접해야 하며 믿어야 한다. 믿음 없이는 하나님의 나라를 유업으로 얻을 수 없다.

"만일 우리가 죄가 없다고 말하면 스스로 속이고 또 진리가 우리 속에 있지 아니할 것이요 만일 우리가 우리 죄를 자백하면 그는 미쁘시고 의로우사 우리 죄를 사하시며 우리를 모든 불의에서 깨끗하게 하실 것이요 만일 우리가 범죄하지 아니하였다 하면 하나님을 거짓말하는 이로 만드는 것이니 또한 그의 말씀이 우리 속에 있지 아니하니라"(요일 1:8~10)

"그러므로 내가 너희에게 알리노니 하나님의 영으로 말하는 자는 누구든지 예수를 저

주할 자라 하지 아니하고 또 성령으로 아니하고는 누구든지 예수를 주시라 할 수 없느니라"(고전 12:3)

"예수께서 이르시되 내가 곧 길이요 진리요 생명이니 나로 말미암지 않고는 아버지께로 올 자가 없느니라"(요 14:6)

2) 대제사장으로서의 그리스도

예언자의 역할이 하나님의 뜻을 사람에게 전하는 것인 반면에 대제사장의 역할은 사람의 뜻을 하나님에게 전하는 역할이다. 제사장은 백성을 하나님과 만나게 하는 역할을 하는 중보자이다. 그러므로 제사장은 사람들 가운데서 그들을 대표하여 하나님의 특별하신 은혜로 선택되어야 했다. 제사장은 여호와께 거룩하고 순수하게 성별되어야 했고 하나님께 가까이 나아와 제사를 드리며 중재할 수 있는 권리를 가지고 있었다.

제사장은 히브리어로 '코헨'이라 한다. 이 말의 뜻은 '하나님 앞에 서는 자'이다. 제사장은 백성을 대신하여 그리고 백성을 위하여 하나님 앞에 서서 제사를 집행하는 자이다. 다시 말하면 하나님과 백성 사이에 선 중보자로서 백성을 대신하여 제사를 드리며, 다른 한편으로 하나님을 대신하여 율법을 선포하고 계시를 전달하는 자가 제사장이다.

구약시대에는 아론과 그의 후손들이 제사장의 직책을 맡았다. 구약성서에 보면 제사장이 집행하는 제사 의식은 다섯 가지 정도였다. 번제, 소제, 화목제, 속죄제, 속건제 등이다.

제사장이 이와 같은 종류의 제사를 드리는 이유는 주로 백성이 범한 죄를 속량받기 위해서이다.

좀 더 구체적으로 나타난 죄관과 속죄를 위한 제사의 본질을 고찰해 보면 다음과 같다.

첫째, 제사 행위에서 가장 중요한 것은 속죄(expiation)이다. 속죄를 의미하는 히브리어 '키페르'는 '덮다'라는 뜻을 지니고 있다. 아담과 하와가 죄를 범하였을 때 하나님은 가죽으로 그들을 덮어 주셨다.

둘째, 죄에는 반드시 형벌이 따르지만 하나님은 때로 용서하신다. 제사장은 형벌을 받아야 할 백성을 위하여 죄 값으로 속죄 제물을 바친다. 이때, 하나님은 제물을 받으시고 백성의 죄를 용서해 주신다. 제물이 속죄 양이 되는 것이다.

셋째, 제물은 깨끗해야 하며 제사장은 백성의 죄를 책임지고 온갖 정성을 다하여 하나님께 제사를 드려야 한다.

그러면 그리스도는 어떻게 인류의 영원한 대제사장이 될 수 있었는가? 예수 그리스도는 하나님이 기뻐하시는 참 희생제물이다. 예수 그리스도는 백성이 받아야 할 형벌을 대신 십자가에서 받았다. 십자가 사건은 우리의 죄 값을 지불하기 위하여 고귀한 생명을 제물로 바친 제사였다. 예수 그리스도는 유월절 양처럼 하나님의 언약에 의하여 드려진 제물이 되셨다.

죄 없는 하나님의 아들이 죄인들을 위하여 드린 무한한 사랑과 자비의 제사를 통해 제사장의 역할을 완성하신 것이다. 즉 그리스도께서는 자신의 희생으로서 하나님과 인간 사이의 화해를 이루셨다.

그리스도는 지금도 인간을 하나님에게 중보하는 제사장의 직무를 감당하고 계신다. 이레네우스(Irenaeus)는 예수 그리스도의 십자가는 만민의 죄 값을 치른 배상이라고 했으며 안셀름(Anselm)은 십자가는 하나님께 영광과 만족을 줄 수 있는 최상의 제사라고 했다.

종교개혁자 마틴 루터(Martin Luther)도 말하기를 "그리스도는 하나님의 공의를 만족시켜 드리기 위해 자신의 생명을 드려 우리가 범한 모든 죄를 감당했기 때문에 모든 죄인의 대표자이며, 그리고 희생제물의 모범을 보인 대제사장이다"라고 했다.

그는 참 하나님이시며 참 사랑이시기 때문에 하나님과 인간 사이를 완전히 결합시킬 수가 있다.

"하나님이 죄를 알지도 못하신 이를 우리를 대신하여 죄로 삼으신 것은 우리로 하여금 그 안에서 하나님의 의가 되게 하려 하심이라"(고후 5:21)
"그러므로 자기를 힘입어 하나님께 나아가는 자들을 온전히 구원하실 수 있으니 이는 그가 항상 살아 계셔서 그들을 위하여 간구하심이라"(히 7:25)
"이튿날 요한이 예수께서 자기에게 나아오심을 보고 이르되 보라 세상 죄를 지고 가는 하나님의 어린 양이로다"(요 1:29)
"곧 하나님께서 그리스도 안에 계시사 세상을 자기와 화목하게 하시며 그들의 죄를 그들에게 돌리지 아니하시고 화목하게 하는 말씀을 우리에게 부탁하셨느니라"(고후 5:19)

3) 왕으로서의 그리스도

그리스도가 우리의 왕이라고 하는 이유가 있다. 그가 우리의 주가 되시며 하나님을 대신하여 우리를 다스리시는 분이기 때문이다. 그는 하나님의 아들이므로 하늘과 땅에서 가장 높으신 왕이시며 모든 권세를 장악하고 계신다. 왕으로서의 그리스도라 함은 그리스도가 죄, 죽음, 악마, 이 세상으로부터 우리를 구원해 내어 영원한 나라에 들어갈 때까지 지켜 주심을 말한다. 그리스도께서 이 세상을 지배하시는 것은 힘에 의해서가 아니라 말씀과 세례와 성찬에 의해서이다. 따라서 왕으로서의 그리스도는 십자가를 통한 죄사함과 부활을 통한 새로운 힘을 주시는 분으로서 신앙인의 무리를 형성하고 교회를 세우고 또한 말씀 선교를 통해서 그의 나라를 지배하신다.

예수의 왕권은 어디에 국적을 둔 왕권인가? 빌라도의 법정에서 빌라도가 예수를 심문할 때 "네가 유대인의 왕이냐"라고 물었다. 이때, 예수가 대답하기를 "내 나라는 이 세상에 속한 것이 아니니라 만일 내 나라가 이 세상에 속한 것이었더라면 내 종들이 싸워 나로 유대인들에게 넘겨지지 않게 하였으리라 이제 내 나라는 여기에 속한 것이 아니니라"(요 18:36)고 했다. 이는 세상 나라의 왕이 아니라 하나님의 나라의 왕이라는 것이다. 다시 말하면 예수의 나라는 왕권에 의하여 명령하고 지배하는 세상의 왕국이 아니라 사랑하고 용서하며 섬기고 도와주는 나라이다.

십자가에서 죽으시고 부활하신 후 승천하여 하나님 우편에 앉으신 그리스도는 죄와 사망의 권세를 정복하시고 왕의 왕, 만유의 주가 되셨다. 이것을 그리스도의 왕권이라 한다.

한때는 그리스도의 왕권이 이 세상 안에 국한되어 있는 것으로 알았다. 그래서 중세교회는 그리스도 왕권이 교회 안에서 뿐만 아니라 세상 안에도 미치는 것으로 알고 교황에게 국왕을 지배할 수 있는 권한까지 부여한 적이 있었다. 그러나 우리가 분명히 알아야 할 것은 예수는 어떤 체제나 헌법을 가지고 세상을 다스리시는 왕이 아니라 하나님의 진리로 이 세상을 다스리시는 왕이시라는 것이다. 진리란 하나님의 의의 말씀과 섭리와 뜻을 말한다.

"보라 네가 잉태하여 아들을 낳으리니 그 이름을 예수라 하라 그가 큰 자가 되고 지극히 높으신 이의 아들이라 일컬어질 것이요 주 하나님께서 그 조상 다윗의 왕위를 그에게 주시리니"(눅 1:31, 32)

"진리를 알지니 진리가 너희를 자유롭게 하리라"(요 8:32)

"이는 만물이 주에게서 나오고 주로 말미암고 주에게로 돌아감이라 그에게 영광이 세세에 있을지어다 아멘"(롬 11:36)

3. 그리스도의 사역

1) 죄의 용서

어느 곳에 말할 수 없는 불량자가 있었다. 아버지는 여러 차례 타일렀으나 그야말로 '쇠귀에 경 읽기'였다.

어느 날 아버지는 자식을 불러 기둥을 가리키면서 말했다. "앞으로 네가 나쁜 짓을 할 때마다 이 기둥에 못을 하나씩 박도록 하겠다." 그로부터 며칠 뒤 그 아들은 거기를 지나다가 깜짝 놀랐다. 거기에는 못이 10개나 박혀 있었다. 그는 멋진 기둥에 못이 박혀 있는 것을 보고 자기의 비행을 진심으로 깨닫게 되었다. 그 이후로 그는 거듭난 사람처럼 착한 일을 하게 되었다. 그 모습을 보고 아버지는 기쁨의 눈물을 흘리며 아들이 착한 일을 할 때마다 기둥에서 못을 하나씩 빼기로 했다. 이윽고 기둥에 박혔던 못이 다 뽑혔다. 그리하여 못이 하나도 남지 않게 되었다. 그러나 그 아들은 조금도 기뻐하는 기색이 없었다. 그 이유는 못은 다 뽑혔어도 기둥에 남은 흔적은 어쩔 수 없었기 때문이다. 그는 그 못 자국을 보면서 지워버릴 수 없는 자기 죄의 무서움을 알고 탄식했다는 이야기다.

흔히 우리는 하나님은 사랑이시기 때문에 우리가 지은 죄를 모두 용서해 주시리라 믿고 있다. 사실 그렇다. 그러나 죄를 범한 자는 자기 자신이 범한 죄를 변상할 자격을 상실하고 있는 것이다. 그런데 성서는 전혀 죄를 모르는 그리스도가 우리 인간의 모든 죄를 변상했다고 말한다. 이것은 인간에게 가장 큰 축복이요, 은혜이다.

"우리가 하나님과 함께 일하는 자로서 너희를 권하노니 하나님의 은혜를 헛되이 받지 말라 이르시되 내가 은혜 베풀 때에 너에게 듣고 구원의 날에 너를 도왔다 하셨으니 보라 지금은 은혜 받을 만한 때요 보라 지금은 구원의 날이로다"(고후 6:1~2)

2) 말씀이 육신이 되심

헬라사상에 의하면 영혼보다 육체는 천박하며 하늘보다 땅은 허무하고 정신보다 물체는 변화무쌍한 것이라 했다. 그래서 그들은 허무주의에 빠지기도 하고 쾌락주의에 도취되기도 한다. 땅에는 희망이 없고 죽음과 고통이 있을 뿐이며, 인생이란 뜬구름처럼 허무하기 그지없다고 생각하는 것이 헬라인들의 통념이다. 그러나 말씀(로고스)이 육신이 되어 세상에 오심으로 어둠이 물러가고 고뇌의 생명이 빛을 받게 되었다는 것이 성육신의 진리이다.

슈바이처(Albert Scheweitzer)는 말하기를 "진정한 크리스천의 사역은 성육신을 실천하는 데 있다"라고 했다. 높은 이상과 진리만 있고 실천이 없을 때 그 이상과 진리는 환상에 불과하기 때문이다. 그래서 슈바이처는 성육신을 실천하기 위하여 아프리카 람바레네 촌에 몸을 던졌다. 우는 자와 함께 울고 웃는 자와 함께 웃으며 아파하는 자를 치료해 주기 위함이었다.

사도 바울은 그리스도가 육을 입고 세상에 오심은 인간들에게 겸손의 본을 보여 주시기 위해서였다고 말한다. 첫째 아담은 하나님과 같이 되려고 하는 교만에서 범죄했으나 둘째 아담인 예수는 사람들과 같이 되려고 하는 겸손에서 하나님의 뜻을 성취했다는 뜻이다. 이것을 겸허설이라 한다. 인간을 사랑하고 구원하려면 인간의 상황에 오셔서 인간처럼 낮아질 때 진정한 인간의 구세주가 될 수 있다는 주장이다.

> "말씀이 육신이 되어 우리 가운데 거하시매 우리가 그의 영광을 보니 아버지의 독생자의 영광이요 은혜와 진리가 충만하더라"(요 1:14)
> "그는 근본 하나님의 본체시나 하나님과 동등됨을 취할 것으로 여기지 아니하시고 오히려 자기를 비워 종의 형체를 가지사 사람들과 같이 되셨고"(빌 2:6, 7)

3) 제자를 삼으심

복음서에 보면 예수께서 "나를 믿으라"고 말씀하신 일이 있는가 하면, 어떤 경우 "나를 따르라"고 말씀하신 일이 있다. 여기에서 믿으라는 말은 신자가 되라는 말이요, 나를 따르라는 말은 나의 제자가 되라는 뜻이다. 신자가 되는 일과 제자가 되는 일은 상당한 차이가 있다.

믿는 일은 마음의 문제이기 때문에 쉽게 해결될 수 있으나 따르는 일은 실천의 문제이기 때문에 결단을 내리기가 참으로 어렵다. 먼저 제자는 어디든지 주를 좇는 자가 되어야 한다. 결단력 없이 주를 따른다는 것은 참 제자의 자세가 아니다. 제자는 죽은 자들로 자기의 죽은 자들을 장사하게 하고 주를 좇는 자가 되어야 한다. 돌아가신 아버지의 장례식을 치르는 일은 자식의 첫째 의무요, 인간의 기본 도리이며 일 중에 가장 중요한 일이다. 그러나 예수는 죽은 자들로 저희 죽은 자를 장사하게 하고 너는 나를 좇으라고 하셨다. 제자의 사명을 최우선적으로 하라는 뜻이다.

사도를 '아포스톨로스'(apostolos)라 하는데 대리자란 뜻이다. 법정 대리인처럼 권한 대행도 가능하며 전권대사처럼 권력 행사도 할 수 있는 직책이다. 그러나 예수의 열두 제자는 예수의 대언자, 대리자들로서 지상에서의 천국의 실현이 최상의 사명이며 복음을 증거할 최우선의 직책수행자들이다. 제자는 세상을 위해서가 아니라 오직 하나님 나라를 위하여 사는 것이 그의 삶의 목적이다.

"너희는 마음에 근심하지 말라 하나님을 믿으니 또 나를 믿으라"(요 14:1)
"이 말씀을 하심은 베드로가 어떠한 죽음으로 하나님께 영광을 돌릴 것을 가리키심이러라 이 말씀을 하시고 베드로에게 이르시되 나를 따르라 하시니"(요 21:19)
"또 다른 사람에게 나를 따르라 하시니 그가 이르되 나로 먼저 가서 내 아버지를 장사하게 허락하옵소서 이르시되 죽은 자들로 자기의 죽은 자들을 장사하게 하고 너는 가

서 하나님의 나라를 전파하라 하시고"(눅 9:59, 60)

"예수께서 이르시되 손에 쟁기를 잡고 뒤를 돌아보는 자는 하나님의 나라에 합당하지 아니하니라 하시니라"(눅 9:62)

4) 예수의 교훈

예수의 사역 방법을 두 가지로 나눈다면 첫째는 케리그마적(선교적) 사역이요, 둘째는 디다케적(교육적) 사역이다.

케리그마적 사역은 그의 탄생에서 승천에 이르기까지 하나님의 뜻과 섭리와 계획을 성취하기 위하여 활동하신 삶을 말한다. 디다케적 사역은 그의 교설, 그의 비유, 그의 윤리, 그의 종말론 등을 말한다. 예를 들면 마태복음 5장 2절에서 "입을 열어 가르쳤다"고 하셨는데 이것은 디다케적 사역을 행하신 것을 의미한다.

그러면 예수는 우리에게 무엇을 가르쳤는가? 첫째, 천국 백성의 신앙 자세와 윤리, 둘째, 천국 생활의 원리로서의 비유, 셋째, 종말론이다.

예수는 하나님을 믿기 때문에 이웃을 사랑해야 하고 이웃을 사랑하기 위해서 하나님을 경외해야 한다고 말씀하셨다. 이러한 교훈은 '선한 사마리아인 비유'(눅 10:30~37)와 '양과 염소의 심판'(마 25:31~46)에서 찾아볼 수 있다. 예수는 믿음과 행함 그리고 정신적 내면성과 순수한 이웃 사랑만이 하나님께 영광이 된다고 하였다.

예수의 중심 교훈은 하나님 나라에 있었다. "회개하라 천국이 가까이 왔느니라"(마 4:17)는 말씀은 곧 하나님과의 교제를 다시 회복하라는 뜻이다. 예수는 디다케적 사역을 통하여 한 사람이라도 천국 시민이 되도록 하는 데 전력을 기울이셨다.

"옛 사람에게 말한 바 살인하지 말라 누구든지 살인하면 심판을 받게 되리라 하였다는 것을 너희가 들었으나 나는 너희에게 이르노니 형제에게 노하는 자마다 심판을 받게 되고 형제를 대하여 라가라 하는 자는 공회에 잡혀가게 되고 미련한 놈이라 하는 자는 지옥 불에 들어가게 되리라"(마 5:21, 22)

"또 누구든지 너로 억지로 오 리를 가게 하거든 그 사람과 십 리를 동행하고 네게 구하는 자에게 주며 네게 꾸고자 하는 자에게 거절하지 말라"(마 5:41, 42)

5) 예수의 복종

예수 그리스도는 철저하게 하나님에게 복종한 인간이었다. "사람의 모양으로 나타나사 자기를 낮추시고 죽기까지 복종하셨으니 곧 십자가에 죽으심이라"(빌 2:8)

겟세마네 동산에서의 기도야말로 예수의 신앙의 극치이다. 죽음 앞에 설 때마다 사람들은 누구나 나약해지고 도움을 요청한다. "그러나 나의 원대로 마시옵고 아버지의 원대로 하옵소서"(막 14:36) 이는 하나님을 철저히 신뢰하기 때문에 하나님께 철저히 복종하는 것이다. 만일 신뢰할 수 없다면 어느 누가 자신의 무릎을 꿇고 철저하게 복종하겠는가? 신앙은 하나님에 대한 철저한 신뢰와 복종에서 나온다. 하나님이 완전히 자기를 지배해 주기를 바라는 것이다. 하나님의 지배를 받을 때 인간의 불안과 고뇌는 물러가고 참 평안과 행복이 도래한다.

도널드 베일리라고 하는 영국 신학자는 이러한 신앙 경험의 중심이 '내가 아니라 하나님'이라는 신앙의 역설에 있다고 주장하였다.

"내가 그리스도와 함께 십자가에 못 박혔나니 그런즉 이제는 내가 사는 것이 아니요 오직 내 안에 그리스도께서 사시는 것이라 이제 내가 육체 가운데 사는 것은 나를 사랑하사 나를 위하여 자기 자신을 버리신 하나님의 아들을 믿는 믿음 안에서 사는 것이라"(갈 2:20)

"만물을 그에게 복종하게 하실 때에는 아들 자신도 그 때에 만물을 자기에게 복종하게 하신 이에게 복종하게 되리니 이는 하나님이 만유의 주로서 만유 안에 계시려 하심이라"(고전 15:28)

6) 예수의 십자가와 부활

기독교 신앙에는 두 기둥이 있다. 십자가의 신앙과 부활의 신앙이 바로 그것이다. 십자가 신앙을 살펴보자. 왜 하나님께서는 자기의 독생자를 십자가에 달려 죽게 하셨을까? 십자가는 로마법대로 하면 로마 시민권이 없는 노예나 이방인을 처형할 때 사용하는 형틀이었다.

십자가는 죄인들이 달리는 것이며 죄 값을 치르는 고통의 기구라 할 수 있다. 통속적인 개념으로 그리스도께서는 십자가 위에서 우리가 담당해야 할 고통과 죄의 형벌을 대신 담당하셨다. 그러나 십자가를 하나님 편에서 볼 때 독생자 예수 그리스도가 달려 죽은 십자가는 형벌의 십자가가 아니라 무한한 하나님의 사랑이요, 무한한 자비의 십자가라는 것이다. 이것은 심판이 아니라 희생적 사랑이며 징벌이 아니라 하나님께서 스스로 자비를 보이신 것이다. 그래서 몰트만(Jurgen Moltmann)은 그의 저서 「십자가에 달리신 하나님」에서 "나의 하나님 나의 하나님 어찌하여 나를 버리셨나이까?"라는 예수의 부르짖음을 "나의 하나님 나의 하나님 어찌하여 당신은 당신 자신을 버리셨나이까?"라고 표현했다. 십자가를 지신 분은 사람이 아닌 사람의 몸을 입은 하나님 자신이었다는 것을 알 때 십자가는 형벌이 아니라 사랑이었음을 깨닫게 된다.

부활은 하나님의 진리와 사랑의 승리를 보장하는 계시적 사건이다. 부활이 없는 십자가는 죽음에 불과하다. 누가 십자가에서 처형당하신 하나님을 따르겠는가?

하나님을 믿을 아무런 이유가 없다. 그러나 예수 그리스도가 죽음의 권세를 깨뜨리고 삼 일 만에 다시 부활하심으로 십자가의 비의는 완전히 벗겨졌다. 최후의 승리를 친히 보여 주신 것이다. 신자들의 영원한 내세에 대한 확실한 보증인 것이다. 십자가 있는 곳에 반드시 부활이 있다. 때문에 윌캔스란 신학자는 부활을 가리켜 '하나님의 사랑의 능력 증명'이라고 했다. 독일의 브룸하르트 목사는 승리의 노래를 지어 불렀다. "예수는 모두 원수 이기는 승리의 주, 온 세계 모든 것 그 앞에 엎드리겠네. 예수는 빛으로 이 세상에 오시어 어둠을 몰아내고 나를 그 빛으로 인도하시네."

"예수는 우리가 범죄한 것 때문에 내줌이 되고 또한 우리를 의롭다 하시기 위하여 살아나셨느니라"(롬 4:25)

"십자가의 도가 멸망하는 자들에게는 미련한 것이요 구원을 받는 우리에게는 하나님의 능력이라"(고전 1:18)

"인자가 온 것은 섬김을 받으려 함이 아니라 도리어 섬기려 하고 자기 목숨을 많은 사람의 대속물로 주려 함이니라"(막 10:45)

"만일 죽은 자가 다시 살아나는 일이 없으면 그리스도도 다시 살아나신 일이 없었을 터이요 그리스도께서 다시 살아나신 일이 없으면 너희의 믿음도 헛되고 너희가 여전히 죄 가운데 있을 것이요"(고전 15:16, 17)

7) 하나님과 인간의 화해

범죄하기 전에 에덴 동산의 아담과 하와는 하나님의 사랑의 대상이었으나 범죄한 후 진노의 대상이 되어 버렸다. 사랑의 관계는 곧 자유와 평화의 관계인 반면 진노의 관계는 불안과 절망의 관계이다. 인간이 살아가면서 크게 불안을 느끼는 것도 하나님의 사랑을 느끼지 못한 탓이며 죽음 앞에서 절망에 떠는 것도 영원한 세계와의 단절 때문이다.

죄로부터 오는 불행과 고통은 하나님의 진노상태이지 자유와 평화의 상태가 아니다. 이러한 진노상태에서의 인간의 살 길은 인간 자신의 지혜와 노력에 의해서 이루어질 수 없다. 왜냐하면 인간은 의에 무력할뿐더러 죄에도 무력하여 아무런 능력을 발휘하지 못하기 때문이다. 오직 하나님에 의해서만이 해결될 수 있다.

절망에 빠진 탕자를 구원하는 길은 아버지의 마음에서 우러나오는 긍휼과 자비, 사랑뿐이다. 탕자 자신은 죄에 오염되었다. 고로 인간이 희망할 수 있는 최후의 보루는 하나님의 사랑뿐이다. 만일 사랑이 없으면 그의 진노는 영원한 멸망을 초래하고 만다. 십자가는 이러한 하나님의 사랑의 계시이며 화해의 계시이다.

그러면 그리스도와의 화해의 상태는 어떤 것인가? 그리스도 안에 거하는 삶을 사는 것이다. 그가 죄를 이긴 것처럼 우리도 이겨야 하며 그가 화해의 사역을 다한 것처럼 우리도 화해의 사역을 감당해야 한다. 하나님과 화해한 자의 생활은 먼저 자신이 화해자가 되는 생활을 해야 한다. 그리스도가 사랑을 실천한 것처럼 사랑을 생활의 법칙으로 삼아야 한다.

"모든 것이 하나님께로서 났으며 그가 그리스도로 말미암아 우리를 자기와 화목하게 하시고 또 우리에게 화목하게 하는 직분을 주셨으니 곧 하나님께서 그리스도 안에 계시사 세상을 자기와 화목하게 하시며 그들의 죄를 그들에게 돌리지 아니하시고 화목하게 하는 말씀을 우리에게 부탁하셨느니라"(고후 5:18, 19)

"곧 우리가 원수 되었을 때에 그의 아들의 죽으심으로 말미암아 하나님과 화목하게 되었은즉 화목하게 된 자로서는 더욱 그의 살아나심으로 말미암아 구원을 받을 것이니라"(롬 5:10)

"화평하게 하는 자는 복이 있나니 그들이 하나님의 아들이라 일컬음을 받을 것임이요"(마 5:9)

8) 하나님 나라

예수께서는 '하나님의 나라'(the kingdom of God) 혹은 '하늘나라'(the kingdom of heaven)에 대하여 여러 번 언급하셨다. 그렇다면 하나님 나라는 구체적으로 어떠한 나라인가?

첫째, 슈바이처와 불트만(Rudolf Bultmann)은 '연속적 종말론'을 통해 "하나님 나라는 하나님의 통치와 그의 통치권을 의미한다"고 했다. 그리고 그 나라는 현재 지상에 실현된 것이 아니라 장차 새 시대에 올 것으로서 아직 그 형태를 드러내지 않았다는 것이다.

둘째, 알렌(S. Aalen)의 이론에 따르면 하나님 나라는 하나님의 통치뿐 아니라 하나님 나라의 형태가 이 지상에 나타나야 하는데 아직 나타나지 않은 나라이다.

셋째, 하나님 나라는 하나님의 주권이 행사되는 나라이긴 하지만 그 주권은 순전히 사람의 마음과 영혼에 국한된 것이라고 주장하는 것이다.

넷째, 다드(C. H. Dodd)는 예수의 성육신과 함께 하나님 나라가 이미 이 지상에 실현되었다고 주장했다.

다섯째, 큄멜(J.Kümmel)은 하나님 나라는 현재적인 면과 미래적인 면을 가지고 있다고 말한다. 예수는 이 나라가 곧 도래한다고 선포했다. 그러나 그 나라가 언제 도래할지는 아무도 모른다. 다만 예수는 그 나라가 자기 자신 안에서 실현된다고 했다. 이미 예수와 함께 역사 안에 들어왔다는 것이다. 고로 그리스도를 영접함으로 하나님 나라의 실상을 체험할 수 있다는 말이다.

하나님 나라는 인간에 의해서 건설되는 것이 아니라 하나님으로부터 세상에 주어진 것이다. 이와 같이 예수가 세상에 오심으로 하나님의 나라가 시작되었다는 것은 복음적이다. 그 나라가 완성되기까지 하나님의 역사에 참여하는 것이 하나님 나라 백성의 사명이다. 다시 말하면 천국 시민은 그 마음에 천국을 소유하면서 아직 소유하지 못한 자에게 복음을 전파하여 살아가야 할 의무가 있다. 가만히 앉아서 예수의 재림만을 기다리는 신자가 되어서는 안 된다.

고로 교회는 하나님 나라에 들어가는 관문인 동시에 이 땅 위에 하나님의 나라를 건설하기 위한 도구와 같은 것이다. 하나님 나라의 백성이 모여서 교제하며 세상에 나가서 하나님 나라의 건설을 위하여 복음을 전파하는 것이 교회와 크리스천의 사명이다.

9) 예수 그리스도의 성품

모든 신자는 예수와 같이 되기를 원한다. 실상 예수와 같이 되기는 불가능하지만 예수는 우리의 모범이 되시며 스승이 되시기에 그의 성품을 알고 본받아야 한다.

예수 그리스도는 거룩하셨다

또한 의를 사랑하고 죄를 미워했고 죄를 멸하기 위해 기꺼이 십자가를 지시고 모든 믿는 자에게 의를 제공하셨다.

"너희가 거룩하고 의로운 이를 거부하고 도리어 살인한 사람을 놓아 주기를 구하여" (행 3:14)

"그리스도께서 우리를 위하여 저주를 받은 바 되사 율법의 저주에서 우리를 속량하셨으니 기록된 바 나무에 달린 자마다 저주 아래에 있는 자라 하였음이라"(갈 3:13)

"일한 것이 없이 하나님께 의로 여기심을 받는 사람의 복에 대하여"(롬 4:6)

"그에게 빛나고 깨끗한 세마포 옷을 입도록 허락하셨으니 이 세마포 옷은 성도들의 옳은 행실이로다"(계 19:8)

예수 그리스도는 사람을 사랑하셨다

친구, 죄인, 잃어버린 자, 가난한 자, 하나님이 그리스도께 맡긴 모든 사람들을 사랑하셨다.

"유월절 전에 예수께서 자기가 세상을 떠나 아버지께로 돌아가실 때가 이른 줄 아시고 세상에 있는 자기 사람들을 사랑하시되 끝까지 사랑하시니라"(요 13:1)
"사람이 친구를 위하여 자기 목숨을 버리면 이보다 더 큰 사랑이 없나니"(요 15:13)

예수 그리스도는 영혼을 사랑하셨다

잃어버린 양의 목자와 치료자로서 동정심을 갖고 사랑으로 양들을 돌보셨다.

"예수께서 눈물을 흘리시더라"(요 11:35)
"예수께서 나오사 큰 무리를 보시고 그 목자 없는 양 같음으로 인하여 불쌍히 여기사 이에 여러 가지로 가르치시더라"(막 6:34)

예수 그리스도는 기도하며 생활하셨다

공생애 시작 전에는 40일 동안 금식 기도하였다. 제자를 부르실 때, 세례를 받기 전과 시험을 받으실 때 그리고 기적을 행하기 전에 기도하셨다. 언제나 중대한 일 앞에서 하나님께 꼭 기도하시며 하나님의 뜻을 기다렸다.

"이 때에 예수께서 기도하시러 산으로 가사 밤이 새도록 하나님께 기도하시고"(눅 6:12)
"백성이 다 세례를 받을새 예수도 세례를 받으시고 기도하실 때에 하늘이 열리며"(눅 3:21)
"이 말씀을 하신 후 팔 일쯤 되어 예수께서 베드로와 요한과 야고보를 데리고 기도하시러 산에 올라가사"(눅 9:28)

"새벽 아직도 밝기 전에 예수께서 일어나 나가 한적한 곳으로 가사 거기서 기도하시더니"(막 1:35)

예수 그리스도는 온유하셨다

"나는 마음이 온유하고 겸손하니 나의 멍에를 메고"라는 말씀처럼 다투거나 시기하지 아니하고 언제나 영혼을 사랑하는 심정으로 대하셨다.

"나는 마음이 온유하고 겸손하니 나의 멍에를 메고 내게 배우라 그리하면 너희 마음이 쉼을 얻으리니"(마 11:29)

"신령한 너희는 온유한 심령으로 그러한 자를 바로잡고 너 자신을 살펴보아 너도 시험을 받을까 두려워하라"(갈 6:1)

"주의 종은 마땅히 다투지 아니하고 모든 사람에 대하여 온유하며 가르치기를 잘하며 참으며"(딤후 2:24)

예수 그리스도는 겸손하셨다

자신의 영광을 구하지 아니하고 언제나 하나님의 영광을 구하셨고 세리와 죄인의 친구가 되셨고 어디서나 자신을 낮추시고 죽기까지 하나님께 복종하심으로 십자가까지 지셨다. 제자들에게 종의 도, 섬김의 도를 친히 보여 주셨다.

"저녁 잡수시던 자리에서 일어나 겉옷을 벗고 수건을 가져다가 허리에 두르시고 이에 대야에 물을 떠서 제자들의 발을 씻으시고 그 두르신 수건으로 닦기를 시작하여"(요 13:4, 5)

"모든 세리와 죄인들이 말씀을 들으러 가까이 나아오니 바리새인과 서기관들이 수군거려 이르되 이 사람이 죄인을 영접하고 음식을 같이 먹는다 하더라"(눅 15:1, 2)

"너희 안에 이 마음을 품으라 곧 그리스도 예수의 마음이니, 사람의 모양으로 나타나사 자기를 낮추시고 죽기까지 복종하셨으니 곧 십자가에 죽으심이라"(빌 2:5, 8)

10) 예수 그리스도의 명령

회개하라

죄에서 돌아서라, 하나님께 돌아오라는 것이다.

"회개하라 천국이 가까이 왔느니라"(마 3:2)
"좁은 문으로 들어가기를 힘쓰라 내가 너희에게 이르노니 들어가기를 구하여도 못하는 자가 많으리라"(눅 13:24)

믿음을 가지라

하나님의 사랑, 예수의 십자가의 대속과 구원을 믿으라고 하셨다.

"내가 그리스도와 함께 십자가에 못 박혔나니 그런즉 이제는 내가 사는 것이 아니요 오직 내 안에 그리스도께서 사시는 것이라 이제 내가 육체 가운데 사는 것은 나를 사랑하사 나를 위하여 자기 자신을 버리신 하나님의 아들을 믿는 믿음 안에서 사는 것이라"(갈 2:20)
"영접하는 자 곧 그 이름을 믿는 자들에게는 하나님의 자녀가 되는 권세를 주셨으니"(요 1:12)
"하나님이 세상을 이처럼 사랑하사 독생자를 주셨으니 이는 그를 믿는 자마다 멸망하지 않고 영생을 얻게 하려 하심이라"(요 3:16)
"믿음 없는 자가 되지 말고 믿는 자가 되라"(요 20:27 하반절)
"믿음이 없어 하나님의 약속을 의심하지 않고 믿음으로 견고하여져서 하나님께 영광을 돌리며"(롬 4:20)

"네가 만일 네 입으로 예수를 주로 시인하며 또 하나님께서 그를 죽은 자 가운데서 살리신 것을 네 마음에 믿으면 구원을 받으리라 사람이 마음으로 믿어 의에 이르고 입으로 시인하여 구원에 이르느니라"(롬 10:9, 10)

거듭나라

중생이란 사람의 마음을 바꾸는 성령의 신비로운 역사이다.

"내가 네게 거듭나야 하겠다 하는 말을 놀랍게 여기지 말라"(요 3:7)
"사람이 거듭나지 아니하면 하나님의 나라를 볼 수 없느니라"(요 3:3 하반절)

성령 받으라

성령을 받으면 능력 있는 삶, 죄를 이기는 삶, 증인의 삶, 하나님께 영광 돌리는 삶을 산다.

"볼지어다 내가 내 아버지께서 약속하신 것을 너희에게 보내리니 너희는 위로부터 능력으로 입혀질 때까지 이 성에 머물라 하시니라"(눅 24:49)
"오직 성령이 너희에게 임하시면 너희가 권능을 받고 예루살렘과 온 유대와 사마리아와 땅 끝까지 이르러 내 증인이 되리라"(눅 1:8)

나를 따르라

예수 그리스도를 따르는 생활은 제자의 생활이며 하나님 자녀의 생활이다.

"사람이 나를 섬기려면 나를 따르라 나 있는 곳에 나를 섬기는 자도 거기 있으리니 사람이 나를 섬기면 내 아버지께서 그를 귀히 여기시리라"(요 12:26)

"또 무리에게 이르시되 아무든지 나를 따라오려거든 자기를 부인하고 날마다 제 십자 가를 지고 나를 따를 것이니라"(눅 9:23)

기도하라

기도는 내 의지와 내 능력대로 사는 것이 아니고 하나님의 의지와 하나 님의 뜻대로 사는 삶이다.

"이러므로 너희는 장차 올 이 모든 일을 능히 피하고 인자 앞에 서도록 항상 기도하며 깨어 있으라 하시니라"(눅 21:36)
"그 곳에 이르러 그들에게 이르시되 유혹에 빠지지 않게 기도하라 하시고"(눅 22:40)
"너희를 저주하는 자를 위하여 축복하며 너희를 모욕하는 자를 위하여 기도하라" (눅 6:28)

성경을 상고하라

성경은 계시된 하나님의 말씀이다.

"너희가 성경에서 영생을 얻는 줄 생각하고 성경을 연구하거니와 이 성경이 곧 내게 대하여 증언하는 것이니라"(요 5:39)

빛과 소금이 되라

세상 모든 사람들에게 본을 보여 따르게 하라는 것이다.

"이같이 너희 빛이 사람 앞에 비치게 하여 그들로 너희 착한 행실을 보고 하늘에 계신 너희 아버지께 영광을 돌리게 하라"(마 5:16)

사랑하라

사랑은 하나님 제일주의의 신앙에서 나온다. 이웃이란 나를 제외한 모든 사람이다. 이웃은 하나님의 사랑과 구원의 대상이다.

"네 마음을 다하고 목숨을 다하고 뜻을 다하고 힘을 다하여 주 너의 하나님을 사랑하라 하신 것이요 둘째는 이것이니 네 이웃을 네 자신과 같이 사랑하라 하신 것이라 이보다 더 큰 계명이 없느니라"(막 12:30, 31)
"내 계명은 곧 내가 너희를 사랑한 것 같이 너희도 서로 사랑하라 하는 이것이니라"(요 15:12)
"남에게 대접을 받고자 하는 대로 너희도 남을 대접하라"(눅 6:31)

복음을 전파하라

땅 끝까지 복음을 전파하라는 말씀은 예수 그리스도의 지상 명령이다.

"또 이르시되 너희는 온 천하에 다니며 만민에게 복음을 전파하라"(막 16:15)
"너는 말씀을 전파하라 때를 얻든지 못 얻든지 항상 힘쓰라"(딤후 4:2)

온유하라

온유한 마음은 종의 도이며 섬김의 자세이다.

"나는 마음이 온유하고 겸손하니 나의 멍에를 메고 내게 배우라 그리하면 너희 마음이 쉼을 얻으리니"(마 11:29)

탐심을 물리치라

탐심은 사욕이며 과욕이다. 세상 중심, 자기 본위로 살면 욕심이 잉태한다.

"그들에게 이르시되 삼가 모든 탐심을 물리치라 사람의 생명이 그 소유의 넉넉한 데 있지 아니하니라 하시고"(눅 12:15)

"네게 구하는 자에게 주며 네게 꾸고자 하는 자에게 거절하지 말라"(마 5:42)

"너희를 위하여 보물을 땅에 쌓아 두지 말라 거기는 좀과 동록이 해하며 도둑이 구멍을 뚫고 도둑질하느니라"(마 6:19)

재림을 대비하라

"마라나타 주 예수여 오시옵소서!" 주의 재림은 불신자에게는 심판의 때이지만 믿는 자들에게는 구원의 날이다.

"그러므로 너희도 준비하고 있으라 생각하지 않은 때에 인자가 오리라 하시니라"(눅 12:40)

끝까지 신실하라

역경과 풍파 속에서도 오직 하나님만 바라보며 믿음을 지키라.

"그러나 끝까지 견디는 자는 구원을 얻으리라"(마 24:13)

"믿음의 주요 또 온전하게 하시는 이인 예수를 바라보자"(히 12:2)

11) 예수 그리스도가 하신 일

죄에서 구하셨다

"그리스도께서 하나님 곧 우리 아버지의 뜻을 따라 이 악한 세대에서 우리를 건지시려고 우리 죄를 대속하기 위하여 자기 몸을 주셨으니"(갈 1:4)

"사랑은 여기 있으니 우리가 하나님을 사랑한 것이 아니요 하나님이 우리를 사랑하사 우리 죄를 속하기 위하여 화목제물로 그 아들을 보내셨음이라"(요일 4:10)

"친히 나무에 달려 그 몸으로 우리 죄를 담당하셨으니 이는 우리로 죄에 대하여 죽고 의에 대하여 살게 하려 하심이라 그가 채찍에 맞음으로 너희는 나음을 얻었나니" (벧전 2:24)

생명을 주셨다(영생, 천국)

"내가 진실로 진실로 너희에게 이르노니 내 말을 듣고 또 나 보내신 이를 믿는 자는 영생을 얻었고 심판에 이르지 아니하나니 사망에서 생명으로 옮겼느니라"(요 5:24)
"예수께서 이르시되 나는 부활이요 생명이니 나를 믿는 자는 죽어도 살겠고 무릇 살아서 나를 믿는 자는 영원히 죽지 아니하리니 이것을 네가 믿느냐"(요 11:25, 26)
"아들이 있는 자에게는 생명이 있고 하나님의 아들이 없는 자에게는 생명이 없느니라"(요일 5:12)

마귀를 멸하셨다

"죄를 짓는 자는 마귀에게 속하나니 마귀는 처음부터 범죄함이라 하나님의 아들이 나타나신 것은 마귀의 일을 멸하려 하심이라"(요일 3:8)
"자녀들은 혈과 육에 속하였으매 그도 또한 같은 모양으로 혈과 육을 함께 지니심은 죽음을 통하여 죽음의 세력을 잡은 자 곧 마귀를 멸하시며"(히 2:14)

사망에서 건지셨다

"한 사람의 범죄로 말미암아 사망이 그 한 사람을 통하여 왕 노릇 하였은즉 더욱 은혜와 의의 선물을 넘치게 받는 자들은 한 분 예수 그리스도를 통하여 생명 안에서 왕 노릇 하리로다"(롬 5:17)
"하나님께서 그를 사망의 고통에서 풀어 살리셨으니 이는 그가 사망에 매여 있을 수 없었음이라"(행 2:24)
"사망아 너의 승리가 어디 있느냐 사망아 네가 쏘는 것이 어디 있느냐"(고전 15:55)

12) 신자가 할 일

이 놀라운 사실을 증거하는 일이다. 그 생명이 은혜 안에서 살며 풍성한 생명을 누릴 수 있도록 돌보는 일이다. 사탄의 지배 아래 들지 아니하고 계속하여 승리할 수 있도록 성령이 주장하는 삶을 살게 하는 일이다. 천국의 소망을 가지고 살 수 있도록 말씀과 빛 가운데 살게 하는 일이다.

4. 예수 부활의 결과와 약속

1) 예수 부활의 결과

사도들이 변하여 담대해졌다

"베드로와 요한이 대답하여 이르되 하나님 앞에서 너희의 말을 듣는 것이 하나님의 말씀을 듣는 것보다 옳은가 판단하라 우리는 보고 들은 것을 말하지 아니할 수 없다 하니"(행 4:19, 20)

"다른 이로써는 구원을 받을 수 없나니 천하 사람 중에 구원을 받을 만한 다른 이름을 우리에게 주신 일이 없음이라"(행 4:12)

교회가 시작되었다

"그 말을 받은 사람들은 세례를 받으매 이 날에 신도의 수가 삼천이나 더하더라" (행 2:41)

안식일이 주일로 바뀌었다

"이 날 곧 안식 후 첫날 저녁 때에 제자들이 유대인들을 두려워하여 모인 곳의 문들을 닫았더니 예수께서 오사 가운데 서서 이르시되 너희에게 평강이 있을지어다"(요 20:19)

하나님의 권능을 알게 되었다

"내가 그리스도와 그 부활의 권능과 그 고난에 참여함을 알고자 하여 그의 죽으심을 본받아"(빌 3:10)

신자들의 믿음이 담대해졌다

"네가 만일 네 입으로 예수를 주로 시인하며 또 하나님께서 그를 죽은 자 가운데서 살리신 것을 네 마음에 믿으면 구원을 받으리라"(롬 10:9)

예수님의 신격이 증명되었다

"성결의 영으로는 죽은 자들 가운데서 부활하사 능력으로 하나님의 아들로 선포되셨으니 곧 우리 주 예수 그리스도시니라"(롬 1:4)

사망의 권세를 이겼다

"사망아 너의 승리가 어디 있느냐 사망아 네가 쏘는 것이 어디 있느냐 사망이 쏘는 것은 죄요 죄의 권능은 율법이라 우리 주 예수 그리스도로 말미암아 우리에게 승리를 주시는 하나님께 감사하노니"(고전 15:55~57)

의롭다 하시는 증거를 얻게 되었다

"예수는 우리가 범죄한 것 때문에 내줌이 되고 또한 우리를 의롭다 하시기 위하여 살아나셨느니라"(롬 4:25)

신자들이 의의 열매를 얻게 되었다

"너희도 그리스도의 몸으로 말미암아 율법에 대하여 죽임을 당하였으니 이는 다른 이 곧 죽은 자 가운데서 살아나신 이에게 가서 우리가 하나님을 위하여 열매를 맺게 하려 함이라"(롬 7:4)

"우리가 알거니와 우리의 옛 사람이 예수와 함께 십자가에 못 박힌 것은 죄의 몸이 죽어 다시는 우리가 죄에게 종 노릇 하지 아니하려 함이니"(롬 6:6)

2) 예수 부활하신 후의 약속

나를 보리라

"이에 예수께서 이르시되 무서워하지 말라 가서 내 형제들에게 갈릴리로 가라 하라 거기서 나를 보리라 하시니라"(마 28:10)

너희를 보내니라

"예수께서 또 이르시되 너희에게 평강이 있을지어다 아버지께서 나를 보내신 것 같이 나도 너희를 보내노라"(요 20:21)

마귀를 쫓아내리라

"믿는 자들에게는 이런 표적이 따르리니 곧 그들이 내 이름으로 귀신을 쫓아내며 새 방언을 말하며"(막 16:17)

얻으리라

"이르시되 그물을 배 오른편에 던지라 그리하면 잡으리라 하시니 이에 던졌더니 물고기가 많아 그물을 들 수 없더라"(요 21:6)

결단코 상함이 없으리라

"뱀을 집어올리며 무슨 독을 마실지라도 해를 받지 아니하며 병든 사람에게 손을 얹은즉 나으리라 하시더라"(막 16:18)

"오직 성령이 너희에게 임하시면 너희가 권능을 받고 예루살렘과 온 유대와 사마리아와 땅 끝까지 이르러 내 증인이 되리라"(행 1:8)

너희와 같이 있으리라

"내가 너희에게 분부한 모든 것을 가르쳐 지키게 하라 볼지어다 내가 세상 끝날까지 너희와 항상 함께 있으리라 하시니라"(마 28:20)

다시 오리라

"갈릴리 사람들아 어찌하여 서서 하늘을 쳐다보느냐 너희 가운데서 하늘로 올려지신 이 예수는 하늘로 가심을 본 그대로 오시리라 하였느니라"(행 1:11)

18세기 독일인으로 당시 유럽 각지에 신앙의 일깨움을 준 사람이 진젠도르프(Zinzendorf)다. 그가 청년의 때의 일이다. 뒤셀도르프의 미술관에서 그는 "이 사람을 보라!"는 제목의 십자가에 달리신 예수 그리스도의 그림 표제 아래 다음과 같이 씌어 있는 것을 보았다. "나는 너를 위해 생명을 버렸다. 그러나 너는 나를 위해 무엇을 하였느냐?" 이 내용을 보고 진젠도르프는 자신의 전 생애를 예수 그리스도를 위해 바치기로 결심하였다. 부활의 신앙을 믿는 성도의 자세는 그리스도를 위해서 사는 것이다.

Chapter 3

성령님은 어떤 분이신가?

성령님은 어떤 분이신가?

성부 성자 성령의 삼위일체 하나님에 대한 믿음을 갖고 있는 것이 기독교의 가장 큰 특징이다. 특별히 성령으로 아니하고는 누구든지 예수를 주(主)라고 할 수 없을 정도로 성령은 우리 신앙의 필수 불가결한 요소이다.

가이사랴 빌립보 지방에서 베드로가 "주는 그리스도시요 살아 계신 하나님의 아들이시니이다"(마 16:16)라고 고백한 것은 성령께서 감동시키셨기 때문이다.

하나님을 알 수 있는 특별계시가 예수 그리스도라면 그것을 깨닫게 하는 주관적 계시가 성령이다. 성령은 구약에서 '하나님의 영', '주의 영'으로 불리었으며 신약에서는 '하나님의 영'(고후 3:3), '그리스도의 영'(롬 8:9), '진리의 영'(요 14:17), '영광의 영'(벧전 4:14) 등으로 불리었다.

바람, 호흡, 생명, 정신, 의지 등의 뜻을 가지고 있는 구약성서의 '루아흐'나 신약성서의 '퓨뉴마'는 특히 인격적 존재로 '위로자' 즉 '보혜사'로 불리기도 하는데 이를 통상적으로 하나님의 영, 그리스도의 영, 곧 성령이라 부른다.

구약성서에 나타난 성령은 자연과 역사를 통해서 나타나기도 하며 또는 하나님이 택한 일꾼 등을 통해 나타나기도 하는 하나님의 사역 도구이다. 즉 무한한 기운(energy)과 능력을 지닌 실체로서 사사와 왕들에게 나타났고 예언자들에겐 믿음의 능력으로 나타났다.

신약성서에 나타난 성령은 예수께서 부활하신 지 50일, 즉 승천하신 지 10일 후에 오순절 마가의 다락방에 강림하셨다.

1. 성령의 상징

성령은 하나님의 영이기 때문에 성령의 체험을 표현할 때 상징적인 언어를 사용할 수밖에 없다. 존 웨슬리가 성령을 받을 때 가슴이 뜨거워졌다고 했던 표현은 그 단어가 성령체험을 가장 잘 나타내주는 것이기 때문에 쓰인 것이다. 성령의 감동으로 환상을 볼 때에는 귀를 막고 눈을 감아도 보이기 때문에 본다고 하는 것이다. 그러므로 성령의 상징은 표현을 위해서 편의상 사용된 것뿐이지 성령에 대한 상징이 성령 그 자체는 아니다. 성령은 하나님 자신으로서 이 모든 상징을 초월한다.

성령의 상징은 불이다

불이 더러운 것을 태우는 것처럼 성령의 불은 죄를 소멸시키고 깨끗케 만들며 교회를 움직이고 신자의 삶을 변화시키는 원동력이 된다. 그러므로 불의 혀같이 갈라지는 역사가 일어난다.

"마치 불의 혀처럼 갈라지는 것들이 그들에게 보여 각 사람 위에 하나씩 임하여 있더니"(행 2:3)

"나는 너희로 회개하게 하기 위하여 물로 세례를 베풀거니와 내 뒤에 오시는 이는 나보다 능력이 많으시니 나는 그의 신을 들기도 감당하지 못하겠노라 그는 성령과 불로 너희에게 세례를 베푸실 것이요"(마 3:11)

"그 때에 그 스랍 중의 하나가 부젓가락으로 제단에서 집은 바 핀 숯을 손에 가지고 내게로 날아와서"(사 6:6)

성령의 상징은 물이다

물이 더러운 것을 씻고 모든 생명체를 살리는 것처럼 성령의 물은 죄를 씻어 정결케 하고 신자의 삶을 풍성케 하며 생명이 넘치도록 한다. 살아 있는 물은 정화능력을 가지고 있다.

그러므로 "나를 믿는 자는 성경에 이름과 같이 그 배에서 생수의 강이 흘러나오리라"(요 7:38)고 주님은 말씀하셨다.

하나님의 은혜도 이른 비와 늦은 비처럼 때를 따라 내려 주신다. 중국의 황하강, 인도의 인더스강, 미국의 미시시피강, 독일의 라인강, 한국의 한강 등 모든 역사의 발전은 물을 중심으로 시작되었다. 물은 생명의 원천이다.

"내가 주는 물을 마시는 자는 영원히 목마르지 아니하리니 내가 주는 물은 그 속에서 영생하도록 솟아나는 샘물이 되리라"(요 4:14)
"이는 곧 물로 씻어 말씀으로 깨끗하게 하사 거룩하게 하시고"(엡 5:26)

성령의 상징은 바람이다

오순절의 급하고 강한 바람 같은 역사와 에스겔이 본 마른 뼈들에게 새 생명을 주는 이상에서 바람은 주로 신비, 힘, 소생, 실질적인 역사를 이루는 성령에 대한 상징이다. 바람은 썩는 것을 막고 새 힘을 준다.

"홀연히 하늘로부터 급하고 강한 바람 같은 소리가 있어 그들이 앉은 온 집에 가득하며"(행 2:2)

"바람이 임의로 불매 네가 그 소리는 들어도 어디서 와서 어디로 가는지 알지 못하나니 성령으로 난 사람도 다 그러하니라"(요 3:8)

성령의 상징은 기름이다

특별한 사명을 위해 선택받은 왕과 제사장, 예언자가 기름부음 받았으며 예수도 성령으로 기름부음 받았다. 병자에게 기름을 발라 치유하는 것처럼 성령을 기름으로 상징하는 것은 성령의 치료와 특별한 사명을 의미한다.

"하나님이 나사렛 예수에게 성령과 능력을 기름 붓듯 하셨으매 그가 두루 다니시며 선한 일을 행하시고 마귀에게 눌린 모든 사람을 고치셨으니 이는 하나님이 함께 하셨음이라"(행 10:38)

"우리를 너희와 함께 그리스도 안에서 굳건하게 하시고 우리에게 기름을 부으신 이는 하나님이시니 그가 또한 우리에게 인치시고 보증으로 우리 마음에 성령을 주셨느니라"(고후 1:21, 22)

"너는 아론과 그의 아들들에게 기름을 발라 그들을 거룩하게 하고 그들이 내게 제사장 직분을 행하게 하고"(출 30:30)

성령의 상징은 비둘기이다

예수께서 세례 받으실 때 비둘기같이 내려왔다고 표현된 성령은 온유함을 나타낸다.

"그 때에 예수께서 갈릴리 나사렛으로부터 와서 요단 강에서 요한에게 세례를 받으시고 곧 물에서 올라오실새 하늘이 갈라짐과 성령이 비둘기 같이 자기에게 내려오심을 보시더니 하늘로부터 소리가 나기를 너는 내 사랑하는 아들이라 내가 너를 기뻐하노라 하시니라"(막 1:9~11)

"요한이 또 증언하여 이르되 내가 보매 성령이 비둘기 같이 하늘로부터 내려와서 그의 위에 머물렀더라"(요 1:32)

2. 성령께서 하시는 일

죄를 깨닫게 하여 회개케 하신다

"이스라엘에게 회개함과 죄 사함을 주시려고 그를 오른손으로 높이사 임금과 구주로 삼으셨느니라"(행 5:31)

"베드로가 이르되 너희가 회개하여 각각 예수 그리스도의 이름으로 세례를 받고 죄 사함을 받으라 그리하면 성령의 선물을 받으리니"(행 2:38)

마음을 새롭게 하여 변화시켜 거룩하게 하신다

"예수께서 대답하시되 진실로 진실로 네게 이르노니 사람이 물과 성령으로 나지 아니하면 하나님의 나라에 들어갈 수 없느니라 육으로 난 것은 육이요 영으로 난 것은 영이니"(요 3:5, 6)

구원의 진리를 깨닫게 하고 믿게 하신다

"보혜사 곧 아버지께서 내 이름으로 보내실 성령 그가 너희에게 모든 것을 가르치고 내가 너희에게 말한 모든 것을 생각나게 하리라"(요 14:26)

"우리가 이것을 말하거니와 사람의 지혜가 가르친 말로 아니하고 오직 성령께서 가르치신 것으로 하니 영적인 일은 영적인 것으로 분별하느니라 육에 속한 사람은 하나님의 성령의 일들을 받지 아니하나니 이는 그것들이 그에게는 어리석게 보임이요, 또 그는 그것들을 알 수도 없나니 그러한 일은 영적으로 분별되기 때문이라"(고전 2:13, 14)

기쁨과 평안과 소망을 주신다

"하나님의 나라는 먹는 것과 마시는 것이 아니요 오직 성령 안에 있는 의와 평강과 희락이라"(롬 14:17)

"소망의 하나님이 모든 기쁨과 평강을 믿음 안에서 너희에게 충만하게 하사 성령의 능력으로 소망이 넘치게 하시기를 원하노라"(롬 15:13)

불의의 세력에 대해 승리할 지혜와 힘을 주신다

"너희를 넘겨 줄 때에 어떻게 또는 무엇을 말할까 염려하지 말라 그 때에 너희에게 할 말을 주시리니 말하는 이는 너희가 아니라 너희 속에서 말씀하시는 이 곧 너희 아버지의 성령이시니라"(마 10:19, 20)

일할 수 있는 열심과 능력을 주신다

"오직 성령이 너희에게 임하시면 너희가 권능을 받고 예루살렘과 온 유대와 사마리아와 땅 끝까지 이르러 내 증인이 되리라"(행 1:8)

주를 믿는 성도들 가운데 영원토록 거하신다

"내가 아버지께 구하겠으니 그가 또 다른 보혜사를 너희에게 주사 영원토록 너희와 함께 있게 하리니"(요 14:16)

기도하게 하신다

"이와 같이 성령도 우리의 연약함을 도우시나니 우리는 마땅히 기도할 바를 알지 못하나 오직 성령이 말할 수 없는 탄식으로 우리를 위하여 친히 간구하시느니라"(롬 8:26)

"모든 기도와 간구를 하되 항상 성령 안에서 기도하고 이를 위하여 깨어 구하기를 항상 힘쓰며 여러 성도를 위하여 구하라"(엡 6:18)

3. 성령 충만함을 받는 비결

예수 그리스도를 구주로 고백하여 거듭난 신자들은 이미 성령을 받은 사람이다. 그러나 성령을 모시고 있지만 성령이 그들을 모두 주관하지는 않는다. 마치 부모를 모신 자녀가 모두 효자라고 말할 수 없고, 애굽이 나일강을 가지고 있다고 해서 나일강 물이 항상 넘치는 것이 아니듯 여전히 예수를 믿으면서도 인간적인 생각과 의지대로 살 때가 많다. 그러므로 신자가 온전히 성령의 지배를 받고 하나님의 뜻대로 살려면 성령 충만함을 받아야 한다.

성령을 받으려면 어떻게 해야 하는가?

회개해야 한다

"베드로가 이르되 너희가 회개하여 각각 예수 그리스도의 이름으로 세례를 받고 죄 사함을 받으라 그리하면 성령의 선물을 받으리니"(행 2:38)

아들됨의 확신이 있어야 한다

"너희가 아들이므로 하나님이 그 아들의 영을 우리 마음 가운데 보내사 아빠 아버지라 부르게 하셨느니라"(갈 4:6)

간절히 사모해야 한다

"명절 끝날 곧 큰 날에 예수께서 서서 외쳐 이르시되 누구든지 목마르거든 내게로 와서 마시라 나를 믿는 자는 성경에 이름과 같이 그 배에서 생수의 강이 흘러나오리라 하시니"(요 7:37, 38)

"이는 그리스도 예수 안에서 아브라함의 복이 이방인에게 미치게 하고 또 우리로 하여금 믿음으로 말미암아 성령의 약속을 받게 하려 함이라"(갈 3:14)

"우리는 이 일에 증인이요 하나님이 자기에게 순종하는 사람들에게 주신 성령도 그러하니라 하더라"(행 5:32)

"내가 또 너희에게 이르노니 구하라 그러면 너희에게 주실 것이요 찾으라 그러면 찾아낼 것이요 문을 두드리라 그러면 너희에게 열릴 것이니"(눅 11:9)
"빌기를 다하매 모인 곳이 진동하더니 무리가 다 성령이 충만하여 담대히 하나님의 말씀을 전하니라"(행 4:31)

"사도와 함께 모이사 그들에게 분부하여 이르시되 예루살렘을 떠나지 말고 내게서 들은 바 아버지께서 약속하신 것을 기다리라"(행 1:4)

4. 성령 받은 증거

자신이 하나님의 자녀임을 깨닫는다.

"너희는 다시 무서워하는 종의 영을 받지 아니하고 양자의 영을 받았으므로 우리가

아빠 아버지라고 부르짖느니라"(롬 8:15)

예수를 구주로 믿는다

"그러므로 내가 너희에게 알리노니 하나님의 영으로 말하는 자는 누구든지 예수를 저주할 자라 하지 아니하고 또 성령으로 아니하고는 누구든지 예수를 주시라 할 수 없느니라"(고전 12:3)

성령의 진리를 깨닫는다

"우리가 이것을 말하거니와 사람의 지혜가 가르친 말로 아니하고 오직 성령께서 가르치신 것으로 하니 영적인 일은 영적인 것으로 분별하느니라"(고전 2:13)

마음에 평안과 감사와 기쁨이 넘친다

"시와 찬송과 신령한 노래들로 서로 화답하며 너희의 마음으로 주께 노래하며 찬송하며 범사에 우리 주 예수 그리스도의 이름으로 항상 아버지 하나님께 감사하며"(엡 5:19, 20)

주시는 은사를 받는다

"은사는 여러 가지나 성령은 같고 직분은 여러 가지나 주는 같으며 또 사역은 여러 가지나 모든 것을 모든 사람 가운데서 이루시는 하나님은 같으니 각 사람에게 성령을 나타내심은 유익하게 하려 하심이라"(고전 12:4~7)

성령의 9가지 열매를 맺는다

"오직 성령의 열매는 사랑과 희락과 화평과 오래 참음과 자비와 양선과 충성과 온유와 절제니 이같은 것을 금지할 법이 없느니라"(갈 5:22, 23)

5. 성령 받은 상태

성령을 받으면 능력의 사람이 된다. 위대한 전도의 사람이 된다. 신적 권위의 사람이 된다. 천사의 인도를 받는다. 십자가를 지는 생활을 한다. 그리스도를 위하여 고난도 기쁘게 받는다.

"이는 그리스도께서 내 안에서 말씀하시는 증거를 너희가 구함이니 그는 너희에게 대하여 약하지 않고 도리어 너희 안에서 강하시니라"(고후 13:3)

"나의 간절한 기대와 소망을 따라 아무 일에든지 부끄러워하지 아니하고 지금도 전과 같이 온전히 담대하여 살든지 죽든지 내 몸에서 그리스도가 존귀하게 되게 하려 하나니 이는 내게 사는 것이 그리스도니 죽는 것도 유익함이라"(빌 1:20, 21)

"또 이르시되 너희는 온 천하에 다니며 만민에게 복음을 전파하라 믿고 세례를 받는 사람은 구원을 얻을 것이요 믿지 않는 사람은 정죄를 받으리라"(막 16:15, 16)

"주의 성령이 내게 임하셨으니 이는 가난한 자에게 복음을 전하게 하시려고 내게 기름을 부으시고 나를 보내사 포로 된 자에게 자유를, 눈 먼 자에게 다시 보게 함을 전파하며 눌린 자를 자유롭게 하고 주의 은혜의 해를 전파하게 하려 하심이라 하였더라"(눅 4:18, 19)

6. 성령이 소멸하는 이유

기도 생활을 게을리 할 때, 고백하지 않은 죄가 있을 때, 죄를 범할 때, 교만해졌을 때, 물질을 탐하고 탐심이 생겼을 때, 경건의 능력을 잃고 방종할 때, 성령을 속이거나 시험할 때에 성령은 소멸된다.

7. 성령의 은사

성령의 은사는 위로부터 주어지는데 은사는 유익하게 하기 위해서 주시
는 것이다(고전 12:7). 또한 은사는 사모해야 주신다(고전 12:31). 성령께서
는 각 사람에 따라 은사를 주시는데(고전 7:7) 이를 항상 사용해야 하고(딤
전 4:14) 언제나 불일 듯하게 하여 식지 않게 해야 한다(딤후 1:6).

성령 은사의 종류(롬 12장, 고전 12장, 엡 4장)

예언(설교 영감에 의한 말씀), 섬기는 일(성직자), 가르치는 일, 믿음을 일
깨워 주는 말, 봉헌하는 일, 지도력(권한을 행사하는 일, 행정하는 일), 긍휼
(자비를 베푸는 일, 슬픈 자 위로, 친절), 지혜(지혜로운 충고와 말), 지식, 믿음,
신유(병 고치는 은사), 기적(능력 행하는 일), 영 분별(영적인 일을 식별), 방언
(배우지 않은 언어를 말함), 방언 통역, 사도, 서로 돕는 일, 행정(함께 일하도
록 만드는 일, 다스리는 일), 복음을 전하는 일, 목사와 교사(하나님의 백성을
돌보는 일), 독신(절제), 자원하여 궁핍하게 되는 일, 순교, 대접하는 일, 선
교사, 남을 위한 기도, 귀신을 쫓아내는 일

1) 은사의 구분

레슬리 비 홀린 박사의 은사 구분

- 말씀의 은사 : 사도, 예언, 복음 전도, 양육, 가르침, 권고, 지식의 말
  씀, 지혜의 말씀, 방언, 통역
- 봉사의 은사 : 섬기는 것(돕는 것), 대접, 구제, 다스림, 자비, 믿음, 분
  별, 이적, 치유, 봉헌
- 표적의 은사 : 이적, 치유, 방언 통역

말하는 은사, 봉사하는 은사, 초자연적인 은사

케네드킹 혼 박사의 은사 구분

능력의 은사, 봉사의 은사, 방언의 은사

2) 성령의 은사가 아닌 것

선천적인 재능

모든 인간은 하나님의 형상에 따라 창조되었기 때문에 각기 선천적인 재능을 소유하고 있다. 그러나 재능으로 그리스도인이 된다고 말할 수는 없다.

8. 성령의 열매

성령의 열매는 그리스도인이 성숙하고 그리스도를 닮으며 성령 충만함을 받을 때 으레 따라오는 것이다. 성령의 은사는 그리스도인의 행동을 정하는 데 도움을 주지만 성령의 열매는 그리스도인의 인격을 형성하는 데 도움을 준다.

- 신자의 임무 : 신자들은 마땅히 주어진 책임을 열심히 감당해야 한다.
- 거짓 은사 : 성령은 언제나 생명을 주관하며 사람의 활동에 특별한 도움을 영감을 통해 주기도 한다. 또한 그리스도의 사역을 도우며 교회 발전을 이루며 교회와 교인을 가르친다. 이렇듯 성령은 언제나 선한 결과를 가져오며 개인과 가정과 교회에 평화를 가져오는 역사를 한다. 그러나 악령은 언제든지 하나님의 뜻에 반대하고 거부하며 교인들을

괴롭게 하고 피해와 손해를 끼치며 교회를 분열시키고 무슨 일이든지 복잡하게 만들어 파괴적으로 일을 만든다. 결국 사람과 사람 사이, 사람과 하나님 사이를 갈라놓는 것이 거짓 은사의 속성이다.

나무에는 유실수와 무실수가 있다. 유실수는 가지마다 열매를 맺어야 한다. 그러려면 가지는 은혜와 능력을 공급받아야 한다. 열매를 맺지 못하는 가지는 찍혀 버리게 된다. 그러나 가지가 나무에 붙어 있으면 열매는 저절로 열리게 되어 있다.

신자의 삶도 마찬가지이다. 성령이 내주하시면 저절로 삶의 변화가 나타난다. 얼굴과 행동이 밝아지고 마음이 기뻐진다. 악한 사람이 선한 양심으로 돌아서고, 거짓되고 위선된 사람이 진실한 사람으로 바뀐다. 게으른 사람이 부지런한 사람으로, 무정한 사람이 인정 많고 사랑이 많은 사람으로, 인색하기 짝이 없던 사람이 풍성한 사람으로 변한다. 또한 이기적인 사람이 이타중심으로, 불의한 사람이 의로운 사람으로 새로워진다. 이것이 성령이 임한 내적 열매이다. 외적 열매로는 베드로가 한번 설교할 때마다 3,000명씩 회개하고 주께 돌아오는 역사가 일어났던 것처럼 복음 전도의 열매가 맺힌다. 전하지 아니하면 견딜 수 없는 뜨거움이 입술을 통해 나타난다. 구원 받지 못한 사람들이 가장 불쌍해 보이고 예수를 영접하지 못한 사람들을 보면 가장 불행해 보인다. 이것이 성령을 받은 증거이다. 이제 성령의 아홉 가지 열매를 살펴보자.

① 사랑

하나님께서 우리 위하여 독생자 예수를 보내신 것이 가장 큰 사랑이다. 죽을 영혼이 산 영이 되었기 때문이다. 사랑 중에서 가장 귀한 사랑은 죽을 영혼을 살리는 것이다.

사랑에는 여러 종류가 있다.

- 에로스 사랑은 남녀의 사랑으로 정열적인 사랑이다.
- 필리아 사랑은 형제 자매간이나 친구간의 사랑으로 혈통적, 인연적인 성질의 사랑이다.
- 스톨게 사랑은 부모와 자녀간의 사랑, 자연에 대한 사랑을 가리킨다.
- 아가페 사랑은 그리스도의 무조건적인 사랑이다. 즉, 상대방에게 어떤 조건과 보상을 바라지 않고 사랑하는 희생적이고도 절대적인 사랑이다.

믿음, 소망, 사랑 그중에 제일은 사랑이라고 했다. 사랑 중에서도 무조건적인 사랑만큼 숭고하고 고귀한 사랑은 없다. 사랑이란 미명 아래 이해타산을 생각하고 자기중심적인 사랑을 하는 사람이 얼마나 많은가. 하나님의 사랑은 값없이 주신 사랑이다. 독생자 예수 그리스도는 십자가에 못박혀 죽어갈지라도 인간을 사랑하시고 구원하시기 위하여 그 아픔을 끝까지 참으신 하나님이시다.

이런 종류의 사랑은 누군가 내게 해가 되는 일을 행했거나 잘못된 행동을 하여 나를 괴롭히며 상처를 주었더라도 상대적 가치나 반응을 따지지 않고 무조건적으로 하는 사랑이다. 이런 아가페의 사랑은 인내가 필요하다. 예수님께서 "네 이웃을 네 몸과 같이 사랑하라" 하신 뜻은 아가페의 사랑으로 자기 자신을 사랑할 때에 비로소 이웃도 진정으로 사랑할 수 있다는 말이다.

자기를 사랑한다는 말의 근거는 무엇인가?

첫째, 자신이 하나님의 형상으로 지음 받았기 때문에 나를 사랑해야 한다. 둘째, 주님께서 나를 위하여 십자가에 돌아가셨기 때문에 나를 사랑해야 한다. 셋째, 나는 성령이 거하는 전이기 때문에 나를 사랑해야 한다. 넷째, 성령의 은사를 주셨기 때문에 나를 사랑해야 한다. 우리가 자기 자신을 보잘것없는 존재로 생각한다면 열등의식에 빠져 자신을 사랑하지 못한다. 그러므로 이웃 사랑에 대한 근거는 바로 나 자신이 아가페의 사랑을 받을 만한 가치가 있는 존재라는 인식에서 출발하게 된다.

사랑의 3요소는 존중과 헌신과 상조이다. 성령이 임하면 하나님 사랑을 깨닫게 된다(벧전 4:8; 요 3:16; 고전 13:13).

② 희락

사랑의 결과는 기쁨이다. 신자의 표시는 항상 기뻐하는 생활이다.

막스 러너라고 하는 사람은 TV에서 "지금 우리는 과거 어느 때보다도 더 많은 자유를 누리고 행동의 제재를 받지 않고 살아가고 있다. 그러나 놀라운 것은 우리가 하고 싶은 것, 가고 싶은 곳, 생각하고 싶은 것을 마음대로 하면서도 기쁨이 없다는 사실이다"라고 말했다.

또 현대를 '기쁨을 잃어버린 시대'라고 말하기도 한다. 사람들의 표정은 굳어지고 마음은 냉랭해졌다. 피리를 불어도 춤추지 않고 애곡하여도 울지 않는다. 저마다 메말라버린 정서를 안고 산다.

세상이 주는 기쁨은 일시적이며 영원한 것이 못 된다. 하나님의 은혜 속에서 나오는 기쁨은 카리스 혹은 카리스마타라고 하는데 이 기쁨이야말로 영원히 솟아나는 샘물과 같다.

하나님이 주시는 참 기쁨은 언제 누릴 수 있는가?

첫째, 죄의 문제가 해결되었을 때 참 기쁨을 얻게 된다. 둘째, 나 자신을 받아들일 때에 기쁨이 온다. 나 자신이 비록 부족하고 상처투성이고 무능하더라도 하나님께서 나를 이 세상에 보내실 때에는 그분의 특별한 섭리가 있었음을 발견할 때 삶의 기쁨을 갖게 된다. 셋째, 삶의 목표를 하나님께 둘 때에 참 기쁨이 있다. 우리 주변에 어떠한 역경이 있다고 할지라도 우리 삶의 궁극적 목표가 하나님께 있고, 하나님이 내 옆에 계시고 날 요동치 않게 하신다는 믿음과 확신이 있을 때에 우리는 실망치 않고 앞을 향해 달려갈 수 있다.

하나님께 기반을 둔 신앙생활은 즐거울 수밖에 없다. 모든 염려를 주께 맡기고 매일매일 필요에 따라 허락하시는 하나님의 은혜에 감사할 뿐이다 (시 16:8, 9, 32:1).

③ 화평

영국 사람들은 아침에 '굿 모닝'(Good morning)이라고 말하면서 인사한다. 아침엔 안개가 많이 끼므로 좋은 아침이 되기를 기원하는 마음에서 이러한 인사를 하는 것이다. 브라질 사람들의 아침 인사말은 '아테마니아', 즉 희망이다. 우리나라 사람들은 너무나 가난하여 '진지 잡수셨습니까?' 또는 관가에 가서 무슨 변을 안 당했을까 하여 '밤새 안녕하셨습니까?'라고 한다. 그리고 유대 사람들은 평화를 기원하는 마음에서 '샬롬'(Shalom)이라고 한다.

그리스도는 하나님과 인간을 화목케 하는 화목제물이 되셨다. 신약성서에 보면 '화평'(和平)이란 말은 헬라어로 '에이레네'이다. '샬롬'이란 말은 히브리어이고 '에이레네'는 헬라어이다. '에이레네'라는 말에는 세 가지 뜻이 있다.

첫째, 갈등이 없고 문제가 없는 그런 화평을 말한다. 둘째, 바른 관계를 맺음으로 오는 화평을 말한다. 관계가 석연치 않고 불안하면 화평이 없다. 셋째, 영원한 평화와 안전을 말한다.

즉 일시적인 것이 아니라 하나님과의 의롭고 신뢰성 있는 관계에 의하여 평화와 안전성이 영원히 보장될 때를 '에이레네'라 한다. '에이레네'란 말은 하나님과 인간의 화해를 의미한다. 평화를 만드는 사람은 복이 있다. 평화는 조화를 이루는 데서 발견될 수 있다. 하나님과 인간이 조화를 이루고, 사람과 사람이 조화를 이룰 때 사람들은 평화로운 삶을 만난다.

포사이드(Foreside)라는 유명한 설교가는 "파도가 아무리 거칠어도 내 배의 선장이 예수님이실 때에 우리는 전혀 걱정할 필요가 없다"고 했다.

나폴레옹은 "생애에서 제일 마음이 기쁘고 평화로울 때는 16세 때에 성 찬식에 참여했을 때였다"고 고백했다. 내 염려와 걱정을 하나님 앞에 내어 맡기고 그리스도의 살과 피를 먹고 마심으로 말미암아 마음의 진정한 평 화를 누리게 된다(약 3:17, 18; 히 12:14; 마 5:9).

④ 오래 참음

히브리어로 '에레크 아프'는 노하기를 더디한다는 말이다. 오래 참음은 하나님의 성품이다. 예수가 핍박을 당하고 환난 중에 처했을 때에도 하나 님은 참으셨다. 사람들의 사악함을 참으시며 보복하지 않으시고 죄인들이 회개하기까지 기다리시는 하나님은 오래 참는 자의 본보기가 되신다. 크리 소스톰(Chrysostom)은 "오래 참는 자란 보복할 수 있어도 원수를 갚지 않 고 노하기를 더디하는 자를 말한다"고 했다. 하나님의 오래 참으심으로 모 든 사람들이 죄와 사망으로부터 구원받을 수 있게 되었다.

우리 현대인들이 가지고 있는 가장 큰 질병 중의 하나는 성격의 조급함 이다. 그래서 많이 쓰는 말이 '빨리빨리'이며 주로 많이 먹는 음식이 인스 턴트 식품이다.

신약성서에서는 인내를 두 가지 단어로 표현하고 있다. 하나는 '마크로 투메오'이고 다른 하나는 '후포메노'이다. 첫 번째 '마크로투메오'라는 말은 '사람을 존중히 여기면서 인내심을 갖는다'는 뜻이다. 두 번째 '후포메노'라 는 말은 사물을 존중히 여기면서 인내심을 가지고 찾아낸다는 뜻이다. 어 떠한 시련이 닥치더라도 조급해하지 않고 참아내는 삶의 태도를 말한다.

그러면 무엇에 대해 인내해야 하는가? 첫째는 자신에 대하여 인내할 줄 알아야 한다. 「남태평양과 하와이」를 쓴 제임스 마카노는 말하기를 "누구든지 35세가 지나가기 전까지는 무엇인가를 성취했다고는 생각하지 말라"고 했다.

둘째로 타인에 대해서도 인내해야 한다. 영국의 속담에 "그 사람의 신발을 신고 1마일을 가기 전까지는 그를 비판하지 말라"는 말이 있다.

셋째, 하나님에 대해서 인내하여야 한다. 하나님에 대하여 인내심을 갖는다는 뜻은 에녹과 같이 하나님과 사귀면서 하나님의 뜻을 발견하기 위하여 참고 기다려야 한다는 것이다. 참는 자가 복이 있다(갈 6:9; 벧전 4:16; 약 1:12).

⑤ 자비

오늘을 사는 사람들이 피할 수 없는 심리적, 정신적인 고통 중에 하나가 고독이라고 한다. 그런데 물질적 풍요 속에서 사는 현대인들이 왜 고독 속에 싸여 있어야 하는가? 또한 비인간화된 사회에서 정녕 필요한 것은 무엇인가?

오늘 우리에게 가장 필요한 것은 바로 자비이다. 다른 말로는 친절이라고 할 수 있다. 사람들은 매일같이 수많은 사람들을 만나 웃고 이야기하지만 군중 속의 고독을 느끼며 살고 있다. 갈라디아서 5장 22절에 보면 자비라는 의미로 쓰인 헬라어는 '크레스토테스'이다. 자비라는 말과 비슷하게 쓰이는 말 가운데 '필라델피아'라는 단어가 있다. 그런데 아시아의 일곱 교회들 가운데 필라델피아 교회가 있고 미국에서 제일 처음 건설된 도시도 필라델피아이다. 이 '필라델피아'의 원뜻은 '형제 사랑', '형제 우애' 즉 형제에게 사랑을 베풀고 남에게 친절을 베풀고 민족을 사랑하는 것이다.

헨리 트루먼트(Henry Trumend)는 고린도전서 13장을 언급하면서 "사랑에는 능동적인 것과 피동적인 것이 있다. 피동적인 것은 오래 참는 것이고 능동적인 것은 적극적으로 자비를 베푸는 것이다"라고 했다. 자비란 남을 긍휼히 여기는 성품을 말한다. 긍휼히 여김을 받았으니 또 긍휼을 베풀어야 한다. 거저 받았으니 거저 주어야 한다(롬 2:4; 엡 2:7, 4:32).

⑥ 양선

선으로 악을 이기라. 선을 베풀 때 아무리 강퍅한 심령도 녹일 수가 있다. 바람과 태양이 어느 노파를 앞에 두고 내기를 하였다. 누가 저 노파의 옷을 벗길 수 있느냐는 것이었다. 바람은 자기가 할 수 있다고 대답했다. 자신이야말로 노파의 외투와 모자를 벗길 수 있다고 생각한 그는 세찬 바람을 노파에게 불어댔다. 갑자기 바람이 불자 노파는 모자가 날아갈까 봐 모자를 푹 눌러 쓰고 외투를 더욱 단단히 졸라맸다. 바람이 실패하자 이번에는 태양이 따사로이 노파에게 접근했다. 갑자기 날씨가 더워지자 노파는 모자를 벗고 외투도 벗었다. 악을 악으로 갚는다면 이 지구상은 언제나 전쟁과 분쟁이 끊이지 않을 것이다. 그러나 선으로 악을 대할 때 강퍅한 인간의 마음은 봄눈 녹듯이 녹아지고 풀어질 것이다.

양선이란 선행 즉 선한 행위를 의미한다. 예수께서도 "너희는 세상의 소금이요 빛이라"고 말씀하셨고 "너희의 선한 행실을 보고 하나님께 영광을 돌리게 하라"고 하셨다.

양선이란 남을 위로해 주고 격려해 주라는 것만이 아니다. 우리의 양심에 근거하여 경건한 삶을 살고 소금의 직분을 다하는 것이 양선이라고 할 수 있다. 선행이란 나 혼자만이 하는 것이 아니고 남이 필요로 하는 것을 도와주고 격려하여 그가 바라던 바를 충족시켜 주는 선한 행위를 말한다. 양선이라는 성령의 열매를 맺기 위해서는 무엇이 필요한가?

첫째, 주님을 기쁘시게 하는 것이다.

둘째, 어리석은 말, 상처 주는 말을 삼가야 하는 것이다.

셋째, 바른 길이라면 그대로 행하는 것이다.

넷째, 바른 자리에 서야 하는 것이다.

다섯째, 자신의 양심과 표준에 따라 행하는 것이 아니라 성령의 인도에 따라 행하는 것이다(엡 5:8, 9, 18).

⑦ 충성

충성이란 말의 헬라어 원어는 '피스티스'이다. 이 말은 믿음이라고 번역하기도 한다. 16세기의 종교개혁자 마틴 루터(Martin Luther)는 자신의 모든 무거운 죄를 벗어 버리고 믿음을 통해서 구원을 얻었다는 확신을 얻었는데 그 확신이 바로 '피스티스'이다.

피스티스라는 말은 첫째, 구원을 얻기 위하여 예수 그리스도에게 자신을 드리는 것을 말한다. 둘째, 하나님을 기쁘시게 하는 자세로서의 믿음을 말한다. 셋째, 단번에 주신 믿음의 도를 말한다. 넷째, 주인에게 향한 종의 덕을 피스티스라고 한다. 자신의 의무와 책임은 물론 주인에게 순복하여 충성을 다하는 하나의 덕을 말한다.

충성이라고 하는 것은 하나님께서 주신 선물로 측정되는 것이 아니라 하나님께서 주신 선물에 얼마나 진실하게 책임을 느끼며 최선을 다하였느냐에 달려 있다. 충성된 사람이란 한자 표기를 풀이해 보면 중심에 마음이 있는 사람, 말씀을 이루는 사람, 즉 말씀을 생활로 이루며 성취하는 사람, 다시 말해 말씀을 생활에 옮기는 사람을 뜻한다. 예수 그리스도를 좇는 신뢰를 떠나서는 선한 싸움도, 성령의 열매도 맺을 수 없다. 오직 그리스도 안에서는 '예'만 있고 '아니오'가 없다. 작은 일에 충성된 자가 큰 일에도 충성한다. 죽도록 충성하는 자가 끝까지도 충성한다(히 11:6; 계 2:10).

⑧ 온유

온유란 마음이 따뜻하고 부드러움을 말한다. 온유하고 유순한 사람이 하나님의 마음을 사로잡을 수 있다. 온유하다는 말을 영어로 '젠틀'(gentle) 이라고 한다.

온유란 첫째, 하나님의 뜻을 받아들이는 것을 말한다. 둘째, 겸손과 온순은 거의 같은 뜻을 갖고 있다. 셋째, 온유한 사람은 공격적이거나 강퍅하지 않다. 언제나 하나님의 뜻에 순종하고 그분의 뜻대로 성장해 나아가는 사람이 온유한 사람이다. 예수님도 "나는 마음이 온유하고 겸손하니 내게 와서 배우라"고 말씀하셨고 모세를 가리켜 "이 사람 모세는 온유함이 지면의 모든 사람보다 더하더라"(민 12:3)고 칭찬하셨다. 온유와 함께한 겸손은 성령이 함께 일하셔서 하나님의 뜻에 복종하게 한다. 배우기를 부끄러워하지 않는 자가 가르칠 수 있는 자이다. 노해야 할 때만 노하고 아닌 때는 노하지 않는 자가 온유한 자이다(엡 4:1; 벧전 3:4; 갈 6:1).

⑨ 절제

절제란 영어로 '셀프컨트롤'(self-control)이다. 자기 자신을 조절하는 것이다. 즉 자신의 욕망대로 살아가는 것이 아니라 그 욕망으로부터 자신을 조절하면서 살아가는 것을 말한다.

첫째, 절제는 자기 몸을 잘 돌보는 것이다. 과식으로 건강을 잃고, 과욕으로 실패하거나 죄를 범할 수 있다.

둘째, 말을 절제하여야 한다. 혀에는 쉬지 않는 악과 독이 있다. 상처를 주는 말이 아니라 위로와 용기를 주고 믿음을 심어 주는 말, 즉 은혜를 끼치는 말을 하여야 한다.

셋째, 돈을 절제하여야 한다. 돈을 사용하는 것을 보면 그 사람의 인격을 알 수 있다. 사람은 돈에 깨끗하여야 한다. 존 웨슬리는 말하기를 "될 수 있으면 열심히 일하고, 될 수 있는 대로 저축해서, 될 수 있는 대로 하나님께 영광을 돌리라"고 했다.

넷째, 자신의 감정을 조절해야 한다. 상한 감정을 다스릴 줄 아는 사람이 인격자이다. 어려운 일에도 참고 힘쓰는 성도가 성령의 인도를 받는다.

사랑이 열매라면 절제는 열매의 성숙을 말한다. 절제하려면 인내, 충성, 온유, 사랑의 지원이 있어야 한다. 절제를 못하면 열매를 맺을 수 없다.

이상과 같이 성령의 아홉 가지 열매를 덕과 함께 구분한다면 하나님과 관계된 덕은 사랑, 희락, 화평이며, 사람에게 관계된 덕은 인내, 자비, 양선, 충성이며, 자신에게 관계된 덕은 온유와 절제이다(약 3:18; 딤전 6:11; 엡 5:16).

9. 성령의 은사적인 면과 교리적인 면

은사적인 면

- 성령은 인격적으로 역사한다.
- 무질서, 무절제, 비인격은 성령의 역사가 아니라 사탄의 역사이다.
- 성령은 성경 안에서 역사한다(사탄은 말씀에 근거 없는 역사를 행한다. 나무의 좋고 나쁨은 그 나무의 열매를 보고 알 수 있다).
- 성령은 개인과 교회에 덕을 세운다(유익을 준다).
- 성령은 마음에 평안과 기쁨을 준다(불안과 공포와 염려를 몰아내고 참 평안을 준다).
- 성령은 구원에 이르게 한다.

• 성령의 역사는 오직 그리스도만이 구원의 중보자임을 증거한다.

10. 성령의 사역

1) 부르심

부르심(calling)은 헬라어로 '칼레오'라고 하는데 인간을 부르시는 하나님의 활동을 가리킨다. 성령이 우리와의 관계에서 가장 먼저 하는 사역은 우리를 불러서 구원에 이르게 하는 일이다.

첫째, 부르심은 전적으로 하나님의 성령을 통하여 인간에게 주시는 은총의 사역이다. "하나님이 우리를 구원하사 거룩하신 소명으로 부르심은 우리의 행위대로 하심이 아니요 오직 자기의 뜻과 영원 전부터 그리스도 예수 안에서 우리에게 주신 은혜대로 하심이라"(딤후 1:9)

둘째, 하나님은 우리를 불러주실 때 우리가 원치 않는 상황에서 더 나은 상황으로 불러주신다. "내가 내 백성 아닌 자를 내 백성이라, 사랑하지 아니한 자를 사랑한 자라 부르리라 너희는 내 백성이 아니라 한 그 곳에서 그들이 살아 계신 하나님의 아들이라 일컬음을 받으리라"(롬 9:25, 26 참고. 호 2:23)

셋째, 하나님과 그리스도의 부르심은 우리로 하여금 보다 차원 높은 삶을 살도록 하기 위함이다. 현세의 축복이나 소유욕의 만족을 주기 위해서 부르신 것이 아니라 제자로서 고귀한 삶과 내세의 복을 받도록 하기 위함이다.

넷째, 그리스도와의 사귐(fellowship)을 위하여 우리를 부르셨다. "너희를 불러 그의 아들 예수 그리스도 우리 주와 더불어 교제하게 하시는 하나

님은 미쁘시도다"(고전 1:9)

인간과 하나님, 인간과 인간 사이에 참된 교제가 있을 때 인간은 인간이 서야 할 자리에 비로소 서게 된다. 만일 한 쌍의 남녀가 법적으로 부부가 되었다 할지라도 서로의 교제가 없을 때 그 부부는 참 부부라고 할 수 없다. 하나님이 우리를 부르심은 그리스도를 통하여 참 하나님의 자녀, 참 하나님의 백성이 되도록 하기 위함이다.

다섯째, 하나님이 우리를 부르심은 자유를 주시기 위함이다. 자유란 얽매임에서 해방된 상태를 말한다. 인간은 죄, 무지, 가난, 질병, 사망에 얽매여 있을 때 자유를 누릴 수 없다. 화병의 꽃이 아무리 화려한 내실에서 사랑을 받고 산다 할지라도 꽃의 생명인 향기로움이나 싱싱함이 없을 때 그 꽃은 산간벽지의 들꽃만도 못하다. 자유에는 법적인 자유로서의 '리버티'(liberty)가 있고, 정신적인 자유로서 '프리덤'(freedom)이 있다. 성령이 우리에게 주는 것은 세상적인 자유보다 훨씬 차원이 높은 것으로 그리스도 안에서의 자유를 말한다.

2) 회개케 하심

회개란 무엇인가?

회개는 헬라어로 '메타노니아'라고 하는데 이 말은 '돌아선다, 돌아가다'는 뜻이다. 회개는 잘못된 마음, 잘못된 사상, 잘못된 삶의 방향에서 완전히 180도 돌아서는 것을 말한다.

어떠한 죄를 회개해야 하는가?

정죄의 표준은 인간이 하나님 보시기에 의롭지 못한 것이며, 하나님의 계명에 비추어 볼 때 합당치 못한 것이다. 죄는 영적인 죄(sin)와 법적인 죄(guilt)로 구분되는데 영적인 죄는 인간의 생각, 지식, 사상, 삶이 근본적으로 하나님과 거리가 먼 상태를 말하며, 법적인 죄는 계명을 중심으로 한 모든 규범, 제도 현행법에 어긋나는 경우를 말한다.

넓은 의미에서 성서는 원죄와 자범죄, 영적인 죄와 법적인 죄를 전부 죄의 범주에 포함시키며 회개는 이 모든 죄에서 참된 신앙으로 방향을 전환하는 것을 말한다. 성령은 이상의 죄를 깨닫게 하여 회개케 하는 능력이 있다.

> "의인은 없나니 하나도 없으며 깨닫는 자도 없고 하나님을 찾는 자도 없고 다 치우쳐 함께 무익하게 되고 선을 행하는 자는 없나니 하나도 없도다"(롬 3:10~12)
> "슬프다 범죄한 나라요 허물 진 백성이요 행악의 종자요 행위가 부패한 자식이로다 그들이 여호와를 버리며 이스라엘의 거룩하신 이를 만홀히 여겨 멀리하고 물러갔도다"(사 1:4)
> "사람이 물과 성령으로 나지 아니하면 하나님의 나라에 들어갈 수 없느니라"(요 3:5)

3) 믿게 하심

신앙은 헬라어로 '피시티스'로 신실함(faithfully)을 뜻한다. 하나님이 우리에게 신실하심과 같이 우리도 하나님께 신실해야 한다는 의미이다. 어린 자녀가 부모에게 전적으로 의존하듯이 하나님께 전적으로 의존하는 것이 곧 신앙이다.

루터는 말하기를 "신앙은 신뢰(trust)하는 것이다"라고 했다. 전적으로 믿고 의지하는 것을 말한다. 또한 "신앙은 하나님이 우리 안에서 역사하시는 완전히 새로운 것으로서 인간의 생을 하나님께로 향하게 하는 것이다"라고 했다.

> "오직 성령이 너희에게 임하시면 너희가 권능을 받고 예루살렘과 온 유대와 사마리아

와 땅 끝까지 이르러 내 증인이 되리라"(행 1:8)

4) 거듭나게 하심(중생)

모든 종교는 인간 생활에서 인간 스스로의 노력에 의한 구원을 강조하고 있다. 그러나 기독교는 절대 인간 자력에 의한 구원이 불가능하다는 것을 주장한다. 그 이유는 인간 자신의 불완전성, 즉 원죄와 무지와 무능으로 인하여 하나님처럼 거룩할 수가 없기 때문이다. 성서에 의하면 의인은 한 사람도 없다고 한다. 인간이 거듭나지 아니하면 죄에 빠질 수밖에 없고 거듭나려고 하니 자신이 불완전하여 전혀 불가능하다는 것이다. "내가 원하는 바 선은 행하지 아니하고 도리어 원하지 아니하는 바 악을 행하는도다"(롬 7:19)

이것이 원죄의 인간이 지닌 운명이라 할 수 있다. 성령의 도움 없이는 거듭날 수 없고 오직 성령에 의해서만 거듭날 수 있을 뿐이다.

중생이란 무엇인가? 첫째, 중생은 성령에 의하여 살아가는 삶을 말한다. 둘째, 중생은 그리스도 안에서 참 자유를 누리는 삶을 말한다. 셋째, 성령에 의한 중생은 삶의 열매를 맺게 한다.

5) 의롭게 하심

루터는 의인의 교리가 기독교 교리 중에서 가장 중요한 것이라고 했다. 의(義)에 해당되는 헬라어 '디카이오수네'는 어떤 도덕적 성품이나 행위를 말하는 것이 아니라 하나님과 인간과의 근본관계를 뜻하는 말이다. 즉 사람의 눈에 의롭게 보이기 때문에 의롭다고 판정되는 것이 아니라 하나님 안에서 의롭다고 판정되어야 그 사람은 참다운 의인이라는 것이다.

하나님의 판단은 사람의 판단과는 다르다. 사람은 행위의 결과만 보고 판단하지만 하나님은 속마음을 보시며 판단의 표준을 율법이나 규범에 두지 아니하고 은혜에 두신다. 탕자는 아들의 자격이 없었지만 은혜와 사랑으로 볼 때는 누구보다도 귀한 아들이었다. "모든 사람이 죄를 범하였으매 하나님의 영광에 이르지 못하더니 그리스도 예수 안에 있는 속량으로 말미암아 하나님의 은혜로 값 없이 의롭다 하심을 얻은 자 되었느니라"(롬 3:23, 24)

6) 양자가 되게 하심

넓은 의미에서 세상 모든 사람들은 다 하나님의 자녀이다. 왜냐하면 인간은 하나님의 형상대로 지음 받았기 때문이다. 그러나 인간의 타락과 범죄로 인하여 인간은 하나님의 형상을 잃어버리게 되었고 아들의 자격을 상실하게 되었다. 이처럼 상실된 자격과 권리를 회복시켜 주시기 위하여 하나님의 외아들이 이 세상에 오셨고 그 아들의 영을 영접하는 자는 하나님의 양자가 될 수 있다는 것이 기독교의 기본 교리이다.

하나님의 아들의 자격과 권리를 향유하는 길은 하나님의 참 아들이시며 그의 형상을 지닌 그리스도의 영과 연합하는 길 외에는 없다.

인간은 돌감람나무와 같다. 그럼에도 그리스도와 연합함으로 참 생명, 곧 하나님의 양자가 되었다.

타이슨(Henry C. Thyssen)은 그리스도와의 연합의 원리를 세 가지로 말하고 있다.

첫째, 성령이 연합의 원동력이 되어 영적인 연합을 이루었다. 둘째, 의식적 연합이 아니라 생동적 연합이다. 셋째, 순간적 연합이 아니라 영원한 연합이다.

그리스도와의 연합으로 양자의 영이 우리 속에 거하게 되어 아바 아버지라 부를 수 있게 되었다. 왜 하나님은 우리를 양자로 삼으셨는가? 그것은 하나님께서 자신의 기쁘신 뜻을 이루기 위함이며 이 일을 통하여 우리를 영화롭게 하시기 위함이다. 종처럼 소외된 상태에 있던 우리를 부르사 당당한 아들이 되게 하심으로 아들의 권리와 자유를 누리도록 하는 것이 양자를 삼으신 목적이다.

> "너희가 아들이므로 하나님이 그 아들의 영을 우리 마음 가운데 보내사 아빠 아버지라 부르게 하셨느니라 그러므로 네가 이 후로는 종이 아니요 아들이니 아들이면 하나님으로 말미암아 유업을 받을 자니라"(갈 4:6, 7)
> "그리스도께서 우리를 자유롭게 하려고 자유를 주셨으니 그러므로 굳건하게 서서 다시는 종의 멍에를 메지 말라"(갈 5:1)

7) 거룩하게 하심(聖化)

성화를 의미하는 'sanctification'은 라틴어 '상투스'(sanctus)에서 온 말로 '거룩하다'라는 뜻이다. 성화는 단번에 이루어지는 것이 아니라 거룩한 삶 속에서 점진적으로 성취되어 간다. 성도는 심령만 거룩할 것이 아니라 생활도 그리스도처럼 거룩해야 한다.

성화는 하나님 자신이 성령을 통하여 죄인인 인간과 하나가 되어, 그 죄인이 그 자리에서 하나님처럼 거룩하게 되고 그 거룩함을 통해서 그가 있는 현실 자체를 거룩하게 하는 사건을 말한다. 성화의 생활은 양면성을 가지고 있는 하나의 생활 방식이다. 그 하나는 성령을 통하여 개인의 심령이 거룩해지는 것이고, 다른 하나는 공동체 안에서 성화를 실현하는 것이다.

> "이는 곧 물로 씻어 말씀으로 깨끗하게 하사 거룩하게 하시고 자기 앞에 영광스러운 교회로 세우사 티나 주름 잡힌 것이나 이런 것들이 없이 거룩하고 흠이 없게 하려 하심이라"(엡 5:26, 27)
> "그런즉 사랑하는 자들아 이 약속을 가진 우리는 하나님을 두려워하는 가운데서 거

룩함을 온전히 이루어 육과 영의 온갖 더러운 것에서 자신을 깨끗하게 하자"(고후 7:1)

8) 사랑하게 하심

바울은 성령의 은사 중에 제일 큰 것을 사랑이라고 했다. 믿음의 궁극목적은 사랑에 참여하는 데 있다. 다시 말해 크리스천의 삶은 성화로 끝나지 않고 십자가에 참여함으로 하나님의 뜻을 이루는 데 있다.

사랑이 없는 믿음에는 하나님도 계시지 않고 그의 영도 없다. 그러므로 성령을 받은 증거로 반드시 사랑이 나타나야 한다. 하나님의 역사적 활동은 사랑과 관계되지 않은 것이 없다. 이 우주를 창조하심도 인간을 사랑하기 위함이요, 풍요한 자연을 내심도 사랑하기 위함이며 아브라함을 부르심도 사랑하기 위함이며, 또한 독생자를 세상에 보내심도 사랑하기 위해서이다. 그러므로 하나님은 사랑이시며, 따라서 그의 영도 사랑의 실체라 할 수 있다. 이러한 사랑의 영이 우리 마음속에 넘치게 될 때 비로소 우리는 원수를 사랑하라는 계명을 실천하는 자리에 이르게 된다는 것이 기독교의 중심 교리이다.

하나님의 영, 곧 사랑의 영이 우리 안에 거할 때 나타나는 현상에 대해 틸리히는 첫째는 믿음의 현상이요, 둘째는 사랑의 현상이라고 했다. 신앙을 성령에 붙잡힌 상태라고 한다면 사랑은 성령에 의하여 확실한 삶의 상태로 끌려 들어간 상태라 할 수 있다. 즉 성령은 믿음을 통하여 하나님의 능력과 은총과 진리의 기둥에 우리를 붙들어 매어준다. 이러한 신앙의 상태가 다시 성령의 능력에 접하게 될 때 우리는 누구를 사랑하지 않고는 견딜 수 없는 자리에 이르게 된다. 이것이 진정한 성령의 은사이다.

바울은 그리스도의 영의 능력에 의하여 사랑하면 할수록 더 기쁨이 넘치는 십자가의 신비를 체험하게 되었다고 고백하였다. 고로 사랑은 성령의 참된 은사이며 성령이 있는 곳에 사랑이 있고 사랑이 있는 곳에 성령이 역사하신다는 결론을 내리지 않을 수 없다.

Chapter 4

인간이란 무엇인가?

인간이란 무엇인가?

세상에서 가장 어려운 수수께끼는 인간이요, 인간의 문제이다. 그래서 유사 이래 많은 사람은 인간이 무엇이며, 왜 내가 여기에 존재하며, 인생은 어디서 와서 어디로 가는가 하는 문제들을 제기해 왔다. 도대체 인간이란 무엇일까?

생물학적인 측면에서 인간은 동물에 속하며, 심리학적인 면에서 희로애락의 존재이며, 종교적인 면에서 기도하는 존재이다. 과연 인간은 무엇이며 그 존재의 목적은 무엇인가?

진화론자들은 원숭이를 인간의 후손으로 보며 우연론자들은 아메바가 발전한 것으로 본다. 그러나 세상에는 우연이란 것이 없다. 결과가 있으면 반드시 원인이 있는 것이다. 오늘은 어제의 결과요, 내일은 오늘의 결과이다. 이것이 삼라만상의 법칙이다. 성서만이 인간의 영원한 수수께끼에 대한 해답을 제공한다. 그렇다면 인생의 목적은 무엇인가?

자신에게뿐 아니라 남에게 누를 끼치고 사회에 피해를 주며 사는 사람이 이 세상에는 얼마나 많은가? 소크라테스가 "너 자신을 알라"고 말한 것은 대부분의 사람들이 자신의 존엄성을 상실했기 때문이다. 자신의 존엄성을 상실한 사람은 이웃을 사랑의 대상이 아닌 출세와 이익 추구를 위한 수단과 도구로 생각한다. 삶의 목적과 의미를 상실한 오늘의 세대, 이 세대의 인간을 T. S. 엘리엇은 '속이 텅 빈 인간'(the hollow man), 곧 허수아비로 비유하고 있다. 인간을 무엇이라고 정의할 것인가?

프랑스의 사상가 파스칼(Pascal)은 「팡세」에서 "인간이란 무한에 비하면 전체이고 그것은 무와 전체 사이의 중간자다"라고 말했으며, 그리스인들은 인간이란 생각할수록 놀랍고 불가사의하기 때문에 코스모스(우주)에 비하여 마이크로 코스모스(소우주)라고 했다. 옛날부터 인간을 호모 사피엔스(Homo Sapiens) 곧 이성인이라 했으며 근래에 이르러는 호모 파베르(Homo Faber) 곧 기계인이라 했다. 마틴 부버는 인간을 두 관계 속에 살고 있는 존재 즉 나와 너의 관계, 나와 그것의 관계(인간과 사물)에서 살고 있는 존재라고 했다.

이렇듯 인간은 동물의 일종으로 영양적 조직과 감각적이며 활동적인 조직을 가지고 있는 생물로 이성을 지닌 자유로운 주체적 존재이다. 또한 인간은 도구를 만들고 문화를 창조하며 역사를 이끌어간다. 인간만이 언어와 문자(글)를 갖고 있으며 웃음을 지닌 존재로서 능동적으로 자신의 삶을 개척하며 보다 나은 미래의 희망을 가진 존재이다.

인간은 혼자 살아가는 고립적 존재가 아니라 언제 어디서나 다른 사람과의 관계 속에서 살아가는 공동체적 존재이다. 무엇보다도 중요한 것은 인간은 하나님과의 관계 속에서 사는 창조물이다. 사람이 무엇이냐고 한마디로 대답하기는 어렵다. 마치 제각기 다른 경험적 지식을 가지고 장님 코끼리 만지기 식이 되기 때문이다. 인간에 대한 견해도 마찬가지이다. 고뇌와 비극 속에서 인생을 살아온 자는 "인생이란 고통이다"라고 정의를 내릴 것이고 반면에 인생을 보람되고 행복하게 살아온 사람은 "인생이란 복된 것이다"라고 정의할 것이다. 이러한 정의는 각자의 성격, 느낌, 지식, 신앙에 따라 다르기도 하지만 시대와 사회에 따라 달라질 수도 있다. 그러면 고대인들의 인간관은 어떠했는지 살펴보기로 하자.

1. 희랍 철학의 인간 이해

플라톤(Platon)은 인간 존재의 구조를 분석하기를 "사람이란 육체와 영혼으로 구성된 존재"라고 했다. 사도 바울도 겉 사람 곧 육의 사람과 속 사람(영의 사람)으로 인간을 구분하여 설명했다. 플라톤은 영혼(soul)을 '누스'(nous)라고 했는데 이것은 정신보다 차원이 높은 영적 실체와 같은 것이다.

이성적 작용을 가능케 하는 영혼으로 인해서 인간은 지혜와 지식을 갖게 되고 동물보다 뛰어난 존재로서 살아가게 된다. 그러나 육체는 영혼을 잠깐 담아두는 그릇에 불과하다. 그러므로 영혼이 떠난 그릇이란 마치 토기와 같아서 무가치하고 못 쓰게 된 존재에 불과한 것이다. 그리고 영혼은 두 바퀴가 달린 마차를 조종하는 마부와 같다. 두 필의 말을 마부가 움직인다. 한 필은 욕구의 말이요, 다른 한 필은 양심의 말이다. 마부가 두 필을 잘 움직일 때 두 필의 말은 조화를 이루면서 앞으로 달려간다. 그러나 마부가 정신이 없거나 마차에서 추락하였을 경우, 두 필의 말은 방향감각을 잡지 못하고 서로 자기 고집대로 달리다가 결국 마차와 함께 추락하고 만다.

이와 같이 플라톤의 인간관은 철저한 이원론(二元論)적 원리를 토대로 하고 있다. 육체는 천하고 비본래적이며 변하고 죽어 없어지는 것이지만 영혼은 영혼불멸의 것이며 이데아(idea)의 세계를 향해서 부단히 상승한다. 그러나 '부활'에 대한 인식을 갖고 있지 않기 때문에 플라톤의 인간관을 가지고 있는 사람들은 결국 허무주의에 빠질 수밖에 없다. 그러므로 사는 것보다 죽는 것이 낫다고 생각한다. 왜냐하면 죽음을 마치 억울하게 형무소에 수감된 사람이 자유를 얻어 출옥하는 경우와 흡사하게 생각하기 때문이다.

플라톤의 스승인 소크라테스는 BC 339년 아테네 감옥에서 죽음의 잔을 앞에 놓고 제자들에게 다음과 같이 말했다. "죽음 같은 것은 추호도 나의 관심사가 아니다. 모든 감각이 다 정지되고 꿈 하나 꾸지 않는 깊은 잠과 같은 것이 죽음이라면 죽음보다 더 좋은 일이 어디 있겠는가? 또 죽음이 이 세상에서 저 세상으로 가는 길이라면 죽음은 환영할 만한 일이 아닌가?" 소크라테스는 약 1개월간의 감옥생활을 치른 후 어느 봄날 깨끗이 목욕하고 고요히 독배를 마심으로써 그의 생애를 끝냈다. 그러나 소크라테스의 죽음관은 부활의 보장 없는 철학적 견해일 뿐이다. 이러한 희랍 철학적 인생관은 훗날 육체 타락과 쾌락 추구 그리고 허무주의가 싹트는 원인이 되었다.

사도 바울의 인생관은 이러한 희랍 철학의 이원론을 극복한 인생관이다. 육체는 장차 부활하기 때문에 소중하게 보존되어야 하며 성령이 그 속에 거하기 때문에 성전과 같이 거룩하다. 그러므로 영혼을 위한 삶도 중요하지만 영혼을 담고 있는 육체의 삶도 중요하다.

희랍 철학의 대가인 아리스토텔레스(Aristoteles)는 플라톤과 인생관이 다르다. 사람은 육체와 영혼으로만 구성되어 있는 것이 아니라 영혼 속에 마음(mind)이라는 것이 하나 더 있다고 한다. 그리고 영혼 안에 두 가지 부분이 있는데 하나는 이성(理性)적인 것이고 다른 하나는 비이성적인 것으로, 전자는 생의 관조와 내적 완성의 역할을 하며 후자는 인간적인 욕구 실현에 도움을 주는 것이라고 한다. 플라톤이 영혼 불멸을 주장한 반면에 아리스토텔레스는 인간 존재는 죽음으로서 완전히 끝나버린다고 주장했다. 죽음 이후엔 영혼도, 영생도, 부활도 없는 완전 무(無)에 지나지 않는다는 것이다. 희랍 철학 역시 하나는 내세가 있다고 주장하고, 다른 하나는 내세가 없다고 주장한다.

2. 동양 철학의 인간 이해

1) 불교의 인간관

불교의 인간 이해는 실존론적 인간 이해에 치중하고 있다. 존재론적 면에서 "인생은 무엇인가?", "왜 인생을 사느냐?"는 것이 문제라면 실존론적 면에서는 "인간이 지니고 있는 근본 문제가 무엇인가?", "인간 실존의 본질은 무엇인가?"의 현실 문제를 다루고 있다.

불교에 의하면 인간이 걸어가야 하는 생을 고(苦)라고 한다. 태어남도 괴로움이요, 늙는 것도 괴로움이며, 병드는 것도 괴로움이요, 죽는 것도 괴로움이다. 인간의 구조와 사람 자체가 고(苦)의 요소를 지니고 있기에 인간은 고통을 당하는 기계(器械)와 같다고 한다.

고통의 원인은 무명(無明)의 마음이다. 인간의 탐욕과 분노와 어리석음, 사람이 한 번 세상에 태어나서 죽는 것은 정한 이치인데 죽지 않으려고 하는 욕망, 남을 미워해서는 안 되는 줄 알면서도 미워하는 마음, 많은 재물을 탐해서는 안 되는 줄 알면서도 탐내는 욕심, 이런 무명의 마음이 고(苦)의 현상에 사로잡히게 한다는 것이다.

인생의 다함이 없는 욕구와 집착이 고통의 씨가 된다. 겉으로 보기에는 인생의 실상이 낙(樂)으로 보이나 낙은 얼마 안 가서 인생의 가슴에 고를 안겨준다. 삼계유전(三界流轉)의 범부(凡夫)는 이 고락 사이를 피할 수가 없다. 모든 중생은 고와 더불어 살아갈 수밖에 없다. 그러므로 수양과 도덕의 실천을 통하여 무명의 생명욕을 불심(佛心)의 광명으로 전화시켜야 한다는 것이다. 이것이 불교의 목표이며, 이것이 완성될 때 불제자가 될 수 있다.

불교는 고통의 그릇인 인간의 마음을 12인연(因緣)으로 분류했다.

① 무명(無明, 진리에 어두운 무지) ② 행(行, 행동) ③ 식(識, 의식) ④ 명색(名色, 정신과 물질의 세계) ⑤ 육처(六處, 눈 귀 코 혀 몸 의지) ⑥ 촉(觸, 감촉)

⑦ 수(受, 감수) ⑧ 애(愛, 애욕) ⑨ 취(取, 집착) ⑩ 유(有, 존재) ⑪ 생(生, 출생) ⑫ 생로병사(生老病死, 인간의 삶)

여기에서 어떻게 해탈할 수 있느냐를 보여 주는 참 인간 모델인 부처가 등장하게 된다.

부처는 신이 아닌 하나님의 인간상이다. 즉 부처는 아집, 편견, 아욕을 중심으로 하는 번뇌를 모두 다 단별해 버리고 모든 집착을 없애버린 광명의 선각자 상이라 할 수 있다.

불(佛)은 광명을 뜻하는데 이는 인간 본래 마음을 말한다. 불심을 품은 자는 팔정도(八正道)의 길을 걷는 자이다. 팔정도란 정견(正見), 정사(正思), 정어(正語), 정업(正業), 정명(正命), 정정진(正精進), 정념(正念), 정정(正定)으로 의미는 바르게 보고, 생각하고, 말하고, 일하고, 명을 지키고, 정신과 생각을 가져야 한다는 것이다. 열반은 이 팔정도의 사람에게 주어지는 해탈의 상태로서 대자대비(大慈大悲)의 삶이라 할 수 있다.

이상과 같이 불교의 인간관은 고(苦)의 해결에 있고 무명의 마음에서 불타의 마음으로 돌아가는 데 있지만 여기에 문제가 있다. 생명의 개조가 초월적인 능력이나 신의 권능에 의해서가 아니라 어디까지나 자기 노력에 의해서 실현될 수 있다고 보는 것이다. 인간은 스스로가 무능하고 부족하기 때문에 수양이나 각성을 통해서 인간 완성을 이룩하기란 쉽지 않다.

불교의 인간관은 현실부정이라는 요소 때문에 인간에게 참된 삶의 활력을 불어넣어 주는 면이 약하며 또한 내세관이나 영혼의 세계 같은 것이 없기 때문에 염세적인 요소를 지니고 있다는 것이 문제이다.

2) 유교의 인간관

유교는 불교의 인간관보다 더 현실적이며 사회적이고 윤리적이다. 유교는 인간의 본질을 인(仁)에 두고 있다. 사람의 인신(人身)과 인심(人心)이 조화를 이룰 때 곧 인(仁)이 성립되며 두 사람 사이에 인격적인 관계를 지니게 될 때 인(仁)이 성립된다. 허식과 가식과 수식만으로는 절대 인(仁)을 이룩할 수 없다. 인(仁)의 개념 속에는 정(情), 지(知), 용(勇), 충(忠), 성(誠), 공(恭), 신(信), 효(孝) 등 아홉 가지 요소가 포함된다. 이것을 두 가지 형태로 분류한다면 첫째는 인격의 완성이요, 둘째는 타자와의 관계에서 실행되는 선행이다. 유교에서는 신(神)에 대한 주장이 없고 다만 인(仁)의 극치에 도달한 사람이 천(天)을 알게 된다고 한다.

인의 극치는 고귀한 품성과 정신을 말한다. 그래서 노자는 인(仁)을 인륜지도(人倫之道)라고 했다. 우주의 최고 원리인 도(道)를 실현할 때 참 인간됨이 이루어진다고 한다. 도(道)를 닦는 사람은 이(理)와 기(氣)를 선하게 사용함으로 인(仁)을 성취해야 한다. 인(仁)을 성취한 자는 곧 무욕(無慾)과 청정, 무위(無爲)를 통달한 사람이다. 이같이 유교에서는 인간을 도덕적 주체자로 보았다.

유교는 인간을 영과 육으로 분류하지 않고 오직 현실에서의 참과 선, 즉 인(仁)을 실현하는 데 두었다. 그래서 인자(仁者)가 되는 것이 인간의 궁극 목적이요, 인(仁)을 통하여 인(仁)의 세계를 만드는 것이 유교의 최종 목표인데, 이것은 이상론에 불과하다. 인간은 선천적으로 원죄와 불완전성을 지니고 태어났기 때문에 인위적, 도덕적 훈련으로 자아 완성이 불가능하다. 만일 욕심의 강이 범람할 때 아무리 도덕과 윤리의 제방을 굳게 쌓는다 할지라도 그것은 불가능하다. 오직 신앙의 힘으로 인간의 본성을 바로잡을 때 거기에 인(仁)의 강은 유유히 흐를 것이다.

3) 천도교의 인간관

천도교의 창시자 최수운에 의하면 사람은 누구나 '한울님'을 모시고 있다고 한다. 이는 기독교에서 말하는 하나님이 아니라 우리 인간 안에 있는 정신적 실체로서의 존재자를 뜻한다. 그러므로 '한울님'의 계시는 밖에서 오는 것이 아니라 우리 인간의 마음속에서 오는 것이며 그는 인간을 떠나서 활동하지 아니하고 우리 안에 계시면서 인간을 통하여 활동하신다고 한다. '인내천'(人乃天)이라는 말이 바로 여기에 근거한 말이다. 그러므로 인간은 '한울님'을 잘 모시는 것을 인생의 궁극 목적으로 생각한다. '한울님'을 모시기 위해서는 다음의 자세가 필요하다.

첫째, '한울님'을 잘 모신다는 것은 마음에 신령(神靈) 곧 성실한 마음이 있다는 것을 의미한다. 둘째, 잘 모시려면 조화지(造化地)를 이루어야 한다. 물고기가 물과 조화를 이루어야 하듯 천지간의 모든 인간도 조화를 잘 이루어야 한다. 셋째, 잘 모신다는 것은 "모든 사람이 각각 스스로 깨닫고 옮기지 않는다"는 것이다. 진리를 스스로 깨닫고 그것에 의해서 자기의 삶이 바로 서게 되고 또한 그것에 대한 굳은 신념을 가지라는 것이다. 즉 올바른 관계, 성실한 마음, 조화로운 삶이 인내천에 도달하는 비결이라는 말이다.

3. 성서적 인간 이해

1) 하나님의 형상

인간은 하나님의 형상으로 창조되었다.

"하나님이 이르시되 우리의 형상을 따라 우리의 모양대로 우리가 사람을 만들고 그들로 바다의 물고기와 하늘의 새와 가축과 온 땅과 땅에 기는 모든 것을 다스리게 하자 하시고 하나님이 자기 형상 곧 하나님의 형상대로 사람을 창조하시되 남자와 여자를 창조하시고"(창 1:26, 27)

아우구스티누스는 주장하기를 '하나님의 형상'(Imago Dei)이라는 말은 인간 영혼의 지성적 기능을 말하고, '하나님의 모양'(likeness of God)이라는 말은 인간의 도덕적 기능에 대한 표현이라고 했다. 하나님의 형상으로 지음 받은 인간은 동물과는 달리 지적 능력과 감정, 도덕적 자유, 판단, 사랑 등을 지니고 있다. 다시 말해 하나님을 닮았다고 볼 수 있다.

고로 첫째, 인간은 다른 피조물들이 지니고 있지 못한 하나님과의 관계를 지니고 있다. 인간은 하나님과 교제하고 그와 완전히 연합할 때 참 인간의 모습을 지니게 된다.

둘째, 인간은 하나님이 세운 모든 피조물의 대표자이다.

셋째, 인간은 하나님께 대하여 책임적인 존재이다.

본래 하나님께서는 자신의 형상을 계시하시려고 사람을 지으셨으나 인간의 범죄로 그 형상이 가려지자 둘째 아담인 그리스도를 통하여 자신의 형상을 계시하셨다. 그러므로 그리스도야말로 진정한 하나님의 형상이요, 하나님의 모양이다.

이렇듯 기독교 인간 이해의 기본은 하나님의 형상이며 하나님과의 관계 회복이다. 하나님의 형상으로 직접 창조된 인간 본래의 모습이 죄로 말미암아 타락한 인간의 모습으로 변했다. 그러므로 이제는 그리스도를 통한 하나님의 사랑에 의해 본래적인 하나님의 형상으로 돌아가야 하며 회복되어야 한다. 이를 거듭난다고 표현한다.

이제 인간 스스로 하나님에 대하여 알아야 한다. 하나님에 대하여 아는 사람만이 자신이 누구이며, 어떠한 존재이고, 어떻게 살아갈 수 있으며, 어떻게 될 것인가에 대한 과거, 현재, 미래에 대한 분명한 인생관을 찾을 수 있다. 왜냐하면 하나님을 아는 사람만이 자신이 하나님의 형상으로 지음 받은 인간임을 깨닫고 믿음을 통하여 그리스도에게로 돌아와 하나님의 형상을 회복할 수 있기 때문이다.

2) 인간의 영혼과 몸

인간은 물질적인 부분과 비물질적인 부분을 가지고 있다. 인간을 육체와 영혼으로 구성되어 있다고 보는 이분설과 몸과 혼과 영으로 구성되어 있다고 보는 삼분설이 있다.

영지주의자는 이원론을 주장하여 영혼과 육체로 나누었으나 성경은 인간을 세 가지, 즉 영(spirit), 혼(soul), 몸(body)으로 나누기도 하고 둘로 나누기도 한다. 죽음을 친히 목격한 사람이라면 누구나 사람은 몸만 가진 존재가 아니라는 사실을 알게 될 것이다. 만일 인간이 육체뿐이라면 그것은 인간이 아니요 시체일 뿐이다. 그리고 영혼뿐이라면 그것은 귀신과 같은 무형의 존재일 뿐 인간이 될 수 없다.

하늘과 땅이 하나로 연결된 것처럼 인간 역시 영혼과 육체, 하나로 결합된 존재이다. 그러므로 단지 먹고 마시면서 사는 현실적인 문제에만 매달려서도 안 되고, 현실을 무시한 영혼의 신비만을 추구해서도 안 된다.

"평강의 하나님이 친히 너희를 온전히 거룩하게 하시고 또 너희의 온 영과 혼과 몸이 우리 주 예수 그리스도께서 강림하실 때에 흠 없게 보전되기를 원하노라"(살전 5:23 참고, 히 4:12)

영과 혼과 몸은 전구 속의 전기와 빛과 철사로 설명될 수 있다. 영은 전기와 같고 혼은 빛과 같고 몸은 철사에 해당된다고 한다면 전기는 빛의 원인이며, 빛은 전기의 결과이고, 철사는 전기를 통하여 빛을 발산하는 매개체이듯, 영은 혼을 움직이고 혼은 몸을 통하여 스스로를 표현한다.

"육의 몸으로 심고 신령한 몸으로 다시 살아나나니"(고전 15:44)
"여호와 하나님이 땅의 흙으로 사람을 지으시고 생기를 그 코에 불어넣으시니 사람

이 생령이 되니라"(창 2:7)

인간은 하나님께서 흙으로 만드시고 생기를 주셔서 살아 있는 영을 소
유하고 있다.

3) 몸 · 혼 · 영의 기능

심리학자 프로이드(Sigmund Freud)는 인간을 육(id), 자아세계(ego), 영
의 세계(super ego)로 표현했지만 인간은 몸을 통하여 물질세계와 연결되
어 있고, 혼은 자유의지의 능력을 소유하므로 선택할 수 있는 자유를 가지
고 있으며, 영은 혼을 매개로 하여 몸을 하나님께 복종케 한다.

몸(Body)

몸은 물질적인 요소로 육체적인 오성, 즉 오관(청각, 시각, 미각, 후각, 촉
각)을 갖고 있으며 환경적 의식을 지니고 있다. 그래서 편안한 것, 맛있는
것, 배부른 것, 그리고 소유하고 싶은 욕망이 있다. 그러나 몸은 하나님의
영이 거하시는 전이다.

혼(Soul)

혼은 자아의식을 소유하고 인격이 머무는 장소로 인간의 의지(will)와 지
성(mind), 감정(emotion)을 지니고 있다. 혼은 지능, 생각, 이상, 사랑, 감
정, 분별, 선택, 결정을 하며 인간의 사상과 특징과 생활을 지니고 있다.

의지(will)는 결정할 수 있는 선택의 능력을 말하고, 지성은 지혜, 지식,
이론 등 지적인 능력을 말하며, 감정은 좋아하고 싫어하는 것에 좌우되는
사랑과 증오, 기쁨과 슬픔, 행복과 불행을 느끼는 애정의 기관이다. 이렇
듯 혼은 정신적인 면으로 영혼으로부터 받는 것을 몸에게 전달하여 영과

몸의 교제와 협조를 이루어 상호관계를 상실하지 않도록 중간 매개 역할을 한다.

영(Spirit)

영은 인간의 가장 고상한 부분으로서 인간 존재의 가장 깊은 곳에 거하고 있으며, 직관(intuition)과 양심을 통해 하나님과 영적 교통(communion)을 하게 한다. 양심의 일은 독립적인 것이고 직접적인 것이며 바깥의 의견에 굽힐 줄 몰라서 사람이 그릇 행하면 즉시 옳고 그름을 판단해 준다. 직관은 영의 감각 기관으로 육체적인 감각이나 외부의 영향과 무관하게 직감하는데 지능이나 의지의 도움 없이 직관적으로 오는 작용이다.

하나님의 계시와 성령의 모든 일은 직관을 통해 신자에게 알려진다. 영교, 즉 영적인 교통은 하나님을 예배하는 것이다. 하나님은 영으로만 알 수 있고 하나님과의 교통은 혼이나 겉 사람이 아닌 속사람(inner man)이 나누는 것으로 양심, 직관, 영교는 상호관계를 맺고 있다. 그러므로 하나님께서는 영을 통해서 우리를 거듭나게 하시고, 교훈하시고 신자를 인도하시지만 마음과 감정과 의지가 강해지면 강해질수록 영은 함락을 당하여 영의 기능이 나타나지 못하게 한다.

사람이 몸의 지배를 받으면 동물처럼 환경에 따라 본능적으로 살게 되고, 혼의 지배를 받으면 자기중심과 자기 본위로 하나님을 피해 자신의 주관대로 살게 되고, 영의 지배를 받으면 주님 뜻대로 행하고 하나님 중심으로 살면서 하나님께 전적으로 의지하게 된다.

인간에게 죽음이란 무엇인가? 과학적인 정의는 '물질세계와의 교통이 중단되는 것'이라고 말할 수 있겠으나 영의 죽음은 하나님과의 교통이 중단되는 것이며, 몸의 죽음은 영과 몸의 교통이 끊어지는 것을 말한다. 그러나 구원받은 신자는 영원한 생명 즉 영생을 얻었으므로 하나님과 영원히 산다.

영(靈)이 전인간(全人間)을 지배하려면 반드시 혼의 동의가 있어야 하는데 그렇지 않으면 영은 혼과 몸을 규제할 힘이 없게 된다. 왜냐하면 인간의 인격과 자유의지가 혼에 있기 때문에 인간 스스로의 의지에 따라 하나님의 뜻을 따르기도 하고 하나님을 대적하여 마귀 편에 서기도 한다. 그러나 인간의 타락 이전에는 영이 혼을 통하여 전인간을 지배했다.

4. 인간의 본래적인 모습

하나님은 자기 형상(Image of God)대로 사람을 지으셨다. 그러므로 인간은 지음 받은 피조물이다. 인간은 창조자인 신이 아니라 신(神)에 의해 창조된 피조물이란 말이다. 그러나 인간은 다른 피조물과는 달리 하나님에 대하여 직접 교제하고, 하나님의 부르심에 대하여 대답할 수 있는 인격성을 지니고 있다.

하나님의 형상은 인격적인 존엄과 책임을 의미한다. 이는 하나님의 형상대로 지음 받은 인간만이 지니고 있는 독자적인 권리로 주장할 수 있는 근거가 된다. 이는 오직 인간만이 하나님의 부르심을 받고 스스로 하나님께 응답해야 하는 책임을 지고 있음을 뜻한다.

인간이 하나님의 피조물 즉 하나님에 의해서 지음을 받았다는 사실은 인간이 자기 존재의 근거를 자기 자신 안에 지니고 있는 것이 아니라 창조자인 하나님 안에 가지고 있는 것을 말한다. 이는 인간이 창조자 이외의 지배를 받지 않을 천부의 권리를 갖고 있으며 서로 독립된 별개의 존재이면서 결국은 하나님과의 관계를 떠나 살 수 없는 존재란 것을 의미한다.

"하나님이 그들에게 복을 주시며 하나님이 그들에게 이르시되 생육하고 번성하여 땅에 충만하라 땅을 정복하라 바다의 물고기와 하늘의 새와 땅에 움직이는 모든 생물을 다스리라 하시니라"(창 1:28)

하나님께서는 인간에게 통치력을 허락하셨고 영생과 선악을 판단하는 양심과 이성을 주셨으며 의로움과 거룩함에 이르는 권능과 책임을 부여하셨다. 이러한 인간의 본래적인 모습을 통해 인간이 사는 이유가 분명해진다. 모든 인간은 하나님의 자녀가 되도록 창조되었으며 삶의 목적은 하나님의 영광을 드러내기 위함이다. 이는 하나님의 은혜와 도움 없이는 불가능하며 하나님을 믿고 따르는 신앙만이 가능하다.

인간의 삶의 중심은 하나님께 있다. 그러므로 맨 처음 인간 아담이 하나님 중심으로 순종하며 살 때는 에덴에는 행복과 축복이 계속되었지만, 인간의 마음속에 욕심과 교만이 들어온 이후에는 인간이 본래의 모습에서 이탈하고 고통 속에서 살아가게 되었다. 하나님의 모양으로 창조된 인간의 세 가지 면에서의 관계는 첫째, 자신에 대한 관계, 둘째, 타인에 대한 관계, 셋째, 하나님에 대한 관계이다.

인간의 본래 모습

이탈된 인간의 모습

본래적 모습으로서의 인간은 선택할 수 있는 자유의지를 가지고 있다. 사르트르(Jean Paul Sartre)는 "존재(存在)와 무(無)의 차원에서 사람이 자유한다는 것은 같은 말이다. 나는 자유한다. 고로 존재한다"고 했다. 헤겔(Hegel)은 "역사는 자유실천의 과정이며 자유는 인간 삶의 본질을 인간답게 하는 열쇠"라고 말했다. 마틴 루터 킹 목사는 "진정 인간은 자유 때문에 동물과 구별된다"고 하였고, 브루너는 "인간은 하나님 안에서만 참 자유를 얻는다"고 했다. 자유를 향한 자아 인식은 인간만이 갖는 능력이다.

타인에 대한 관계

이웃을 사랑할 수 있는 능력을 지니고 있어서 이웃의 생명, 결혼, 재산, 명성에 경의를 표한다. 또한 친구 사이의 우정이나 부모 자식 간의 사랑이나 부부간의 사랑은 하나님 형상을 닮은 인간만이 할 수 있는 일이다.

하나님에 대한 관계

인간은 하나님을 알고 하나님께 예배하며 교제하는 즐거움과 은혜를 누릴 수 있다.

"진리를 알지니 진리가 너희를 자유롭게 하리라"(요 8:32)

"주는 영이시니 주의 영이 계신 곳에는 자유가 있느니라"(고후 3:17)

"그리스도 예수 안에 있는 생명의 성령의 법이 죄와 사망의 법에서 너를 해방하였음이라"(롬 8:2)

1) 죄의 상태로 이탈된 인간의 모습

"자유가 아니면 죽음을 달라"는 패트릭 헨리(Patrick Henry)의 말에서 인식할 수 있듯이 인간 최대의 특성은 자유이다. 자유는 책임을 동반한다. 자유가 방종으로 흐를 때 비인간화가 되기 쉽고 자유가 남용될 때 하나님께 대한 응답성, 즉 책임을 저버리게 된다. 하나님은 인간을 자유로운 존재로 창조하셨기에 우리는 인생을 선택하며 살아간다.

그러나 욕심에 눈이 어두워지면 올바른 선택을 할 수 없다. 이것이 유혹이며 미혹이고 시험이다. 여기에 넘어질 때 인간은 하나님의 명령을 배반하게 되며 하나님에게서 멀어진다. 또한 하나님이 주신 양심은 마비되고 이성적인 판단은 흐려진다.

맨 처음 인간, 아담과 하와는 하나님과 같이 되려는 교만과 욕심 때문에 마귀의 유혹에 넘어갔다. 그러한 유혹의 교리는 하나님의 진리를 왜곡시켜 그릇된 진리로 만들었기 때문에 신앙의 대상이 되지 못한다. 인류의 시조 아담과 하와는 결국 원죄(original sin)를 지어 모든 인류를 죄인으로 만들어 버렸다. 인간이 하나님의 언약을 믿지 않고 마귀의 유혹을 받아 잘못된 선택을 함으로 말미암아 죄를 범하게 된 것이다.

이로 인해 인간은 하나님과의 화목했던 관계가 단절되고 에덴 동산에서의 기쁨과 즐거움을 잃어버렸다. 얻은 것이라고는 수치심과 두려움과 공포이며 서로 책임질 줄 모르고 책임을 전가하는 비열한 마음과 불화가 생겨서 영혼과 육체가 분리되는 죽음이 왔고 낙원을 떠나 땀 흘리며 살아가야 하는 고통이 찾아왔다.

"그러므로 한 사람으로 말미암아 죄가 세상에 들어오고 죄로 말미암아 사망이 들어왔나니 이와 같이 모든 사람이 죄를 지었으므로 사망이 모든 사람에게 이르렀느니라"(롬 5:12)

원죄 의식은 죄를 지었다는 양심의 가책으로 시작된다. 죄를 헬라어로

'하마르티아'(hamartia)라고 하는데 이 단어는 과녁이 목표에서 벗어나는 것을 뜻한다. 그러므로 죄란 하나님의 표준(계명, 법)에서 벗어나는 모든 사실을 말한다.

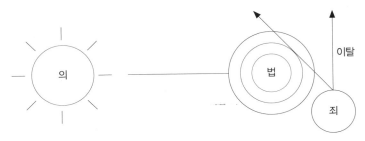

하나님에 대하여 불순한 생각(멋대로의 생각), 하나님의 뜻에 반대되는 행위(오만한 마음), 하나님의 영광에 일치하지 않는 삶(자만의 마음), 하나님에 대하여 경건함이 없는 신앙(불신앙의 마음)이 하나님과의 관계를 파괴한다. 이로 말미암아 하나님의 질서에 대한 파괴, 하나님의 공의에 대한 부정, 하나님의 존엄에 대한 모독, 하나님의 사랑에 대한 불순종, 하나님의 은혜에 대한 불신, 하나님의 율법에 대한 위반으로 인간은 부정과 불의와 반역의 죄를 범하게 되며 결국 죄의 값으로 사망을 당한다.

죄의 문제는 인간의 도덕적 자각이나 양심적 노력만으로는 해결할 방법이 없고 오직 죄의 회개와 구원의 길을 열어 주시는 하나님의 용서를 받아들이는 믿음의 길밖에 없다.

죄에는 아담으로부터 받은 원죄와 자신이 살아가면서 범하는 자범죄가 있다. 원죄는 죄를 회개하여 예수 그리스도를 믿음으로서 하나님으로부터 용서받을 수 있으나 자범죄는 죄를 사함 받고도 계속해서 짓는 죄를 말한다.

인간은 불완전하고 연약한 그릇이기 때문에 날마다 죄를 고백하지 않으면 안 된다. 인간은 죄의 책무를 면제할 능력이 없으므로 하나님께 복종하고 순종하는 그 이상의 방법은 없다고 본다. 하나님을 순종하는 일만이 죄의 빚을 면제받는 길이 된다.

예수 그리스도를 믿는 것은 죄의 부채를 대신 갚아 주시는 분의 보증을 얻기 위함이며 예수 그리스도가 곧 우리의 중보자(the Mediator)가 되신다.

"만일 우리가 죄가 없다고 말하면 스스로 속이고 또 진리가 우리 속에 있지 아니할 것이요 만일 우리가 우리 죄를 자백하면 그는 미쁘시고 의로우사 우리 죄를 사하시며 우리를 모든 불의에서 깨끗하게 하실 것이요"(요일 1:8, 9)

고로 하나님은 독생자 예수 그리스도를 이 땅에 보내서 당신의 의를 나타내시기 위하여 예수를 십자가의 제물로 삼으신 것이다. 따라서 루터의 말처럼 '인간은 의인이며, 그리고 항상 죄인'이다.

"그러므로 이제 그리스도 예수 안에 있는 자에게는 결코 정죄함이 없나니 이는 그리스도 예수 안에 있는 생명의 성령의 법이 죄와 사망의 법에서 너를 해방하였음이라"(롬 8:1, 2)

모든 인간은 첫째 아담으로부터 죄인이 되었지만 둘째 아담 예수 그리스도를 통하여 모든 죄로부터 용서받은 의로운 하나님의 자녀가 되었다.

"그런즉 한 범죄로 많은 사람이 정죄에 이른 것 같이 한 의로운 행위로 말미암아 많은 사람이 의롭다 하심을 받아 생명에 이르렀느니라 한 사람이 순종하지 아니함으로 많은 사람이 죄인 된 것 같이 한 사람이 순종하심으로 많은 사람이 의인이 되리라"(롬 5:18, 19)

2) 죽음의 기본 인식

죽음은 인간에게 있어서 최후의 현실이다. 요람에서 무덤에 이르기까지 인간은 생존을 위한 투쟁을 계속하면서 많은 경험을 하지만 죽음만큼은 경험할 수 없다.

파스칼(B. Pascal)은 "인간은 단지 혼자 죽는다"고 말했다. 죽음은 죽는 그 사람만이 경험하는 것이지 그 누구도 대신할 수는 없다. 그리고 인간은 자신이 언제 이 세상에 태어났는지 즉 출생에 대하여는 알고 있지만 언제 죽는지는 아무도 모른다. 그것이 죽음의 자기의식이며, 죽음에 대한 이해이다. 그러므로 대부분의 사람들은 죽음에 대해 두려움과 공포를 느끼며 불안한 삶을 살아간다. 그것은 죽음에 대한 준비가 부족하고 죽음에 대한 이해가 부족하기 때문이다.

성서는 죽음의 이중성에 대하여 '생에 이르는 죽음', '사망에 이르는 죽음'이라고 말한다. 이것은 필연과 초연의 이중적 죽음을 의미한다. 생물적 죽음은 필연적인 것이므로 피할 수 없다. 그러나 초연적인 죽음은 피할 수 있다.

> "죄의 삯은 사망이요 하나님의 은사는 그리스도 예수 우리 주 안에 있는 영생이니라"(롬 6:23)

인간은 태어나면서부터 죄 있는 삶으로 살고 죄 있는 죽음으로 일생을 맞게 되는데 이것은 죄에 대한 죽음이며 죄 때문에 죽는 죽음이라고 볼 수 있다. 영원한 죽음이며 두 번째 사망이다. 이에 반하여 예수의 십자가 상의 죽으심은 속죄의 죽음이며 두 번째 사망으로부터 구원하기 위한 죽음이다.

불교의 석가는 죽음을 초월하고자 했을 뿐 죽음을 이기지 못했다. 유교의 공자도 죽음을 문제시하지 못했기 때문에 참된 삶을 문제시하지 못했다. 그러나 예수는 죽음을 정복하기 위하여 십자가에서 죽음과 대결하시고 부활하심으로써 죽음을 이기시고 정복하셨다.

"만일 죽은 자가 다시 살아나는 일이 없으면 그리스도도 다시 살아나신 일이 없었을 터이요"(고전 15:16)

죽음에 대한 승리이다. 하나님은 "네가 만일 네 입으로 예수를 주로 시인하며 또 하나님께서 그를 죽은 자 가운데서 살리신 것을 네 마음에 믿으면 구원을 받으리라"(롬 10:9)라고 분명히 말씀하셨다. 그리스도인은 '그리스도 안에서의 죽음'을 생명에 이르는 죽음이라고 믿고 있다. 이것은 '사망에 이르는 죽음' 즉 제2의 죽음이 그리스도에게 정복되었기 때문이다.

"이제는 너희가 죄로부터 해방되고 하나님께 종이 되어 거룩함에 이르는 열매를 맺었으니 그 마지막은 영생이라"(롬 6:22)

죽음의 공포는 제2의 죽음, 곧 사망에 이르는 죽음에서 온다. 그러나 '생명에 이르는 죽음'은 슬픈 죽음이 아니라 영원한 삶을 가져다준다. 그리고 새 생명, 영원한 생명으로 이어진다.

그리스도인들의 죽음은 영원히 살기 위한 죽음이며 영원한 생명을 위한 죽음으로 하나님을 기쁘시게 하는 죽음이며 그리스도로 말미암아 영원히 사는 구원의 죽음이다. 그러므로 그리스도인들은 죽음을 두려워하거나 겁내지 않고 당당하게 맞이한다. 눈물과 한숨과 고통이 있는 육신의 장막에서 사랑과 기쁨과 영광이 넘치는 영원한 집으로 옮길 뿐이기 때문이다.

사도 바울은 '내가 원하는 바는 차라리 몸을 떠나 하나님의 집에 거하는 것'이라 했다. 이화여대 총장이셨던 김활란 박사도 임종 시에 사랑하는 유족에게 부탁하기를 "내가 죽거든 눈물을 흘리며 슬퍼하며 장송곡을 부르지 말고 하나님의 나라에 들어가는 축하하는 의미로 행진곡을 불러달라"고 부탁하였다고 한다.

십자가의 신앙이 죽음을 정복한 신앙이라면 부활의 신앙은 영생에 대한 신앙이라고 할 수 있다.

"나는 부활이요 생명이니 나를 믿는 자는 죽어도 살겠고 … 영원히 죽지 아니하리니 이것을 네가 믿느냐"(요 11:25, 26)

3) 죄의 전가

펠라기안 설

5세기경 수도사 펠라기우스는 "아담은 후손에게 나쁜 본보기를 보여 주었을 뿐이지 나쁜 성품을 물려준 것은 아니고 모든 인간은 아담이 타락하기 이전 같이 순수하게 창조되었고 인간이 죄를 짓는 것은 그런 행동을 하도록 속성을 주입받았기 때문이다. 고로 인간은 누구나 율법을 지키므로 구원받을 수 있다"고 성경에 모순되는 주장을 펼쳤다.

알미니안 설

야곱 알미니우스(16세기)의 제자들이 세운 체계로 "아담이 범죄하므로 모든 후손은 천성적으로 원래의 위치를 소유하지 못하나 하나님의 은혜가 만인에게 미치기 때문에 모든 사람이 죄인이 되는 것은 아니다"라고 하여 의인은 없나니 한 사람도 없다는 성경에 대치되는 주장을 했다.

대표설

어거스틴이 지지한 이론으로 아담이 범죄하던 그 순간에 전 인류가 그의 품 안에 있었으므로 아담은 모든 인류의 대표가 되며, 그의 후손인 인류는 죄인이라는 이론이다. 아담의 죄가 모든 후손들에게 전가되었고 따라서 그가 지은 죄는 모든 사람의 죄가 된다.

여러 해 전 알프스에서 14명의 산악인들이 로프 하나로 전 대원을 연결한 채 등산을 하였는데 그만 맨 앞의 리더(leader)가 잘못하여 미끄러지는 바람에 전원이 생명을 잃은 적이 있다.

> "한 사람이 순종하지 아니함으로 많은 사람이 죄인 된 것 같이 한 사람이 순종하심으로 많은 사람이 의인이 되리라"(롬 5:19)

4) 죄에 대한 구체적인 예

죄에 대하여 사회학자는 '문화적 후진 현상', 정신의학자는 '인간의 감정적인 행위', 철학자는 '비합리적인 사고', 막스주의자는 '계급간의 투쟁', 심리학자는 '심리학적인 메카니즘', 프로이는 '이드'(id)라고 규정하고 있다.

죄란 소극적인 죄와 적극적인 죄가 있으며, 아담으로부터 물려받은 원죄가 있고, 자범죄가 있다. 자범죄는 하나님에 대한 불신앙(배반)이요, 자기의 절대화요(인간의 오만), 부당한 욕구(신체적 욕구, 문화적 욕구, 정신적 욕구)이다.

구체적으로 자범죄란 무엇인가?(출 20:3 이하) ① 다른 신을 섬기는 것이다. ② 우상을 만들거나 섬기는 것이다. ③ 하나님의 이름을 망령되게 부르는 것이다. ④ 안식일을 거룩히 지키지 아니하는 것이다. ⑤ 부모를 공경하지 않는 것이다. ⑥ 살인하는 것이다. ⑦ 간음하는 것이다. ⑧ 도둑질하는 것이다. ⑨ 거짓 증거하는 것이다. ⑩ 이웃의 신분이나 물질이나 그 밖의 것을 탐내는 것이다. ⑪ 하나님과 불화하고 이웃과 불화하는 것이다. ⑫ 하나님을 믿지 않는 것이며 불순종하는 것이다.

Chapter 5

교회란 무엇인가?

교회란 무엇인가?

우리의 믿음이 자라기 위해서는 성경을 읽고 기도를 하며 교회 출석을 열심히 해야 한다.

키프리아누스(Cyprianus)는 교회를 '하나님을 아버지로 믿는 자의 어머니'라고 정의하였다. 실상 지상의 교회는 완전한 장소는 아니지만, 우리의 믿음이 자라기 위한 어머니의 역할을 한다.

교회는 천사처럼 결점이 없는 사람들이 모이는 장소가 아니라 그리스도의 십자가를 통한 하나님의 구원의 은혜를 믿는 구원받은 무리의 공동체이다. 따라서 신자는 이미 구원받은 의인인 동시에 아직 구원의 달성을 위해 노력해야 할 죄인들이다.

어떤 사람들은 교회가 사회에 너무 소극적이라고 한다. 또한 어떤 사람들은 믿는 사람들이 나은 것이 무엇이냐고 말하기도 한다. 이제 한국에는 1,200만 명의 신자와 3만여 개의 교회가 있다.

교회는 불완전한 사람들로 구성되어 있지만 하나님은 교회를 통하여 부족한 것을 채우시며 성령을 통해 보충하시고 하나님의 뜻을 이루시며 이끌어 가신다.

1. 교회의 정의

교회란 보이는 건물이 아니다. 보이는 건물은 교회당 또는 예배당이라고 부른다. 교회는 예수 그리스도를 통하여 구원받은 무리의 모임(행 2:44)이라 말할 수 있다.

어떤 사람들은 교회를 건물로 생각하기도 하고 병 고치는 장소와 문제를 해결해 주는 장소로만 생각하는 사람들이 있으나, 그것이 교회의 특성을 모두 나타내 주는 것은 아니다.

영어로 교회를 지칭하는 말인 'church'는 구약의 희랍어 'kyrike'(키리크)에서 나온 말로 '주님께 속한 무리', 즉 '주님의 공동체'라고 할 수 있다. 또는 희랍어 '카할'(kahal)이란 말이 있는데 이는 '모이다, 부르다, 회중'이란 뜻으로 젊은이를 군대로 '소집한다'는 뜻에서 유래된 말이다. 또한 신약성서에서 사용된 '에클레시아'(ekklesia)는 '불러낸다'는 의미를 갖고 있는데 왕의 명령을 받고 전령관의 부름을 받아 모인 사람들을 지칭한다. 교회는 죄에서 의로, 죽음에서 생명으로, 어두움에서 빛으로, 세상에서 천국으로 부름을 받는 사람들의 모임이다.

루터는 교회를 '하나님의 백성, 그리스도의 몸, 성령의 전'이라고 했으며, 칼 바르트는 '하나님에 의해 선택된 무리'라고 말했고, 웨슬리는 '성도의 모임'이라고 보았다. 그러므로 교회는 건물이 아니며 하나님의 부르심을 받고 세상에서 나온 구원받은 백성의 모임이며 집회이다.

1) 교회의 시작

교회는 사람의 생각에서 나와 사람이 만든 것이 아니다. 하나님이 계획하시고(히 8:5), 예수 그리스도께서 준비하시고(마 16:16~18), 성령이 거하시는 장소이다(고전 3:16, 17). 그러므로 성경은 교회를 하나님의 집(딤전

3:15), 그리스도의 몸(엡 1:23), 성령의 전(엡 2:22), 위에 있는 예루살렘(갈 4:26)이라고 부른다.

그러면 교회는 언제 어떻게 시작되었나? 천주교회는 예수가 직접 베드로에게 교회를 세우라고 명령하셨으며 그 권한을 베드로에게 주었다고 주장하면서 교황의 절대적 권위를 내세우지만 그것은 베드로의 "주는 그리스도시요 살아 계신 하나님의 아들이시니이다"라는 신앙고백 위에 세운 교회일 뿐이다.

예수 당시에 교회로 발전될 수 있는 기틀이 마련되었지만 교회가 외형적으로 하나의 공동체로 나타나기는 오순절(펜테코스트) 이후였다.(행 2:1)

예수가 십자가 상에서 가시면류관을 쓰시고 양손과 발에 못 박히시고 물과 피를 쏟으시며 운명하는 것을 본 제자들은 크게 실망하고 뿔뿔이 흩어졌다. 그런데 삼일 후에 예수가 부활하셔서 사람들에게 보이셨다. 의심 많던 도마 역시 직접 예수를 보았다. 이때부터 확신을 갖게 된 제자들이 예수께서 승천하기 전 감람원에서 "이스라엘 나라를 회복하심이 이 때니이까?" 하며 질문했을 때 예수는 "때와 시기는 아버지께서 자기의 권한에 두셨으니 너희가 알 바 아니요 오직 성령이 너희에게 임하시면 너희가 권능을 받고 예루살렘과 온 유대와 사마리아와 땅 끝까지 이르러 내 증인이 되리라"(행 1:7, 8)고 말씀하셨다.

이후 예수는 부활하신 지 50일 만에 승천하셨고 제자들은 마가의 다락방에 120명이 모여 가룟 유다 대신 맛디아를 사도로 뽑았고 무언가를 시도하려 하였으나 아직 힘과 능력이 없었다.

이 당시 유월절 명절이 다가오자 예루살렘에는 전국 각지에서 올라온 많은 사람들로 붐볐다. 이때 제자들이 모여서 열심히 기도하던 집에 갑자기 급하고 강한 바람 같은 소리가 나더니 불의 혀같이 갈라지는 역사가 일어났다. 그리고 120명의 신도가 성령의 충만함으로 여러 가지 방언을 말하는 사건이 일어났다. 이때부터 베드로는 용기백배하여 두려움이 사라졌으며 담대함이 생겼다. 그는 예수의 부활을 전하였다. 그는 하나님이 약속하신 메시아가 예수님이었으나 유대인들이 그를 믿지 못하고 십자가에 죽였지만 하나님은 그를 죽음에서 다시 살리시어 부활하셨다고 전하였다. 이 말을 들은 많은 사람들이 "우리가 어찌할꼬?" 하며 어리석음을 고백하자 베드로는 "너희가 회개하여 각각 예수 그리스도의 이름으로 세례를 받고 죄 사함을 받으라 그리하면 성령의 선물을 받으리니"(행 2:37~41)라고 외쳤다. 이때 죄를 고백하고 세례를 받으며 구원의 체험을 얻는 수천 명의 사람들이 주께로 돌아왔다. 이렇게 해서 교회는 세워졌고 신자의 수도 날마다 증가하였다. 그런데 로마의 박해가 시작되었다. 신자들은 신앙을 지키려 동서남북으로 흩어졌고 흩어진 장소에서 복음을 전파하였다. 이로 말미암아 복음은 전 세계로 꽃피게 되었고 가는 곳마다 십자가를 높이 세운 교회를 보게 되었다.

2. 교회는 하나님의 백성

교회는 건물이 아니고 하나님의 백성 자체가 교회이다. 우리가 전에는 하나님의 백성이 아니었는데 이제는 하나님의 긍휼하심으로 하나님의 백성이 되었다(벧전 2:10).

1) 부르심의 백성

교회를 부름 받은 자들의 모임이라고 이해하는 것은 신약성서를 이해하는 데 중요한 단서가 된다. 희랍어의 '에클레시아'는 부름이란 뜻을 지니고 있는 동사 '칼레오'에서 생겨난 것이다. 그러므로 '에클레시아'는 함께 부름을 받아 모인 집단 또는 회합을 뜻한다.

하나님은 혼인잔치를 배설(排設)하시고 많은 사람들을 청하셨다. 그리고 종에게 "길과 산울타리 가로 나가서 사람을 강권하여 데려다가 내 집을 채우라"(눅 14:23) 말씀하시며 부르셨다.

예수 그리스도의 십자가의 은혜를 준비하시고 "누구든지 예수를 믿기만 하면 너와 네 집이 구원을 얻으리라"하시며 부르셨다. "하나님이 우리를 구원하사 거룩하신 소명으로 부르심은 우리의 행위대로 하심이 아니요 오직 자기의 뜻과 영원 전부터 그리스도 예수 안에서 우리에게 주신 은혜대로 하심이라"(딤후 1:9) 주를 영접하는 자마다 거룩한 하나님의 자녀를 삼으시기 위하여 예수 그리스도의 것으로 부르신 것이다.

그렇다면 부르심의 궁극 목적은 무엇인가? 첫째, 죄인을 불러 구원하시기 위함이요, 둘째, 선민의 의무와 사명을 감당케 하기 위해서이다.

하나님께서 모세를 통하여 이스라엘 백성을 애굽에서 불러내신 것은 단순히 가나안 복지에 들어가도록 하기 위함만이 아니라 그들과 언약을 세우고 그들에게 사명을 맡기기 위함이었다. 그러므로 우리가 그리스도의 부르심에 의하여 하나님의 백성이 되었다는 것은 성별에만 목적이 있는 것이 아니라 거룩한 사명을 맡기기 위함이라는 사실을 알아야 한다(딤후 1:9; 롬 1:6; 고전 1:2).

2) 언약의 백성

교회는 하나님의 백성의 공동체로서 하나님과 언약을 맺었고 언약 속에서 서로 연결되어 있다. 하나님께서 이스라엘 백성과 맺으신 언약은 "그러나 그 날 후에 내가 이스라엘 집과 맺을 언약은 이러하니 곧 내가 나의 법을 그들의 속에 두며 그들의 마음에 기록하여 나는 그들의 하나님이 되고 그들은 내 백성이 될 것이라 여호와의 말씀이니라"(렘 31:33)다.

"이와 같이 예수는 더 좋은 언약의 보증이 되셨느니라"(히 7:22)

"여호와께서 다만 너희를 사랑하심으로 말미암아, 또는 너희의 조상들에게 하신 맹세를 지키려 하심으로 말미암아 자기의 권능의 손으로 너희를 인도하여 내시되 너희를 그 종 되었던 집에서 애굽 왕 바로의 손에서 속량하셨나니"(신 7:8)

"하나님이 세상을 이처럼 사랑하사 독생자를 주셨으니 이는 그를 믿는 자마다 멸망하지 않고 영생을 얻게 하려 하심이라"(요 3:16)

3. 교회를 세우신 목적

사람이 집을 짓는 데는 목적이 있고 학교를 세우는 데도 목적이 있고 병원을 세우는 데도 분명한 목적이 있듯이 하나님께서 교회를 세우실 때에도 분명한 목적이 있다. 분명한 의도를 안다면 교회의 소중함과 사명을 깨닫게 된다.

첫째, 하나님께서 영광을 받으시기 위해 교회를 세우셨다. "우리가 살아도 주를 위하여 살고 죽어도 주를 위하여 죽나니 그러므로 사나 죽으나 우리가 주의 것이로다"(롬 14:8)는 말씀과 같이 먹든지 마시든지 하나님의 영광을 위해 살아야 한다. 하나님께서 인간을 만드신 목적이 영광을 받으시기 위해서라면 교회를 세우신 목적도 마찬가지이다. 그렇다면 우리 인생의 목적도 하나님께 영광을 돌리는 것이다.

둘째, 사람을 구원하시려고 교회를 세우셨다. 원죄와 자범죄로 얼룩진 인격을 새롭게 하고 잃어버린 육신을 구하시며 인간의 영혼을 구하시려고 교회를 세우셨다. 교회는 영혼과 육을 치료하는 영적 병원과도 같다. 상심한 마음을 치료하고 잃어버린 하나님의 형상을 회복시키는 구원의 방주가 교회이다. 교회는 남녀노소, 빈부귀천, 유무식을 떠나 모든 사람들이 죄를 회개하고 구원받아야 할 방주이다.

셋째, 인간문제를 해결하시려고 교회를 세웠다. 인생살이는 복잡하고 문제투성이다. 인간은 곤고한 인생의 짐을 안고 허덕이며 살아가고 있다. 마치 '시지프스'의 신화처럼 인간은 끝없는 정상을 향하여 돌을 굴리며 올라가지만 얼마큼 올리다보면 돌은 저 아래로 굴러 떨어지고 또다시 있는 힘을 다하여 바위를 저 밑의 세계에서 정상까지 굴려 올리지 않으면 안 된다. 이것이 인생의 모습이다. 예수는 "수고하고 무거운 짐 진 자들아 다 내게로 오라 내가 너희를 쉬게 하리라"(마 11:28) 하시며 인간이 해결할 수 없는 질병과 죄의 문제, 장래의 문제, 죽음의 문제 등을 해결해 주시기 위해 교회라는 매체를 세우셨다. 전지전능하신 하나님을 아는 길도 교회를 통해서 가능하고 모든 신앙의 전수도 교회를 통해 이루어진다.

1) 교회의 특징

교회는 그리스도가 중심이 되어 이루어진 모임인데 교회의 특징을 살펴본다면 단일성, 거룩성, 보편성, 사도성 등 네 가지가 있다.

단일성(Unity, 롬 12:5)

교회는 하나이다. "몸이 하나요 성령도 한 분이시니 이와 같이 너희가 부르심의 한 소망 안에서 부르심을 받았느니라 주도 한 분이시요 믿음도 하나요 세례도 하나요 하나님도 한 분이시니 곧 만유의 아버지시라 만유 위에 계시고 만유를 통일하시고 만유 가운데 계시도다"(엡 4:4~6)라고 하신 말씀처럼 교회는 하나님의 교회인 하나이다.

그러므로 교회의 말씀, 세례, 성만찬, 신앙고백 등은 동일하다. 교회는 예배와 전통 등 문화적인 다양성 속에 있지만 모든 교회는 삼위일체 하나님을 중심한 하나의 교회이다.

보편성(Universality, 롬 10:12, 13; 갈 3:28)

이그나티우스와 폴리캅은 온 교회, 전체교회를 가리킬 때 가톨릭이란 용어를 사용하였다. 각 교파를 지역교회라고 말한다면 온 교회는 외적인 집합이나 결합이 아니라 같은 하나님, 주님, 성령 안에서 같은 복음, 성찬, 세례를 통하여 일치된 신앙을 고백한다.

그러므로 가톨릭교회란 천주교회를 말하는 것이 아니라 세계적 보편교회, 즉 예수 그리스도와 그의 복음 안에서 전체교회로서 내적인 일치와 화해와 연합을 이룬 교회를 말한다.

거룩성(Holiness, 벧전 2:9)

구원받은 사람들이 모여 하나님께 예배하는 곳이 교회지만 역시 사람들이 함께 하는 곳이라서 죄가 많은 곳이다.

그렇다면 교회가 거룩한 곳이라는 의미는 무엇인가? 교회의 거룩은 신자들의 종교적, 윤리적 행위에서 나오는 것이 아니다. 하나님의 부름을 받고 하나님께 예배하는 거룩한 장소이므로 교회는 세상 가운데 있으면서 세상과 구별된다는 의미에서 거룩한 곳이라고 말할 수 있다. 그러므로 교회는 죄인 공동체이면서 동시에 성인 공동체이다.

사도성(Apostolicity)

사도들은 직접 부활하신 주님을 만난 사람들이며 증인들이다. 사도적 사명은 땅 끝까지 이르러 이 사실을 전하며 주의 제자로 삼는 일이다. 그러므로 사도적 계승이 이루어지는 곳이 바로 교회이다. 성경에 나타난 말씀에 언제나 충실하면서 믿고 행동하는 곳, 거기에 사도적 신앙과 고백이 계승된다.

4. 교회가 하는 일

1) 하나님께 예배드리는 일(요 4:23, 24)

교회가 하는 일 중에 가장 중요한 일은 예배를 통해 하나님께 영광 돌리는 일이다. 자신이 받은 은총에 대한 감사와 보답의 표현이 예배이다. 하나님께 경배하는 신앙행위는 교회 기능의 기본이 될뿐더러 예배가 바로 드려질 때에 교육, 전도, 친교가 정상적으로 이루어질 수 있다. 그러므로 신자는 예배에 대한 바른 개념을 정확히 이해하여야 한다. 예배를 받으시는 하나님이 자신을 위하여 무엇을 하셨으며, 무엇을 하고 계시며, 무엇을 하실 것인가를 아는 신자는 하나님 앞에 예배하는 자세가 달라질 수밖에 없다.

헉스터블(Huxtable)은 "예배란 하나님과 그 백성 간의 대화이다"라고 말했으며, 지글러(Franklin Seglar)는 "예수 그리스도 안에 나타난 하나님 자신의 인격적인 계시에 대한 인간들의 인격적 신앙 안에서의 정성어린 응답이다"라고 했다. 그러므로 예배는 언제나 계시와 응답이 만나는 지점이다.

예수님도 다음과 같이 말씀하셨다. "아버지께 참되게 예배하는 자들은 영과 진리로 예배할 때가 오나니 곧 이 때라 아버지께서는 자기에게 이렇게 예배하는 자들을 찾으시느니라"(요 4:23)

2) 교육하는 일(딤전 4:13)

교회는 신자들에게 하나님 말씀을 가르쳐 하나님의 뜻을 깨닫게 하고 그 진리를 따라 온전한 믿음을 가지고 신앙생활하도록 하는 것이다. 하나님의 마음을 아는 자가 하나님을 전한다. 그러므로 교회는 하나님의 백성을 가르치는 영적 학교이다. 예수께서도 "너희에게 분부한 모든 것을 가르쳐 지키게 하라"(마 28:20)는 말씀을 마지막으로 하셨다.

신자가 영적 진리를 배우지 못하면 선악을 구별하지 못하고 말씀에 바로

서지 못하여 이단 등 현혹하는 비진리에 빠지기 쉽다. 소경이 소경을 인도하면 둘 다 구덩이에 빠지기 쉽다. 그러므로 기독교의 진리와 교리, 바른 신앙생활 등을 바로 알고, 바로 가르치고, 바로 세움으로써 주의 온전하심 같이 되고 흠이 없이 온전해져야 복음을 믿음으로 구원받기도 하고 복음을 전하며 구원시킬 수도 있다. 이에 사도 바울은 디모데에게 다음과 같이 권고하였다. "내가 이를 때까지 읽는 것과 권하는 것과 가르치는 것에 전념하라"(딤전 4:13)

3) 서로 교제하는 일

신자는 모두 하나님의 자녀이고 한 형제자매이다. 그러므로 존 웨슬리는 일찍이 "세계는 나의 교구다"라고 말하지 않았던가? 고로 신자는 서로 화목을 도모하며 피차 권면하고 위로하며 붙들어 주면서 경건한 생활로 심령을 새롭게 함으로써 자라나야 한다.

"그들이 사도의 가르침을 받아 서로 교제하고 떡을 떼며 오로지 기도하기를 힘쓰니라"(행 2:42)

4) 복음을 전하는 일(마 28:19, 20; 행 1:7, 8)

교회는 온 세계에 복음을 전하는 전진기지이다. 언제, 어디서든지 때를 얻든지 못 얻든지 땅 끝까지 복음을 전파하라고 주님은 말씀하셨다.

전도는 쉬운 일이 아니다. "너희가 아는 바와 같이 우리가 먼저 빌립보에서 고난과 능욕을 당하였으나 우리 하나님을 힘입어 많은 싸움 중에 하나님의 복음을 너희에게 전하였노라"(살전 2:2)는 말씀처럼 희생에 대한 각오가 필요하다. 산모가 새 생명을 잉태하기 때문에 받는 고통 이상으로 한 영혼을 구원하기 위한 어떠한 고난도 능히 감당해야 한다. 그러므로 복음

전하는 일은 진리에 대한 확신, 즉 예수님에 대한 분명한 믿음을 갖고 사명을 깨닫는 사람만이 할 수 있다.

기독교를 구성하는 다섯 개의 요소는 모두 영문 M으로 시작하는데, 선교(Mission), 경영(Management), 교인(Member), 재정(Money), 유지(Maintenance)가 그것이다. 이 중에서 복음을 전하는 선교가 모든 일에 우선한다.

> "그러므로 너희는 가서 모든 민족을 제자로 삼아 아버지와 아들과 성령의 이름으로 세례를 베풀고 내가 너희에게 분부한 모든 것을 가르쳐 지키게 하라 볼지어다 내가 세상 끝날까지 너희와 항상 함께 있으리라 하시니라"(마 28:19, 20)
>
> "오직 성령이 너희에게 임하시면 너희가 권능을 받고 예루살렘과 온 유대와 사마리아와 땅 끝까지 이르러 내 증인이 되리라 하시니라"(행 1:8)

교회가 그리스도의 몸으로 세상에서 화해와 봉사의 직책을 감당하는 것이 사명이라면 그 화해와 봉사의 자세는 어떠해야 하는가? 예수님은 섬김을 받으러 오신 것이 아니라 도리어 섬기려 하고 자기 목숨을 많은 사람의 대속물로 주러 오셨다(마 20:28). 만일 교회가 종으로서 봉사 정신이 없을 때 신자들의 결속이나 친교는 아무 의미가 없다. 교회가 사랑의 공동체라는 것은 이웃을 위한 봉사의 정신과 실천이 있기 때문이다.

호켄다이크(J. C. Hoekendijk)는 교회의 존재와 의미에 대하여 "만일 누군가가 교회는 어디에 존재해야 하느냐고 묻는다면 다음과 같이 대답할 수 있어야 한다. 즉 자신을 비우고(Self-empty), 자기 자신을 무(無)로 여기는 사람들이 있는 그곳에, 메시아 종(Messiah-servant)을 본받은 전적인 봉사, 그리고 그 봉사를 통하여 십자가를 바라보는 사람들이 있는 그곳에, 그리고 동료들과의 유대가 설교로만 이루어지는 것이 아니라 실제적으로 구현되는 그곳에 교회가 있다"라고 말했다.

이렇게 교회는 다른 사람들을 위해 존재함으로써 자체의 정당성과 참모습을 입증해야 한다.

교회는 스스로 존재하지 못하고 또 교회 자체만을 위해서도 존재하지 않는다. 메시아가 타인을 위하여 존재하는 것처럼 교회도 세상과 공존하지 않으면 안 된다. 그리고 어느 한 지역, 한 민족만을 위하여 존재하는 것이 아니라 전 세계와 인류를 위하여 존재해야 한다.

하비 콕스(Harvey Cox)의 말처럼 교회가 세상의 병리를 치유하여야 하며 (마 11:5), 윈터(Gibson Winter)의 지적처럼 교회는 그리스도가 세상에 다시 오시는 그날까지 십자가의 사랑과 죽음을 보여 주는 고난의 실체(suffering body)가 되어야 한다. 섬기는 교회, 봉사하는 교회는 진리와 자유 안에서 어떠한 악의 세력에도 저항하면서 어떠한 고난도 인내하는 것이 마땅한 도리이다. 이 고통의 과정에서 교회가 예언자적 증언과 봉사를 실천할 때 이 땅에 하나님 나라의 서광이 빛나게 된다.

5) 교회의 절기

사순절

예수 그리스도를 기억하고, 그의 고난에 동참하고, 회개, 자복, 절제함으로 믿음의 전진을 위하여 힘쓰는 기간이다. 이 사순절은 그 준비 기간인 칠순절, 육순절, 오순절을 거쳐 시작한다.

고난주일(Passion Sunday)

사순절 다섯째 주일로 이 주간 중에 예수님이 고난 받으실 것을 예언하셨다.

종려주일(Palm Sunday)

사순절 여섯째 주일로 예수께서 종려나무 가지를 흔들며 호산나 찬송을 부르는 군중의 환호를 받으시며 예루살렘에 입성하신 날을 기념한다.

고난주간(Passion week 혹은 Holy week)

종려주일 이후 부활절까지의 일주일을 말하며 그리스도의 고난과 십자가를 지시기까지의 고난을 기념한다.

부활절(Easter)

그리스도께서 사망의 권세에서 승리하신 날로 성탄절과 함께 신자에게는 가장 기쁜 날이다. AD 325년 니케아 회의에서 날짜를 확정하였다. 춘분 후 만월 다음 주일로 3월 21일~4월 25일 안에 지킨다.

어린이주일(Children's Day)

5월 첫 주일로 지키며 자라나는 어린 새싹들을 격려하고 축하해 주는 날이다. 우리나라에서는 1922년 방정환과 색동회가 주축이 되어 5월 1일 첫주일로 지키다가 1946년에 5월 5일로 확정되었다.

어버이주일(Parents' Day)

우리나라에서는 어버이날로 바꾸어 부모님의 사랑과 은혜를 감사한다. 미국의 어머니날의 창시자 안나자비스 양이 교회에 나온 어머니들에게 카네이션을 달아드린 것이 유래가 되었다. 이날 어머니가 계시지 않은 사람은 흰 카네이션을 달아 추모한다.

성령강림절(오순절, 행 2:3)

유월절 제2일부터 50일째 되는 날이며 예수님이 약속하신 성령이 나타나 역사하신 날이다. 참 의미에서 교회가 시작된 날이기도 하다.

맥추절

칠칠절, 초실절, 초막절(출 23:16, 34:22; 레 23:34)로 7월 15일부터 7일간 지킨다. 주로 밭곡식(밀, 보리)을 거두어들이도록 축복하신 하나님께 대한 감사의 절기로 지키는 것이 보통이다.

종교개혁주일

1513년 10월 31일은 마틴 루터가 로마 가톨릭과 교황을 향하여 95개 조항을 내걸고 신앙과 양심의 억압으로부터 자유를 선포한 날이다. 권위와 의식에 얽매이고 부패했던 가톨릭에 반기를 든 기독교의 종교적 혁명을 기념하기 위하여 정해진 이 기념주일은 10월 마지막 주에 지켜진다.

추수감사절

1620년 9월, 영국 국교의 압력을 받던 청교도 중에 101명이 '메이플라워호'를 타고 많은 희생자를 내며 미국으로 건너가, 교회를 세우고 힘써 농사지은 첫 수확을 드려 하나님께 감사한 유래에서 지켜 내려온다. 우리나라에서는 1912년부터 지켜오고 있는데 11월 셋째 주일, 추수감사예배를 드린다.

성탄절(Christmas)

죄와 허물로 영원한 멸망과 죽음의 운명 속에서 허덕이는 인류를 구원하기 위하여 생명의 근원이신 그리스도께서 탄생하신 날이다.

12월 25일이란 날짜에 대해서는 설이 구구하나 354년 로마의 리베리우스 때 제정되어 379년 12월 25일 콘스탄티노플에서 최초로 성대한 축하의식을 치르게 되었다. 기독교에서 정식으로 받아들여 시행하기는 604년 아우구스티누스 때부터였다. 우리나라에서는 1885년부터 지켜졌는데 이날은 기독교 신자들에게는 가장 큰 명절이다.

6) 교회 병리 현상

지역사회 쇠퇴증(Old Age)

일명 유령도시병이라고 하는데 이것은 한 교회가 위치해 있는 도시나 마을에서 이사 가는 사람이 많고 이사 오는 사람이 적을 때 일어나는 교회성장의 치명적인 병이다. 이농현상에 따라 늘어가는 농촌의 빈 집이 이를 반영해 준다. 도심지에도 외각지대가 개발됨으로써 이러한 현상이 나타난다.

지도력 갈등병

교역자와 평신도 지도자 간에 일어나는 병으로 서로 보완 내지 보충해 주지 못하고 갈등이 심하면 교회는 성장하지 못한다.

친교 과잉병

전도해야 할 불신자들을 관심하지 않고 교회 자체의 신도들에게만 관심을 가짐으로써 나타나는 병이다.

성서에 보면 하나님의 가족으로서 성도간의 친교를 강조하고 있다. 그러나 친교가 교회 내적인 관계에만 치중하면 교회 친교 과잉증이 되기 쉽다. 영적 성장에만 치중하다 보면 전도하지 않을 경향도 많다.

1세대 때는 뜨겁게 그리고 충성스럽게 하나님께 영광을 돌리지만 2세대 때는 사랑과 충성이 식어지고 사회와 타협하기 쉽다.

교회시설 협소증

이 병은 신자들이 사용하는 예배당이 협소하거나 교회학교 교실과 유아실, 그리고 주차장이 충분치 않을 때 일어나는 병이다. 교회는 신자들이 예배드리는 예배당이 70% 좌석이 채워질 때 좌석을 더 준비하여야 한다.

홀리스 엘 그린(Holles L, Green)은 그의 저서 「어째서 교회가 죽어 가고 있는가」(Why Churches Die)에서 보편적 교회 성장의 방해물을 다음과 같이 열거해 놓았다.

- 예수 그리스도의 지상 명령(The Great Commission)을 충분히 따르지 못하고 있다.
- 교회는 성장의 능력을 의지하지 않고 방법에만 너무 의존하고 있다.
- 프로그램에 너무 집착함으로써 교회의 모든 자원을 100% 총동원 시키지 못하고 있다.
- 교회의 선포적 요소가 평가절하되어 있고 본연의 목적이 심히 왜곡되고 있다.
- 새 신자가 정예제자로서 성장하지 못하고 있다.
- 교리의 숙달만이 신앙의 전부인 양 생각하고 있다.
- 교인들이 교회에만 충실히 나가는 것을 예수를 섬기는 것으로 착각하고 있고 땅 끝까지 이르러 내 증인이 되어야 한다는 광역적 전도 사명을 망각하고 있다.
- 교회 개척정신이 퇴보하고 있다.
- 추수신학(harvest theology)이 점점 사라지고 있다. 즉 씨를 뿌린 다음

에 열매를 바라는 정신이 퇴보하고 있다.

• 교회가 우선적으로 해야 할 일들이 뒷전으로 밀려났다.

• 목회자와 평신도의 역할 분담을 정확하게 하는 일이 등한시되었다.

• 불필요한 부분을 제거하는 용기를 교회에서 거의 찾아볼 수가 없다. 즉 비생산적인 부분을 과감히 폐지하고 영적 은사가 있는 사람으로 과감히 대체시키는 용기가 결여되어 있다.

Chapter 6

믿음과 구원이란 무엇인가?

믿음과 구원이란 무엇인가?

인간은 왜 구원을 받아야 하며 인간을 구원하실 분은 누구인가? 만일 인간이 구원받지 못한다면 인간은 어떻게 될 것이며 구원의 길은 어디에 있는가? 그리고 구원받은 인간의 상태는 어떠한가?

1. 구원

구원을 뜻하는 히브리어는 예슈아와 가알(gaal) 두 단어가 있다. 예슈아는 '넓다, 넓어지다, 확대시키다'의 뜻으로 억압, 제한, 한정으로부터의 해방을 의미한다. 그리고 가알(gaal)은 타인의 수중에 들어간 소유를 되찾는 것으로 '해방한다, 구한다, 구속, 대속'의 뜻을 가지고 있다.

70인역이 사용한 소테리아(soterria, 46회)라는 단어는 '구원하다, 목숨을 구하다'는 뜻으로 완전한 해방을 의미한다.

신약성서는 헬라어 소재인(sozein, 100회)을 사용했는데 이는 질병, 귀신, 위험, 죽음으로부터의 구원을 말한다.

구약성서는 구원을 역사의 종말에 완전히 이루어질 새로운 창조와 구원의 행위로 이해했으며, 구원받은 하나님의 새로운 백성이 새 하늘과 새 땅에서 살게 될 것을 예언하였다.

이를 종합해 보면 구원이란 한마디로 '건져낸다, 구하여 낸다'의 뜻으로 죄의 사망으로부터의 구원, 죄의 형벌로부터의 구원, 죄의 권세로부터의 구원, 죄의 현존으로부터의 구원을 말한다.

2. 구원관

칼뱅의 예정론

처음으로 예정론을 체계화한 사람은 성 아우구스티누스이다. 그의 주장은 "어떤 사람은 영원 전부터 구원받도록 예정되었고 어떤 사람은 형벌 받도록 예정되었기 때문에 예정에 의해 구원받기도 하고 예정에 의해 자신의 의지로 타락하도록 내버려둔다"는 것이다.

이에 칼뱅(John Calvin)은 1619년 도르트(Dort) 회의에서 칼뱅주의 5대 강령을 다음과 같이 발표했다.

① 전적 타락 – 인간은 전적으로 타락하여 선을 행할 능력이 없다.

② 무조건적 선택 – 예정은 전적으로 하나님의 결정에 의한 것이다.

③ 제한된 구속 – 예수 그리스도의 대속의 은혜는 예정된 자만을 위한 것이다.

④ 항거할 수 없는 은총 – 구원받기로 예정된 자는 하나님의 은혜를 항거할 수 없다.

⑤ 성도의 견인 – 한 번 예정된 자는 결국 구원받고야 만다.

알미니우스(Arminius)의 구원관

17세기 초 네덜란드의 알미니우스는 칼뱅의 예정론을 반대하였다. 예정론에서 말하는 것처럼 인간이 이미 구원받을 사람과 멸망받을 사람으로 예정되어 있다면 인간의 자유와 선택 그리고 믿음이 왜 필요한가, 또 하나님이 공의의 하나님이시고 사랑의 하나님이시라면 어떻게 인간을 차별화하실 수 있겠는가 하는 것이다. 그의 제자들에 의해 1610년에 발표된 5개 조항을 살펴보면 다음과 같다.

① 전적 타락 인정 – 인간은 모두 죄인이다.

② 조건적인 선택 – 하나님은 모든 사람을 구원하시기를 원하신다. 그러나 성령의 부르심에 응답하는 사람을 구원하신다.

③ 보편적 대속 – 예수 그리스도의 죽음은 모든 사람을 위한 대속의 죽음이다.

④ 항거할 수 있는 은총 – 인간은 하나님의 은총을 받아들일 수도 있고, 거부할 수도 있다.

⑤ 성도의 타락 가능성 인정 – 구원받은 성도라고 할지라도 계속해서 믿음 안에 거하지 아니하면 다시 범죄하여 타락할 수 있다.

존 웨슬리(John Wesley)의 구원관

18세기 감리교의 창시자인 영국의 존 웨슬리는 칼뱅의 예정론을 거부하고 알미니우스의 주장을 지지하였다. 최초 인간의 범죄로 모든 인간이 타락하였으나 하나님께서는 예수 그리스도의 대속의 은혜로 말미암아 모든 인간에게 선행적 은총을 베풀어 자유의지를 회복시켰기 때문에 인간에게 하나님의 구원의 은혜를 받아들일 수 있는 능력이 있다고 보았다.

구원을 위한 은혜의 역사를 시간상으로 보면 선행적 은혜, 깨우치는 은혜, 의롭게 하는 은혜, 성결케 하는 은혜, 영화롭게 하는 은혜가 있다. 그러므로 하나님의 은혜를 거부하거나 은혜를 받아들이는 것은 선행적 은총에 의한 자유의지의 결단에 달린 것이라고 하였다.

구원받은 자들은 의인화(義認化, justification) 즉 예수 그리스도를 믿음으로 말미암아 의롭다 함을 받고 거듭나는 신생의 경험을 통해 성화(聖化)되어 간다. 그리고 하나님의 형상을 회복하면 죄의 뿌리가 없어지고 하나님을 사랑하고 이웃을 사랑할 수 있다고 하였다.

더 나아가서 사람이 죽기 전에도 완전(完全, perfection)해질 수 있고 사랑으로 살아갈 수 있다고 주장하였다. 간단히 말하면 믿음으로 의롭게 되며, 의롭게 된 자는 거룩한 생활을 통하여 완전한 구원에 이르게 된다는 것이다.

3. 죄란 무엇인가?

구원의 최대 장애물은 죄이다. 죄를 가지고는 하나님 나라에 들어갈 수가 없다. 그렇다면 어떻게 죄의 문제를 해결할 것인가? 이 문제는 인간의 힘으로는 불가능하다. 의인은 없나니 하나도 없기 때문이다. 하나님은 예수 그리스도를 보내셔서 십자가의 보혈로 말미암아 우리의 죄 값을 지불하셨다.

도대체 죄란 무엇인가? 죄란 하나님과 인간을 단절시키는 작용을 말한다. 인간은 원죄(original sin)로 인해 죄책감을 느끼고 자범죄(personal sin) 때문에 죄의 부패성에 빠진다. 자범죄에는 내재적인 죄(inward sin)와 외적인 죄(outward sin)가 있는데 외적인 죄는 알고 의식하면서 범하는 유의적죄(有意的罪)와 무의식중에 태만, 무지, 실수로 짓는 무의적죄(無義的罪)가 있다.

한마디로 하나님을 믿지 않는 불신앙죄, 순종치 않는 죄, 반항하는 죄, 선을 행할 줄 알고도 행치 않는 죄 등이 있다. 또한 죄는 마음으로 짓는 죄와 행동으로 짓는 죄가 있다. 즉 보이는 죄와 보이지 않는 죄 등 죄의 양면성이 있지만 어떠한 죄든 죄의 삯은 사망이다(롬 6:23).

1) 죄의 동기

죄는 인간의 지나친 욕심과 교만에 기인한다. "너희가 그것을 먹는 날에는 너희 눈이 밝아져 하나님과 같이 되어 선악을 알 줄 하나님이 아심이니라"(창 3:5) 이것은 하나님과 동등하게 되고자 하는 인간의 욕심과 교만을 불러일으키는 사탄의 유혹의 말이다. 결국 아담과 하와는 하나님의 은혜를 잊어버리고 하나님 없이도 살 수 있다는 자만심과 욕심에 빠져 죄를 범하게 되었다.

2) 죄의 결과

죄는 인간이 하나님으로부터 분리된 상태를 말하며 하나님의 창조목적에 빗나간 삶을 말한다. 구체적으로 살펴보면 다음과 같은 결과를 가져오게 된다.

죽음 – 분리

"죄의 삯은 사망이요 하나님의 은사는 그리스도 예수 우리 주 안에 있는 영생이니라"(롬 6:23)

상실 – 하나님, 천국 사형선고 – 심판

"믿지 아니하는 자는 하나님의 독생자의 이름을 믿지 아니하므로 벌써 심판을 받은 것이니라"(요 3:18)

"곧 사람으로 파멸과 멸망에 빠지게 하는 것이라"(딤전 6:9)

"그들은 영벌(지옥에서 영원토록 받는 형벌)에, 의인들은 영생에 들어가리라"(마 25:46)

"사망과 음부도 불못에 던져지니 이것은 둘째 사망 곧 불못이라"(계 20:14)

4. 구원의 방법

하나님은 모든 사람이 구원받기를 원하신다. 그러나 죄를 가지고 있으면 하나님 나라에 들어갈 수 없고 하나님의 자녀가 될 수도 없다. 왜냐하면 하나님은 죄와 상관이 없으신 분이기 때문이다. 따라서 구원받기를 원한다면 죄의 문제를 먼저 해결해야 한다. 그래야 사람이 의로울 수 있고 구원받을 수가 있다.

그렇다면 죄의 문제를 해결하고 의로워질 수 있는 길은 어떤 것인가? 의(義)에는 두 가지가 있다. 하나는 인간의 의요, 다른 하나는 하나님의 의이다.

인간의 의는 자기의 의와 예의가 있는데 하나님 편에서 보면 모두 불의이고 회칠한 무덤과 같다. 겉모양은 하는 척하고 그럴 듯해 보여도 속은 죄성과 죄악이 가득하다. 그러므로 죄인인 인간이 죄를 멀리하고 의로워질 수 있는 길은 근원적으로 불가능하다. 인간의 힘만으로는 구원받을 수가 없다.

하나님의 의는 어떤 것인가? 하나님의 의는 성부의 의, 성자의 의, 성령의 의로 구분할 수 있다. 성부의 의는 공의를 말하는데 하나님은 공의를 이루시기 위하여 율법을 주셨다. 율법에는 구약의 십계명이 있고 십계명 안에는 하라는 말씀이 365개, 하지 말라는 말씀이 248개가 있다. 신약에는 산상수훈의 계명과 사도 서간에 교회의 규례가 있다. 그러나 사람은 이 계명을 다 지킬 수가 없다. 만약에 우리 인간을 공의로 심판하신다면 구원받을 사람은 한 사람도 없다. 또한 성자의 의가 있는데 이는 복음에서의 의를 말한다.

"하나님 앞에서는 율법을 듣는 자가 의인이 아니요 오직 율법을 행하는 자라야 의롭다 하심을 얻으리니"(롬 2:13)
"그러므로 율법의 행위로 그의 앞에 의롭다 하심을 얻을 육체가 없나니 율법으로는 죄를 깨달음이니라"(롬 3:20)
"복음에는 하나님의 의가 나타나서 믿음으로 믿음에 이르게 하나니 기록된 바 오직 의인은 믿음으로 말미암아 살리라 함과 같으니라"(롬 1:17)

믿음에서 중요한 것은 신뢰와 신임이다.

"선생들이여 내가 어떻게 하여야 구원을 받으리이까 하거늘 이르되 주 예수를 믿으라 그리하면 너와 네 집이 구원을 받으리라 하고 주의 말씀을 그 사람과 그 집에 있는 모든 사람에게 전하더라"(행 16:30~32)

복음이란 무엇인가? 예수님 자신이 복음이다. 예수님이 전파하신 내용이 복음이요, 십자가에서 우리의 죄를 대속하기 위하여 죽으심이 복음이요, 최후 승리의 모습을 보여 주신 부활이 복음이요, 승천하시면서 다시 오신다고 약속하신 주의 재림이 복음이다. 이 복음을 믿고 지키는 자는 복이 있다.

> "너희가 다 믿음으로 말미암아 그리스도 예수 안에서 하나님의 아들이 되었으니"
> (갈 3:26)

복음을 믿음으로 말미암아 성도들에게는 구원의 역사가 일어난다. 우리의 죄를 대속하시고 하나님과의 화해를 가져옴으로 하나님으로부터 의롭다 하심을 받게 하고 하나님의 자녀로 삼아 영원한 생명을 얻게 하는 것이 복음이다.

성령의 의는 생명의 의이다.

> "너희는 돌이켜 회개하고 모든 죄에서 떠날지어다 그리한즉 그것이 너희에게 죄악의
> 걸림돌이 되지 아니하리라"(겔 18:30)

성령께서 회개케 하신다. 회개란 죄에 대하여 철저히 깨닫는 율법적인 회개가 있고, 깨달은 후 모든 죄에서 돌아서서 거룩한 마음을 갖도록 노력하는 복음적인 회개가 있다. 원죄와 자범죄, 영적인 죄와 육적인 죄, 모두를 회개하고 참된 신앙과 거룩한 삶으로 전환해야 한다. 성령은 죄를 깨닫게 하며 회개케 하는 능력이 있다.

믿게 하심

신앙을 헬라어로 '피시티스'라 하는데 신실함(faithfully)이란 뜻을 담고 있다. 어린 자녀가 부모에게 전적으로 의존하듯이 하나님께 전적으로 의존하는 것이 곧 신앙이다.

루터는 말하기를 "신앙은 신뢰하는 것이다. 신앙은 하나님이 우리 안에서 역사하시는 완전히 새로운 것으로서 인간의 생을 하나님께로 향하게 하는 것이다"라고 했다. 성령의 도움 없이는 아무것도 이루어지지 않는다.

거듭나게 하심

많은 종교는 인간생활에 있어서 인간 스스로의 노력에 의한 구원을 강조하고 있다.

그러나 기독교는 인간 자력에 의한 구원이 절대 불가능하다는 것을 주장한다. 그 이유는 자신의 불완전성, 즉 원죄와 무지와 무능으로 인해 인간은 하나님처럼 거룩할 수가 없기 때문이다.

성령은 원죄의 인간, 즉 타락한 육의 인간을 그리스도 안에서 새 인간으로 창조하는 능력을 지니고 있다. 그러므로 성령 없이는 아들의 영을 받을 수도 없고 거듭날 수도 없다.

의롭게 하심

의(義)에 해당하는 헬라어 '디카이오수네'는 도덕적 성품이나 행위를 말하는 것이 아니라 하나님과 인간과의 근본 관계를 뜻하는 말이다. 하나님은 판단의 표준을 행위의 결과, 율법, 규범에 두지 않고 은혜에 둘 때가 있다.

탕자를 보더라도 그는 아들의 자격이 전혀 없었지만 은혜와 사랑으로 볼 때 그 역시 누구보다 귀한 아들로 받아들여졌다. 우리의 의인(義認)에 대한 보증이 되시는 분은 성령이시다.

"모든 사람이 죄를 범하였으매 하나님의 영광에 이르지 못하더니 그리스도 예수 안에 있는 속량으로 말미암아 하나님의 은혜로 값 없이 의롭다 하심을 얻은 자 되었느

니라"(롬 3:23, 24)

양자가 되게 하심

넓은 의미에서 양자는 세상의 모든 사람들이다. 곧 하나님의 자녀이다. 왜냐하면 인간은 하나님의 형상으로 지음을 받았기 때문이다. 그러나 타락과 범죄로 인하여 하나님의 형상을 잃어버리고 아들의 자격을 상실하고 말았다. 그러므로 성령께서 하나님의 자녀로서의 자격을 상실한 우리에게 그것을 회복하게 하시기 위해 은혜를 베푸시고 돌감람나무와 같은 인간을 참감람나무인 예수 그리스도와 연합하게 하시어 하나님의 양자가 되게 하셨다.

타이슨은 연합의 원리에 대하여 말하기를 성령이 영적 연합의 원동력이 되시는 이 연합은 의식적 연합이 아니라 생동적 연합이며, 순간적 연합이 아니라 영원한 연합이라고 하였다.

"너희가 아들이므로 하나님이 그 아들의 영을 우리 마음 가운데 보내사 아빠 아버지라 부르게 하셨느니라 그러므로 네가 이 후로는 종이 아니요 아들이니 아들이면 하나님으로 말미암아 유업을 받을 자니라"(갈 4:6, 7)

이와 같이 구원은 복음이 되신 예수 그리스도를 믿는 믿음 안에서 이루어진다. 다른 영, 다른 예수, 다른 방법은 없다. 오직 예수, 오직 믿음, 오직 은총뿐이다.

구원받은 하나님의 자녀에 대하여 누가 우리를 대적하리요, 누가 우리를 송사하리요, 누가 정죄하리요, 누가 우리를 그리스도의 사랑에서 끊으리요, 사망이나 생명이나 그 어떤 세력도 우리 주 그리스도 예수 안에 있는 하나님의 사랑에서 끊을 수 없다(롬 8:31~39). 구원받은 사람이 날마다 성화되어 그리스도의 완전에 이르게 하는 것이 성령의 역할이다.

5. 구원의 목적

왜 하나님은 인간을 구원하시는가? 죄와 질병으로부터 자유케 하시기 위함인가, 아니면 죽어서 천당 가게 하고 내세에서라도 행복하게 살도록 하기 위함인가?

구원의 목적은 하나님 나라의 건설을 위한 것이다. 이스라엘을 선민으로 택하여 복음의 일꾼으로 삼으신 것처럼 하나님의 영광과 하나님 나라를 위해 인간을 구원하시는 것이라고 예수께서도 말씀하셨다.

> "너희는 먼저 그의 나라와 그의 의를 구하라 그리하면 이 모든 것을 너희에게 더하시리라"(마 6:33)

Chapter 7

성례전이란 무엇인가?

성례전이란 무엇인가?

1. 세례

세례란 라틴어 '세크라멘툼'(sacramentum)에서 나온 말로 충성을 다짐하는 군인의 맹세를 의미하는 말에서 유래되었다. 세례는 새롭게 다짐하는 신비적 의식이며 은혜의 수단으로 '씻는다, 잠근다'의 의미로, 보이지 아니하는 은총의 정표란 뜻이다.

교회는 두 가지 사명이 있는데 하나는 복음 전달의 사명이요 또 다른 하나는 성례전(세례와 성만찬)이다.

성서에 보면 "너희는 가서 모든 민족을 제자로 삼아 아버지와 아들과 성령의 이름으로 세례를 베풀고 내가 너희에게 분부한 모든 것을 가르쳐 지키게 하라"(마 28:19, 20)고 말씀하셨다.

1) 세례의 의미

세례는 우리가 그리스도와 연합함으로 죄 사함을 받고 중생하여 양자가 되고 영생을 얻는 표이다. 또한 그리스도의 보혈로 죄에서 자유함을 얻고 옛 사람은 죽고 새 사람으로 거듭나는 표이다.

세례 의식 시에는 물을 사용하는데 물은 피조된 땅의 요소로 더러운 것을 씻고 정결케 하는 힘을 가지고 있다. 세례 시에 사용되는 물은 성령의 부으심을 상징한다. 물로 상징되는 성령은 우리에게 참 생명을 주고 죄의 용서와 축복을 위해 역사하신다.

세례에는 침례와 물뿌림, 두 가지가 있는데 감리교와 장로교, 성결교에서는 물뿌림(살수례)으로 세례를 베푸는데 이는 성령이 위에서 신자에게 내려오는 것을 상징한다. 그러나 침례교와 순복음교회는 침수례로 수례자가 온몸을 물에 담갔다가 나온다. 이는 죄로 인해 죽고 의에 산다고 하는 상징이다. 그러므로 세례란 죄 씻음 받았음을 사람들 앞에 나타내고 하나님 앞에서의 믿음과 인치심을 받는 의식이며 어두움의 세력, 악한 영들에게 대한 강력한 도전이며 주님을 위해 살겠다는 신앙고백이다.

또한 모든 신자들과 한 형제자매임을 확인하는 결합의 표시이며 주님의 보혈로 죄 씻음을 받아 옛 사람에서 새 사람으로 변화되는 표이다.

세례가 주는 의미 7가지는 다음과 같다.

① 세례는 죽음과 부활의 의미이다.

② 그리스도 안에서 옛 사람이 죽고 새 생명으로 태어나는 표상이다.

③ 일생을 예수 중심으로 살겠다는 결심에 대한 선포인 동시에 하나님의 은혜를 받게 하는 매체이다.

④ 예수 그리스도의 사람이 되는 결정적 사건이다. 그리스도와의 연합을 공적으로 시인하고 새로운 몸으로서의 출발을 다짐하고 공표하는 예전이다.

⑤ 자신의 죄를 회개하며 하나님의 용서를 받는 예전이다. 초대교회 당시에는 세례자에게 며칠씩 금식하면서 회개하도록 준비시켰다. 세례 시 쓰이는 물은 그리스도의 보혈을 상징하므로 죄 씻음을 받은 신앙의 고백이 있어야 한다.

⑥ 세례란 새로운 피조물로서의 탄생을 의미한다. 과거를 청산하고 새로

운 삶을 시작한다는 뜻이다.

⑦ 세례는 크리스천 공동체의 일원이 되었음을 알리는 의식이다. 초대
교회의 주일예배에는 말씀의 예전과 다락방 예전이 있었는데 말씀의
예전에는 누구나 참석할 수 있으나 다락방 예전에는 참여할 수 없었
다. 현대교회에서 세례자는 당회의 회원이 되며 임원의 조건이 되어
하나님의 일에 적극적으로 봉사하는 일꾼이 된다.

2) 세례를 받기 위한 준비

- 학습을 받은 지 6개월이 지나야 한다.
- 죄인임을 하나님께 고백하고 용서함을 구하는 회개를 해야 한다.
- 결단이 있어야 한다 – 받기 전과 받은 후의 생활이 달라져야 한다.
- 그리스도를 의지하는 간절한 마음이 있어야 한다.
- 교인이 되기 위한 기본적 지식이 있어야 한다.
- 올바른 생활을 해야 한다 – 죄의 종에서 벗어나야 한다.

3) 예수님이 세례 받은 이유

첫째, 예수님이 세례를 받은 것은 회개와 상관없다. 그러나 요한의 전도
사업의 권위를 인정하기 위해서 세례를 받으셨다.

둘째, 장차 이 의식을 따를 제자들에게 보여 모범을 삼게 하기 위해서
이다.

셋째, 죽음과 장사와 부활로 완성될 예수 자신의 구속사업을 나타내기
위해서이다.

넷째, 하나님께로 향하는 운동에 동참할 필요를 느끼시고 행동을 같이
하신 것이다.

2. 성만찬

　말씀의 선포와 성만찬, 이것은 기독교회 예배의 두 기둥이다. 기독교 공동체는 하나님의 말씀으로부터 탄생하고 그 말씀을 통해 강화되고, 지도되며, 성만찬을 통해 말씀의 실현을 체험하게 된다. 그러나 기독교회는 그 균형을 잃어온 게 사실이다.

　그리스정교회나 로마가톨릭교회는 형식과 교의에 치중한 나머지 성령의 인도에 따른 자유로운 말씀의 선포를 봉쇄하여 왔고, 개신교회는 성령의 자유로운 역사하심에 치중에 나머지 신앙의 개별화, 편의주의를 초래하여 공동의 체험과 교회 전통의 유지를 저해해 왔던 것이다. 그러므로 이제부터라도 가톨릭교회는 말씀의 예전을 통해 균형을 되찾고 개신교회는 성례전을 통해 예배다운 예배를 드려야 할 것이다.

　성만찬에 대해서 살펴보자. 예수께서 잡히시기 전날 밤 제자들과 함께 식사하신 후 떡과 포도주를 제자들에게 주시며, 떡을 '내 몸'이라 하셨고 포도주는 "너희를 위하여 흘리는 나의 피라" 말씀하시며 "받아먹고 이를 행할 때마다 나를 기념하라"고 하셨다.

　그러므로 성찬식은 세례를 받은 신자들이 참예하여 떡과 포도주를 먹고 마심으로 속죄제물이 되신 그리스도의 죽으심을 깊이 생각하고 성령으로 말미암아 그리스도와 한 몸이 되며 구원의 확증을 갖고 성도의 교제에 참여하게 하는 의식이다.

　성만찬은 예수께서 베풀어 주신 만찬이며 예수의 죽으심과 교회를 기념하는 성례이며 은혜 받게 하는 매체이다. 고로 성만찬식은 만민의 속죄를 위해 예수께서 행하신 구속적 희생의 역사적 사건을 회고하게 한다. 그리고 언제나 우리와 함께 계신 주님을 예배하게 한다. 교회로 하여금 하나님의 목적이 완성되어 예수 그리스도의 재림의 때를 내다보게 한다.

성만찬의 의미에 대해서는 변체설과 화체설, 그리고 개신교의 기념설이 있다.

1) 누가 성만찬에 참예하는가

- 예수를 구주로 영접하고 그 명령에 복종하여 세례 받은 사람이다.
- 마음에 거리낌이 없고 확신 있는 신앙생활을 하며 하나님 앞에 자기의 잘못을 고백한 사람이다.
- 죄에 대해 용서받고 하나님의 은혜에 대한 감사를 아는 사람이다.

성만찬에 참여하는 신자는 자기를 성찰해야 한다. 예수 그리스도를 진실하게 믿고 있는가?(행 16:31), 하나님의 자녀로 다시 태어났는가?(요 3:3~7), 나의 생활 가운데 아직도 고백하지 못한 죄가 있는가?, 거룩하게 살겠다고 마음속에 다짐했는가?

2) 성찬은 어떻게 해서 영원한 생명의 식사가 될까?

말씀이 육신이 되어 오신 화육의 신비(incarnation)가 있기 때문이며 화목제물이 되신 십자가의 신비가 있기 때문이고, 부활의 신비, 종말론적 의미가 있기 때문이다. 성만찬의 진정한 효력은 하나님의 은혜와 신자의 믿음이 만나는 때에 나타난다. 성만찬의 효과는 은혜와 믿음에 달린 것이다.

3) 왜 주님은 성만찬을 제정하셨나?

성만찬을 제정한 이유는 첫째, 오고 가는 세대에 그리스도의 대속을 기억하도록 기념으로 제정하셨다. 둘째, 자신의 죽음이 세상의 구원을 위해 하나님께 바치는 희생제물임을 알게 하기 위해서이다. 셋째, 따르는 모든 사람들에게 본을 보이고 명령을 내리기 위해서이다. 넷째, 주님과 함께 하는 식사(영적 음료)로 하나님 나라의 미래에 대한 증거와 하나님 나라의 기쁨을 나누게 하기 위해서이다.

Chapter 8

십일조에 대하여

십일조에 대하여

창세기 28장 18~22절에 보면 야곱의 소원 세 가지와 하나님께 드리는 서원 세 가지가 있다.

서원을 보면 "나와 함께 계셔서 내가 가는 이 길에서 나를 지키시고 먹을 떡과 입을 옷을 주시어 내가 평안히 아버지 집으로 돌아가게 하시오면 여호와께서 나의 하나님이 되실 것이요, 내가 기둥으로 세운 이 돌이 하나님의 집이 될 것이요, 하나님께서 내게 주신 모든 것에서 십분의 일을 내가 반드시 하나님께 드리겠나이다"라는 내용이다.

하나님은 야곱을 20년 동안 보호하셨고 그가 떠날 때는 지팡이 하나뿐이었지만 하나님께서는 말할 수 없는 축복으로 채워주시고 고향으로 돌아오게 하셨다. 이로써 야곱은 십일조를 하나님께 드리며 언제 어디서나 제단을 쌓고 하나님께 영광 돌리는 삶을 살았다.

세상에는 돈을 벌기만 하고 쓰지 못하는 사람이 있는가 하면, 벌지도 못하면서 잘 쓰는 사람이 있고, 잘 벌고 잘 쓰는 사람이 있는가 하면, 쓰지도 못하고 벌지도 못하는 사람이 있다. 무엇보다도 돈을 바르게 버는 일과 돈을 바르게 쓰는 일처럼 중요한 일은 없다. 사람들은 돈을 땅에 쌓아두지 않으면 하늘에 쌓아 둔다. 사람이 먹고 마시고 입고 즐기는 데 사용하는 것은 세상에 쌓아두는 것이요, 하나님의 영광을 위하여 하나님께 바치는 것은 하늘에 쌓아두는 것이다.

예로부터 하나님께 바치는 예물은 첫 열매와 십일조이다. 십일조를 드리는 자들의 받을 복에 대해 성경은 다음과 같이 말하고 있다.

"네 재물과 네 소산물의 처음 익은 열매로 여호와를 공경하라 그리하면 네 창고가 가득히 차고 네 포도즙 틀에 새 포도즙이 넘치리라"(잠 3:9, 10)

"만군의 여호와가 이르노라 너희의 온전한 십일조를 창고에 들여 나의 집에 양식이 있게 하고 그것으로 나를 시험하여 내가 하늘 문을 열고 너희에게 복을 쌓을 곳이 없도록 붓지 아니하나 보라"(말 3:10)

조지아 주의 로이크로라는 평신도는 "내가 만약에 목사라면 교인 한 사람 한 사람에게 십일조 운동을 펼치겠다"라고 말하였다. 분명한 신앙체험에서 나온 말이다. 십일조란 수입의 십분의 일을 하나님께 드리는 것이다. 그러나 사실 세상의 모든 것이 하나님의 것이다. "땅과 거기에 충만한 것과 세계와 그 가운데에 사는 자들은 다 여호와의 것이로다"(시 24:1) 그러므로 하나님이 주신 것 중에서 십분의 일을 하나님께 바치는 것이다.

아브라함도 전쟁에서 얻은 전리품으로 먼저 십일조를 했다(창 14:20). 야곱 역시 곤경 중에서도 십일조를 드렸다(창 28:22). 이스라엘 백성은 "땅의 십분의 일 곧 그 땅의 곡식이나 나무의 열매는 그 십분의 일은 여호와의 것이니 여호와의 성물이라"(레 27:30) 하여 십일조를 드렸다.

예수께서도 바리새인에게 "너희가 박하와 회향과 근채의 십일조는 드리되 율법의 더 중한 바 정의와 긍휼과 믿음은 버렸도다 그러나 이것도 행하고 저것도 버리지 말아야 할지니라"(마 23:23)고 가르치셨다.

바울은 말하기를 "인색함으로나 억지로 하지 말지니 하나님은 즐겨 내는 자를 사랑하시느니라"(고후 9:7)고 했다.

1. 십일조의 기본 정신

십일조는 하나님의 은혜에 대해 감사하는 마음과 자원하는 마음으로 드려야 한다. 하나님께서 죽을 수밖에 우리를 구원하시고 하나님의 자녀로 삼으셨으니 얼마나 감사한 일인가? 만입이 있어도 부족하다. 우리는 날마다 하나님의 축복으로 살고 있음을 십일조를 드림으로써 고백하는 것이다.

감리교의 창시자 존 웨슬리는 처음에는 십일조를 드렸지만 나중에는 십의 구를 하나님께 바치고 십의 일을 생활비에 썼다고 한다. 십일조는 생활의 기초이며 하나님께 드리는 최저선이며 신앙의 기본이다. 즉 신앙생활의 최고봉으로 올라가는 첫 출발점이다. 십일조는 내게 가장 중요하고 소중한 것을 하나님께 바친다는 신앙의 표현이며 하나님 제일주의로 살겠다는 믿음의 표현이다.

2. 십일조의 축복

- 생활이 윤택해진다.
- 자기 생활에 충실해진다.
- 하나님의 사업을 위해 사용해야 하는 숨은 능력이 나타난다.
- 믿음의 담력이 생긴다.
- 믿음으로 지혜가 생기고 규모 있는 생활을 한다.

1) 헌금의 뜻
- 헌금은 하나님의 은혜에 대한 감사 표시이다. (신 16:15)
- 헌금을 드리는 것은 보물을 하늘에 쌓는 것이다. (마 6:20)

- 마음을 주님께 드리는 표시이다.(마 6:21)
- 주님을 기쁘시게 하는 것이다.(고후 8:2)
- 주님 사업에 참여하는 일이다.(고후 8:4~7)

2) 헌금의 종류

- 십일조 헌금 : 소득의 십분의 일을 하나님께 드리는 헌금
  (레 27:30; 말 3:10)
- 감사헌금 : 감사하는 마음으로 드리는 헌금
- 주일헌금 : 매주일 낮 예배 때 드리는 헌금(고전 16:2)
- 절기헌금 : 부활절, 추수감사절, 성탄절 등 절기에 드리는 헌금
  (출 34:22)
- 선교헌금 : 특별한 선교의 목적으로 드리는 헌금

3) 헌금 드리는 태도

- 헌금은 예배행위이다.
- 미리 정성껏 준비한다(고후 9:5).
- 인색한 마음이나 억지로 하지 않는다.
- 사람에게 보이려고 혹은 체면으로 하지 않는다(마 6:18).
- 감사하는 마음으로 즐겨 드린다(고후 9:7).
- 헌금은 액수가 중요한 것이 아니라 태도가 중요하다.

4) 신자가 물질적으로 어려움을 당하는 이유

- 범사에 주의 뜻대로 바로 살지 못해서이다.
- 하나님과의 관계가 잘못되었기 때문이다.
- 불의의 수입을 가지며 하나님께 청산을 못해서이다.

- 풍성해지면 하나님보다 자신을 더 섬기기 때문이다.
- 물질을 하나님보다 더 사랑하기 때문이다.
- 연단의 기회가 남았거나 시험 중이기 때문이다.

대설교가 스펄전(Sharles H. Spurgeon) 목사는 "우리에게 별빛 주시는 은혜에 감사하면 하나님은 우리에게 달빛을 주실 것이요, 우리에게 달빛 주시는 은혜에 감사하면 하나님은 우리에게 햇빛을 주실 것이요, 우리에게 햇빛 주심을 감사하면 하나님은 우리에게 햇빛이 소용없는 더 좋은 곳으로 인도하실 것이니 거기는 하나님의 영원하신 빛이 밤낮으로 비칠 것이라"고 하였다.

영국 트렌치 감독의 시(詩)를 보면 "어떤 사람은 자기가 가는 평탄한 길에 조그만 구렁텅이만 있어도 벌써 하나님을 원망하고 사람을 원망한다. 또 어떤 사람은 자기가 가는 험하고 캄캄한 길에 조그만 빛만 비추어도 하나님이 주시는 자비로운 빛이라 하여 감사의 기도를 올린다. 화려한 궁전에 살면서도 생이란 왜 이리 괴로우며 기쁜 일은 하나도 없느냐고 얼굴을 찡그리며 불평하는 사람이 있으나, 쓰러지는 오막살이에 살면서도 우리를 지키시는 하나님의 한없는 은혜와 사랑을 진심으로 감사하는 사람이 있다"는 구절이 있다.

3. 십일조에 대한 질문과 답변

- 총수입에서 십일조를 드려야 하는가, 아니면 순수입에서 드려야 하는가?
월급총액이나 총임금의 십 퍼센트를 십일조로 드린다는 것은 드려야 한다. 만약 자영사업을 하고 있다면 순이득의 십 퍼센트를 드려야 한다. 십일조를 드린다는 것은 우리의 것을 드리는 것이 아니라 하나님의 것을 하나님께 돌려 드리는 것이다.

• 창고는 언제나 교회인가?

하나님은 거룩한 돈이 드려질 장소를 항상 마련해 놓고 계신다. 구약에서의 그 장소는 회막과 성전이었다. 신약에서는 그 장소가 과거나 지금이나 교회이다. 십일조의 사용에 대하여 적절한 결정을 할 수 있도록 교회에 맡겨야 한다.

• 기도원이나 기관, 선교단체에 십일조를 드리면 안 되는가?

어떤 경우에도 교회를 제쳐놓고 십일조를 다른 곳에 바치면 안 된다. 그것은 하나님의 말씀에 충실치 않은 것이다. 교회는 기독교 단체의 원천이다. 교회에다 십일조를 드리는 것은 교회를 존귀케 하는 것이다. 다른 사업에다 직접 십일조를 내는 것은 아무리 그것이 타당하고 건전하다 할지라도 교회의 권위를 빼앗는 것이다. 십일조 이외의 헌물은 예외일 수 있다.

• 십일조를 드릴 수 있는 형편이 못 되는 경우는 어떠한가?

십일조는 못 드릴 형편은 없다. 살아 있다는 자체가 하나님의 은혜이고 살아가는 과정이 우리의 형편이다. 예수는 과부의 두 렙돈을 칭찬하셨다.

• 누가 하나님의 것을 도둑질할 수 있는가?

하나님의 것을 도둑질하는 자들은 빈궁하게 된다.

• 가난한 사람에게는 십일조를 드리는 것이 무리가 아닐까?

전혀 그렇지 않다. 십일조를 드리라고 하신 것은 하나님이시다. 그것은 세상에서 가장 공평하고 가장 합리적인 배려이다. 가난한 사람에게 십일조에서 면제되었다고 생각하도록 권하는 것은 그 사람에게 아무런 유익을 주지 못한다. 왜 가난한 사람이 불리한 구별을 받아야 하는가? 십일조는 모든 사람에게 존귀함을 부여해준다. 십일조의 의무는 사회적, 경제적 장벽이 없고 어떤 계급도 초월한다. 십일조는 모든 사람의 것이다.

내가 드리는 십일조가 다른 사람의 것보다 훨씬 적을 수도 있다. 그러나 그렇다고 해서 그 다른 사람이 나보다 더 하나님의 목전에서 많은 은총을 받는 것은 아니다. 십일조는 하나님께서 사람을 차별대우하시는 분이 아님을 증명해 준다.

• 빚진 상태에서 십일조를 드리는 것은 죄가 아닐까?

먼저 빚을 갚고 나서 십일조를 시작하여야 하지 않을까? 아니다. 하나님께 대한 빚인 십일조를 지불하지 않는 것이 죄요, 범죄이다. 대부분의 사람들은 집, 자동차, 사업을 위하여 장기간에 걸쳐 빚을 갚고 있다. 이자에 연체까지 지불하고 있다. 우리가 생각할 것은 모든 것이 하나님의 것이라는 사실이다.

그러므로 자신을 위하여 또는 자신의 실수로 지게 된 빚보다도 하나님의 빚을 먼저 갚는 것이 믿음이요 신앙이다. 빚을 지고 있음에도 하나님의 명령에 따라 순종하면, 함께 하시는 하나님의 은혜를 체험하게 되며 빚에서 자유케 된다.

• 돈을 관리하는 일과 수지를 맞추는 일에 있어서 십일조를 위한 최상의 방법은 무엇인가?

어느 누구에게나 해당되는 최상의 방법은 우선 십일조부터 구별해 놓는 일이다. 맨 먼저 십일조를 떼어 놓으라. 예산 목록의 맨 위에 십일조를 놓는 것이다. 따로 떼어 놓은 것은 '주님께 거룩한 것'으로 구별하는 것이요, 따라서 건드리지 말아야 한다.

• 어린이들도 십일조를 드려야 하는가?

그렇다. 십일조를 배울 최선의 시기는 어렸을 때부터이다. 하나님께서는 어린이에 대한 기대가 크므로 어린이의 십일조도 존귀하게 여기신다.

• 이전에 하지 못한 십일조도 다 드려야 하는가?

지금부터 시작하라. 지금까지 하지 못했는데 하면서 미루는 것은 마귀의 속임에 빠지는 것이다. 이전의 것을 할 수 있다면 하라. 그러나 그것이 시험거리가 되어서는 안 된다. 하나님은 용서하신다. 당신에게 베푸신 용서를 받아들여라(요일 1:9). 뒤돌아보지 말고 앞으로 나아가라. 동일한 죄를 되풀이하지 말라.

만약에 당신에게 축적된 재물이 있다면 당신은 삭개오처럼 무엇인가를 하고 싶어 할 것이다. 아마도 당신은 십일조를 드리지 않았음에도 불구하고 하나님의 축복을 받았을지도 모른다. 당신은 지극히 겸손하여야 하고 감사하여야 한다.

십일조는 하나님을 영화롭게 하기 위하여 드리는 것이다. 십일조를 드리는 신앙은 '그렇게 하지 아니하실지라도'(단 3:18)에서 나온다. 이미 축복을 받았기 때문에 하나님께 드리는 것이다. 순전히 감사하는 마음으로 하나님께 드려야 한다.

Chapter 9

기도란 무엇인가?

기도란 무엇인가?

종교를 라틴어로 '렐레가레'(relegare)라고 하는데 이 단어에는 '조심스럽게 경의를 표한다, 다시 연결한다'의 뜻이 있다.

인간은 하나님의 형상으로 지음 받았지만 범죄와 타락으로 인하여 하나님으로부터 분리된 상태가 되고 말았다. 이 분리된 상태가 곧 인간의 슬픔, 고통, 불안, 허무, 타락, 멸망의 원인이 된다. 예수의 비유 가운데 잃은 양의 비유, 잃은 드라크마의 비유, 잃은 아들의 비유는 하나님과 인간의 단절된 상태를 단적으로 표현하고 있다. 그러나 잃은 양인 우리 죄인들이 목자이신 그리스도의 음성을 듣고 그분의 희생과 헌신적 사랑으로 하나가 될 때 종교는 창조주 하나님과 피조물인 인간이 다시 연합하는 구원의 역사를 이룬다.

종교를 크게 나누면 유신종교(有神宗敎)와 무신종교(無神宗敎)가 있다. 유신종교는 신(神)을 절대자로 믿고 무엇이든지 신의 뜻과 섭리에 따라 순종하고 응답함으로 행복한 삶을 누린다는 신앙이다. 기독교, 유대교, 이슬람교가 여기에 속한다. 그러나 절대적 신(神)이 아니고 자신의 어떠한 탁월성을 개발하기 위해서 자아를 깨닫고 우주의 도(道)를 발견해서 자신의 삶을 보람 있게 살 수 있다고 주장하고 있는 종교가 있는데 불교, 유교, 천도교 등이 그것이다. 그리고 수목이나 동물을 신앙의 대상으로 삼고 섬기는 토테미즘(Totemism)이 있고, 모든 사물 속에 신이나 영혼이 있다고 믿는 애니미즘(Animism)이 있다. 그리고 질병과 재앙을 면케 한다고 무당을 믿는 샤머니즘(무속신앙)이 있고 작은 주물을 몸에 지니고 다니면 신통력이 생긴다는 패티시즘(Fetishism:주물신앙)이 있다.

기도가 필요한 종교는 기독교, 유대교, 이슬람교뿐이다. 불교와 유교는 신(神)이 없는 종교이므로 다만 명상과 오득(깨달음)만이 필요할 뿐이다. 기도란 인격적 신과 인격을 지닌 인간과의 대화이며 관계성이기 때문이다.

주기도문은 바로 예수님께서 제자들에게 어떻게 기도해야 할 것을 모범으로 가르쳐 주신 것이다.

1. 기도란 무엇인가?

기도는 사람의 손과 물질로 만든 동상이나 석상에게 비는 것도 아니고 철학이나 도덕적 이론도 아니다. 다만 나의 창조주요, 구세주요, 우주의 지배자라고 믿는 인격자이신 하나님과의 영적 대화이며 영적 교통이다.

나의 주장과 요구만을 구하는 것이 아니라 하나님의 뜻이 무엇이며 하나님께서 원하시는 것이 무엇인가를 깨닫기 위한 요청이요, 간구이다. 기도는 언제든지 십자가에서 영원한 화목제물이 되신 예수 그리스도의 이름으로 해야 한다.

기도의 주제가 되는 내용은 세 가지이다. 먼저 하나님 은혜에 대한 감사와 찬송이 있은 후에 나의 사정과 가정, 교회, 사회, 국가, 인류문제와 사정을 고하고, "나는 이렇게 되길 원하지만 꼭 나의 원대로 마옵시고 하나님 뜻대로 하옵소서" 하며 최종 결정을 하나님께 맡기는 것이다.

인간은 개인이면서 공동체 속에서 더불어 살고 있다. 그러므로 기도의 관심은 나 개인만을 위한 기도가 아니라 모든 사람(이웃)을 위한 기도가 되어야 한다.

기도의 궁극적 목적은 하나님의 뜻과 나라가 이 땅 위에 건설되도록 간구하는 것이다.

2. 기도의 자세

기도의 자세는 무릎을 꿇고 겸허하고 진지한 자세로 해야 한다. 무릎을 꿇는다는 것은 경건과 신실성을 표시한다(엡 3:15). 또한 마음을 토하는 진실한 기도이어야 한다. 시편 기자는 "백성들아 시시(時時)로 그를 의지하고 그의 앞에 마음을 토하라 하나님은 우리의 피난처시로다"(시 62:8)라고 했다. 기도는 은밀한 중에 하여야 한다.

사람을 의식하거나 중언부언하지 아니하고 오직 하나님만 바라보며 전심으로 간구하라는 뜻이다. "너는 기도할 때에 네 골방에 들어가 문을 닫고 은밀한 중에 계신 네 아버지께 기도하라 은밀한 중에 보시는 네 아버지께서 갚으시리라"(마 6:6)고 예수께서 말씀하셨다.

3. 기도의 정신

기도는 믿고 구해야 한다. 예수께서는 "너희가 기도할 때에 무엇이든지 믿고 구하는 것은 다 받으리라"(마 21:22)고 하셨다. 40일 동안 비가 오지 않았을 때 엘리야는 갈멜산에서 바알의 선지자 450인과 대결하여 승리한 후에 하나님의 은혜로 비가 내릴 것을 확신하고 아합왕에게 "올라가서 먹고 마시소서 큰 비 소리가 있나이다"(왕상 18:41)라고 말하였다. 기도는 의심치 말아야 한다. 의심은 마귀의 생각이다. 기도는 필요한 것을 구하여야 한다.

"너희가 얻지 못함은 구하지 아니하기 때문이요 구하여도 받지 못함은 정욕으로 쓰려고 잘못 구하기 때문이라"(약 4:2, 3)

필요한 것은 나에게 뿐만 아니라 타인에게도 필요한 것이며 하나님께도 필요한 것이다. 오직 나에게만이라는 생각은 욕심과 정욕일 수 있다. 기도는 간절한 마음으로 드려야 한다. "구하는 이마다 받을 것이요 찾는 이는 찾아낼 것이요 두드리는 이에게는 열릴 것이니라"(눅 11:10)고 하신 말씀처럼 간청할 때 그 소용대로 주신다.

기도에 희생이 따를 때 기적의 역사가 일어난다. 그런 기도는 하나님의 보좌를 움직일 수 있는 유일한 무기와 열쇠가 된다.

4. 기도의 응답

- 원하시는 대로 응답하신다.(눅 18:40~43 yes)
- 간구하는 것과 전혀 다른 것으로 응답하신다.(빌 4:6, 7 change)
- 때를 기다리라고 하신다.(눅 18:1, wait)
- 하나님의 뜻이 아니라고 하신다.(no)

기도의 응답을 방해하는 것
- 원수 맺은 것을 풀지 않은 자의 기도(마 5:23, 18:18) – 상대방을 용서

하고 불쌍히 여기는 마음으로 기도하여야 한다.
- 자기의 죄와 허물을 회개치 않은 자의 기도(눅 19:8)
- 남을 시기하고 저주하고 비판하는 기도(딤전 2:8)
- 정욕으로 구하는 기도(약 4:3)
- 의심하는 자의 기도(약 1:6)
- 하나님 앞에 교만한 자의 기도(약 4:6)
- 예수 이름으로 하지 않는 기도(요 14:13)
- 중언부언하는 기도(마 6:7)
- 사람에게 하는 기도(마 6:5)
- 하나님을 시험하는 기도

5. 예수님이 가르치신 주기도문의 구조

예수께서 모범적으로 가르쳐 주신 기도는 모든 신자가 날마다 해야 할 대표적인 기도이다.

주기도문의 구조를 보면 첫째, 하나님과 인간의 관계에 대한 간구, 둘째, 인간과 물질의 관계에 대한 간구, 셋째, 인간과 인간과의 관계에 대한 간구이다.

복음서 가운데 누가복음 11장 2~4절은 내용이 짧고 유대적이며 종말론적인 색채가 강한 반면 마태복음 6장 9~13절은 잘못 기도할 염려가 있는 사람들에게 올바른 기도의 본을 보여 주신 것으로 하나님의 이름, 하나님의 나라, 하나님의 뜻으로 구성되어 있다. 그리고 "주 예수여, 오시옵소서"(마라나타, 계 22:20)라는 의미, 즉 주의 재림사상이 들어 있다.

Chapter 10

십계명에 대하여

십계명에 대하여

1. 십계명이 주는 의미

이스라엘의 율법에는 세 가지, 일반법과 종교법 그리고 도덕법이 있다. 율법이란 개념이 나타난 것은 애굽에서의 종살이를 떠나 광야에서의 생활이 시작될 때부터였다. 그 전까지는 애굽에서 애굽의 법에 따라 살았으나 출애굽 이후 공동생활을 하다 보니 율법이 필요했다. 그래서 모세와 아론이 그때 당시에 필요한 규칙과 규범을 만들어 지내오다가 점점 어렵게 되자 하나님을 더욱 의지하게 되었고 하나님께서는 이들이 지켜야 할 십계명을 두 돌판에 적어 주셨다. 이 법이 곧 일반법, 종교법, 도덕법인데 대대로 제사장들에 의해서 해석되어 왔으므로 그들이 율법의 해석과 판단의 중심이 되었는데 율법의 표준이 십계명이다.

십계명은 하나님으로부터 두 번 받았는데 그 이유에 대해서 모세는 "내가 본즉 너희가 너희의 하나님 여호와께 범죄하여 자기를 위하여 송아지를 부어 만들어서 여호와께서 명령하신 도를 빨리 떠났기로 내가 그 두 돌판을 내 두 손으로 들어 던져 너희의 목전에서 깨뜨렸노라"(신 9:16, 17)고 밝히고 있다. 그래서 하나님은 두 번째 십계명을 다시 모세에게 주셨고(신 10:4) 모세는 법궤를 만들어서 그 안에 보관하여 가나안 땅으로 가지고 갔다가 솔로몬이 성전을 지은 후 그 안에 보관했었다.

십계명에는 열 가지 계명이 있는데 그중에서 제1에서 제4계명까지는 종교적 의무로 하나님을 하나님으로 섬기고 살아갈 것을 제시하고, 제5에서 제10계명까지는 도덕적 의무로 사람을 사람으로 존중하며 사랑하는 길을 제시하는 계명이다.

십계명은 모두 하나님의 명령이지만 두 가지로 구분된 제1에서 제4계명, 그리고 제5에서 제10계명까지는 각각 독자적 내용을 가지고 있다. 만일 하나님을 하나님으로 섬기고 사랑하는 길을 제시한 앞부분의 계명 속에 뒷부분의 계명을 흡수시켜 버린다면 그것은 이웃에 대하여 독선적이며 위선적인 종교가 되기 쉽다. 반면에 사람을 사람으로 굴종하고 사랑하는 것만 중시하여 하나님에 대한 사랑을 그 수단으로 삼는다면 이것은 근대적인 인간 중심주의이며 성서의 종교에 대한 오해이다. 보이지 않는 하나님을 하나님으로 경외하며 사랑하는 생활을 토대로 하지 않는 윤리는 위기에 직면할 때 붕괴될 수밖에 없다. 이는 심연의 윤리, 뿌리 없는 무저갱의 윤리일 뿐이다. 그러므로 예수는 율법을 사랑이라는 말로 요약했다.

십계명은 죄의 인식 원리로 인간의 반항과 무관심을 폭로한다. 데카르트가 "나는 생각한다. 고로 나는 존재한다"고 말한 것처럼 우리는 율법을 통해 죄인임을 깨닫고 복음을 통한 하나님의 은혜를 발견하는 동시에 하나님의 자녀와 천국 백성된 자신의 존재를 인식해야 한다.

칸트(Kant)는 "십계명에서 '너는 해야 한다'를 '너는 할 수 있다. 왜냐하면 너는 해야 하기 때문이다'가 되어서는 안 되고 죄사함을 받은 은총의 사람들은 '너는 해야 한다. 왜냐하면 너는 할 수 있기 때문이다'라고 해야 한다"고 말했다. 웬드랜드(Wendland)는 "너는 할 수 있다. 왜냐하면 너는 새로운 생명을 받았기 때문이다"라고 말했다.

2. 십계명의 내용 분류

1) 제1계명

역사적으로 신에 대한 인간의 신관에는 다신관(多神觀), 단일신관(單一神觀), 유일신관(有一神觀)이 있는데 유일신관은 인간의 생사화복을 주관하고 역사의 운행과 섭리로 이끌어 가시는 창조자이신 하나님을 믿는 신앙관이다. 신이 아닌 어떤 물질을 신격화해서 돈, 출세, 명예, 권세 등의 소원성취를 삶의 목적으로 삼는다는 자체가 우상숭배이다.

칼뱅은 예배의 내용이 경모, 신뢰, 기원, 감사이므로 하나님 외에는 경배를 받거나 의지의 대상이 되거나 기원과 감사의 대상이 될 만한 신이 없다고 했다.

그러므로 예수께서는 신령과 진정으로 예배하고(요 4:24), 마음과 뜻과 목숨을 다해서 하나님을 사랑하고 다만 그를 섬기라(마 22:37)고 하셨고 두 주인을 섬길 수 없다(마 6:24)고 말씀하셨다.

2) 제2계명

사람이 종교를 갖는 동기가 자기 자신의 행복을 위한 것이고 이 땅과 저 세상에서 잘 살고 잘 되어 죽어서 천국에 가는 데만 목적이 있다면 이기주의적인 삶에 치우치기 쉽다. 왜냐하면 사람이 자신에게 유리한 것만을 찾고 자신에게 도움을 주는 대상만을 찾아 그로부터 무엇인가를 얻으려고 한다면 신앙은 자기중심적이 되기 쉽기 때문이다. 온 우주 탄생의 근본 원리가 하나님께 영광 돌리는 것이며 하나님의 섭리를 통한 역사의 흐름이라면 인간은 마땅히 신의 뜻에 순종해서 살아야 한다. 그 길이 시련과 역경일지라도 감당해야 한다.

둘째 계명은 우상을 만들지 말고 우상을 섬기지 말라고 했는데, 왜냐하면 하나님께 예배하는 것보다 다른 것을 더 사랑하거나 더 큰 관심과 기대를 가지면 그것은 곧 우상숭배이기 때문이다. 하나님은 질투하시는 하나님으로 질투는 강렬한 사랑의 다른 표현이다. 질투 없는 사랑은 참사랑이 아니다. 사랑하기에 질투하고 질투가 있다는 것은 정말 사랑하고 있다는 증거이다. 그러므로 하나님은 "나를 사랑하고 내 계명을 지키는 자에게는 천 대까지 은혜를 베푸느니라"(출 20:6)고 말씀하셨다.

3) 제3계명

"하나님의 이름을 망령되이 일컫지 말라"는 말씀에서 망령되이 일컫는다는 말은 히브리어로 '로티사'(lotisa)라고 하는데 이는 하나님의 이름을 함부로 부르지 말고 하나님의 이름으로 거짓 맹세하지 말라는 의미이다.

모세가 미디안 광야에서 이상한 신의 음성을 듣고 "당신의 이름은 무엇입니까?"라고 물었을 때 신의 대답은 "나는 스스로 있는 자"라고 했다. 신이 이름을 갖는다는 것은 신이 존재하시는 한 인격자로서 활동하시며 모습을 나타내시고 인간과 대화를 나누시며 구체적인 관계를 가지신다는 것을 의미한다. 따라서 하나님이 절대적인 자리에서 상대적인 자리까지 내려오시어 인간의 모든 생사화복과 만물을 주관하신다는 뜻이다.

고로 인간은 하나님을 경외해야 하며 하나님의 이름을 함부로 불러서도 안 되며 하나님의 신성을 모독하는 죄를 범해서도 안 된다.

하나님을 믿으면서도 합당한 생활을 하지 않거나(딛 1:16), 기도하면서도 믿지 못하는 사람(요일 5:10), 위험할 때나 또는 습관적으로 하나님께 서약하는 사람, 맹세를 잘하고 쉽게 포기하는 사람, 환난 중에도 하나님의 이름을 부르지 않는 사람, 하나님을 우롱하며 함부로 말하는 사람, 영광을 하나님께 돌리지 못하는 사람들은 하나님을 망령되이 일컫는 사람들이다. 언제 어디서나 하나님의 뜻을 살피고 살아야 한다.

4) 제4계명

성경에는 안식일, 안식월(7월), 안식년(7년 7차 후 희년)이 있다.

안식일(shabbath)은 '그치다, 그만두다, 쉬다'의 뜻을 갖고 있다. 안식일의 기원은 하나님께서 엿새 동안에 창조사역을 다 마치시고 안식하심으로 (창 2:1~3) 시작되었다.

안식일의 뜻은 무엇인가? 사람의 편의에 따라 사람이 만든 것이 아니고 하나님이 제정해 주신 날이다. 또한 하나님께서 거룩하게 지키라고 명하신 날이며 성별된 날이므로 하나님을 위해서 안식일을 보내야 한다. 안식일은 하나님께서 창조사역을 마치시고 안식하신 날이며, 애굽에서 이스라엘을 구출한 날이므로 창조신앙을 가져야 하며 천국의 약속을 믿어야 한다.

초대교회 이후 안식일을 토요일에서 주일로 지키게 되었다.

안식일 제정의 목적

- 안식일은 하나님과 인간을 위해서 세우신 날이다.
- 하나님을 위해서는 천지창조, 출애굽, 그리스도를 통한 구속과 부활을 기념하여 구원에 대해 감사하는 날이다.
- 인간을 위해서는 영혼과 육체에 쉼을 주고 영원한 생명을 찾게 하시며 날마다 새 은혜를 받게 하신 것에 대해 감사하는 날이다.
- 성도들과 기쁨의 교제를 나누고 신령한 양식을 구하며 영혼의 유익을 도모하는 날로 안식일은 영원한 안식의 예표이며 날마다 아름다운 생활을 격려하기 위해서 제정되었다.

주일을 지키는 이유가 무엇인가?

주일은 예수께서 부활하신 날이요, 성령이 강림하신 날이요, 교회가 시작된 날이다.

안식일과 주일을 비교해 보면 안식일은 그 주의 일곱째 날인 반면에 주일은 첫째 날이다. 그리고 안식일이 창조를 기념하는 반면에 주일은 부활을 기념한다. 안식일은 하나님께서 쉬신 반면에 주일은 예수님이 바쁘게 일하셨다(요 20:13). 안식일은 창조의 완성을 기념하는 반면에 주일은 구원의 완성을 기념한다. 안식일은 율법상의 의무를 행하는 반면에 주일은 자발적인 예배를 드리는 날이다. 안식일은 유대인을 위한 날인 반면에 주일은 예수 그리스도를 믿는 모든 사람들의 날이다.

주일의 의의

창조사역을 마치시고 안식하신 날로 하나님이 쉬라고 명령하신 날이다. (창 2:2; 행 16:13)
- 구원받은 은혜를 기억하고 감사하는 날이다.(신 5:15)
- 예수의 죽음과 부활로 구원을 완성하신 후 안식일을 주일로 지키도록 성일로 주신 날이다.(마 28:1; 행 20:7)
- 주일은 영혼과 육신이 예배와 휴식을 통하여 하나님이 주시는 축복의 날이다.(출 20:11)
- 주일을 범하는 것은 하나님이 세우신 법을 범하고 그리스도의 몸된 교회적 사명을 파괴하는 일이다. 고로 주일을 거룩하게 지켜야 한다.

우리가 주일을 지킴으로 어떤 축복이 오는가?

죄에서 풀려나는 해방과 안식을 얻고 용서함을 받는다. 주일은 회복의 날, 축복의 날이다.

나폴레옹이 워털루 전쟁에서 참패하여 센트헤레나 섬에서 쓸쓸히 유배생활을 하고 있었을 때 기자가 찾아가 정중하게 물었다. "폐하! 평생에 가장 행복한 순간이 언제였습니까?" 나폴레옹은 눈을 지그시 감고 과거를 회상하듯 입을 열고 "전쟁에서 전투가 치열하던 어느 주일날 아침, 철모를 벗고 교회에 가서 하나님의 은혜에 감사하며 눈물을 흘리며 예배를 드리던 때였노라"고 답하였다.

제2차 세계대전 때 히틀러는 "너희는 예배드리는 시간에 대포알 하나라도 더 깎아야 살 수 있다"고 말했다. 그날은 모두가 우울한 날이었다.

주일 성수의 모범자는 단연 청교도들이다. 지금도 그들은 월요일부터 토요일까지 열심히 일하다가 주일이 되면 어제와는 달리 새 옷을 갈아입고 최상의 미용을 한다. 그리고 모두 즐거운 마음으로 교회로 향한다.

영국의 재상 지스레이는 "하나님이 주신 것 중에서 최상의 선물은 안식일이다"라고 말했다. 현재 안식일이 없는 나라는 대부분 가난한 나라들인 반면에 안식일을 지키는 나라는 주는 나라가 되었다. 안식일은 복된 날이다.

5) 제5계명(신 5:16)

제5계명은 가정의 중요성과 가정을 보호하는 계명이다. 가정의 행복과 사랑이 충만한 가정, 하나님 중심의 가정을 이루기를 명하는 계명이다. 효(孝)란 무엇인가? 백행(百行)의 근본이요, 인도(人道)의 근본이며 윤상(倫常)의 뿌리이다. 그러므로 효는 도덕의 표준이라 할 수 있다. 또한 효의 본질은 부모와 자녀 사이에 주고받는 사랑의 가교인 정이다. 그리고 부모의 내리사랑에 대한 보은(報恩)이 효이며 효도이므로 효의 정신은 애(愛)와 경(敬)에 있다고 볼 수 있다.

유교의 효도관

효도란 무엇인가? 효경, 예기(禮記)의 제1편에 "효유삼(孝有三)하니 대효존친(大孝尊親)하며 기차불욕(其次不辱)이요 기하(基下)는 능양(能養)이라." 즉 효도에는 어버이를 받들어 높이 공경하는 마음을 잊지 않는 것이요, 어버이나 조상에게 욕이 돌아가지 않도록 행실을 바로 하는 것이며 의식주 면에서 잘 공경하는 일이라 했다. 그래서 부모가 돌아가시면 3년 동안 부모의 주위를 떠나지 않는 3년상(喪)이 나오게 된 것이다.

박세무의 동몽선습에 의하면 "부모에게 효를 다한 후에 군왕에게 충성할 수 있고 또한 형은 동생으로부터 공경을 받은 연후에 윗사람에게 공경할 수 있다"고 하였다. 율곡의 격몽요결에는 "모두가 효도할 줄을 모르는 이가 없되 효도하는 이가 적은 것은 부모의 은혜를 깊이 알지 못하는 까닭이다. 천하에 내 몸과 같이 귀한 것이 없는데 내 몸은 부모가 주신 것이고 천하와 바꿀 수 없는 것이다"고 하였다. 맹자 역시 부모를 평생 모시고 사는 것이 효도이며 부모를 기쁘게 하고 의식주에 불편이 없도록 하는 것이 효도라 하였다.

불효란 무엇인가? 자식이 없어 대가 끊어지는 것이요, 부모에게 아첨해서 부모가 불의를 저지르게 하는 것이요, 빈궁해서 부모를 돌보지 못하는 것이라 했다. 억불숭유정책을 취하였던 조선사회는 축복을 비는 조상숭배 사상을 전래시켰으며 부모는 자녀에게 절대적 복종만을 강요했다.

또한 가정의 행복과 생활보다 단지 조상을 섬긴다는 관념과 의식 때문에 허례허식과 체면유지에 급급하여 가정의 더 나은 미래를 지향하기보다 과거에 집착하게 하였다. 또한 남아선호사상으로 가정의 불균형을 가져왔고 자녀를 갖지 못하는 가정에게는 불안정과 불행을 가져다주었고 여성의 위치를 낮게 평가했다.

옛날의 며느리와 아내들은 공문서 없는 종으로 간주되었다. 부인이란 비를 든 여자, 청소하는 여자로 여겼고, 마누라란 마주 눕는 자라는 뜻이며, 내자란 집안에만 있어야 하는 사람이고, 처란 소 열 마리만큼 일하는 여자요, 여자는 삼종지도로 부모와 남편과 자녀에게 복종하고 받들어야 한다고 하였고, 칠거지악이라는 굴레를 씌워 남존여비사상을 강화시켰다.

자녀는 하나님의 선물(시 127:3)로 부모는 자식을 양육할 책임과 의무를 지니고 있으며 자식은 부모의 영광과 자랑이며 기쁨이다.

"자녀들아 주 안에서 너희 부모에게 순종하라 이것이 옳으니라 네 아버지와 어머니를 공경하라 이것은 약속이 있는 첫 계명이니 이로써 네가 잘되고 땅에서 장수하리라"(엡 6:1~3)

강력하게 부모공경을 말씀하는 성경구절도 있다. "아비를 조롱하며 어미 순종하기를 싫어하는 자의 눈은 골짜기의 까마귀에게 쪼이고 독수리 새끼에게 먹히리라"(잠 30:17)

함무라비 법전에도 "부모를 구타하는 자는 그 손을 끊어버리리라. 방탕한 자는 상속권을 빼앗고 다시 범하면 국외로 추방하리라"고 하였다.

부모를 공경한다는 말의 의미란 무엇인가? 부모를 공경한다는 뜻은 하나님의 창조질서를 시인하고 복종한다는 뜻이다. 공경한다는 말은 히브리어로 '카벳'(kabhedh)이다. 이는 본래 '무겁다, 위압에 눌리다'라는 뜻으로 자녀들은 부모에게 무겁게 눌리듯이 효도하라는 말이다.

가정의 신성함과 중요성이 강조되듯이 가정은 하나님이 만들어 주신 곳이요, 인류 역사의 기초적인 구조이며 창조의 장소이자 하나님에 대한 신앙 배양의 장소이며 하나님을 발견하는 장소이다. 따라서 부모를 공경하고 이웃을 사랑하는 것이 곧 하나님을 공경하고 가정을 사랑하는 것이 된다.

어떻게 부모에게 공경할 것인가? 부모가 생존해 계신다면 언제나 부모에게 관심을 갖고 존경하는 마음으로 순종해야 한다. 그리고 하나님 앞에서 부모의 사랑을 기억해야 한다. 또한 부모의 훌륭한 신앙을 유산으로 잘 받아들여야 하고 부모가 물려준 유산을 선용해야 한다. 무엇보다도 형제

간에 우애하며 자녀들이 제 자리를 찾을 때, 즉 부끄러움 없이 신실하게 사는 길이 효도하는 길이다.

옛날 우리나라에는 고려장, 즉 노인이 되면 깊은 산 속에 버리거나 산 사람을 생매장하는 습관이 있었다. 이때 한 효자가 자기의 노부를 마루 밑에 숨겨두고 살았다. 그러던 어느 날 중국에서 사신이 왔다. 그 사신은 두 마리의 큰 말과 목침을 가지고 와서 물었다. "자, 여기에 두 말이 있다. 어느 말이 어미 말이고 어느 말이 새끼 말이겠는가? 자, 그리고 여기에 목침이 있다. 어느 부분이 윗부분이고 어느 부분이 아랫부분이겠는가? 나라의 명예를 걸고 대답하여 보시오!" 그러나 아무도 몰랐다. 임금님은 속이 상하여 이 문제를 맞히는 사람에게 큰 상금을 준다고 공포하였다. 이때 노부를 감추어둔 효자가 아버지에게 이 사실을 알리며 물었다. 아버지는 간단히 대답하였다. "두 말 앞에 먹이를 주어라. 먼저 먹는 말이 새끼 말이고 나중에 먹는 말이 어미 말이다. 그리고 목침을 물에 넣어라. 위로 오는 부분이 윗부분이고 밑으로 가라앉는 부분이 아랫부분이다." 이 효자가 맞히자 임금은 나라의 체면을 살린 그에게 소원이 무엇이냐고 물었다. 효자는 숨겨둔 아버지의 지혜로써 중국 사신의 물음을 풀 수 있었으므로 자기 아버지에게 마음 놓고 효도할 수 있게 해 달라고 청하였다. 임금은 기꺼이 이를 허락하였고 이때부터 고려장이 없어졌다고 한다.

룻기를 통해 시모인 나오미와 며느리 룻의 끈끈한 고부간의 사랑과 효심을 볼 수 있다. "룻이 이르되 내게 어머니를 떠나며 어머니를 따르지 말고 돌아가라 강권하지 마옵소서 어머니께서 가시는 곳에 나도 가고 어머니께서 머무시는 곳에서 나도 머물겠나이다 어머니의 백성이 나의 백성이 되고 어머니의 하나님이 나의 하나님이 되시리니 어머니께서 죽으시는 곳에서 나도 죽어 거기 묻힐 것이라 만일 내가 죽는 일 외에 어머니를 떠나면 여호와께서 내게 벌을 내리시고 더 내리시기를 원하나이다"(룻 1:16, 17)

6) 제6계명(출 20:13)

"살인하지 말라." 이 계명은 생명을 보호하라는 하나님의 사랑의 명령이다. 하나밖에 없으며 천하를 주고도 바꿀 수 없는 생명의 주인은 하나님이시다. 살인에는 여러 가지, 즉 직접 살인, 간접 살인, 심리적 살인, 구술적 살인, 영적 살인, 자살적 살인 등이 있다.

토마스 아퀴나스(Thomas Aquinas)는 세 가지 이유에서 자살을 금하고 있다. ① 자살은 자연이치에 배반된다. ② 자살은 공동체에 대한 죄악이다. ③ 자살은 하나님의 대권을 침해하는 것이다.

임마누엘 칸트(Immanuel Kant)는 자살을 비난하며 "자살은 한 인간에게 구체화된 인간성에 대한 모욕이다"라고 말했다. 자기 자신이든 타인이든 살인하지 말라는 뜻은 생명을 신실하게 보호하고 생명을 진실로 사랑하라는 뜻이다.

그러기 위해서는 몇 가지를 기억해야 한다.

첫째, 미워하는 자는 곧 살인하는 자(마 5:22)라는 말씀이다. 원수까지도 사랑해야 한다(마 5:44). 기독교는 보복의 종교가 아니요, 용서와 사랑의 종교이다. 스데반의 기도를 생각하면 용서 못할 일이 아무것도 없다.

둘째, 우리 생명의 주인은 하나님이시다.

셋째, 자기 생명뿐 아니라 남의 생명도 소중히 여겨야 한다. 마약, 자살, 약물중독, 알코올중독, 방탕한 생활, 무절제한 삶은 자기 생명을 죽이는 일이다.

넷째, 하나님을 경외하라.

다섯째, 올바른 문화생활로 영혼과 육신을 깨끗하게 하는 일이다.

"너희가 나를 사랑하면 나의 계명을 지키리라"(요 14:15)

살인 행위는 죽이려는 사람에 대한 사랑의 결핍이다. 만약 그 사람을 사랑했다면 그 사람의 생명을 빼앗을 수 없다. 사랑이 없기에 남의 생명을 빼앗는 것이다. 사랑의 결핍은 남에 대한 무관심, 경시, 증오, 멸시, 분노를 일으킨다. 하나님의 사랑을 생각한다면 어떠한 일도 용서할 수 있고, 어떠한 사람도 사랑할 수 있다.

7) 제7계명(출 20:14)

아브라함 매슬로우(Abraham Maslow)에 따르면 인간에게는 5단계의 욕구가 있다고 한다.

- 제1차적 욕구 : 식욕과 성욕의 육체적 욕구
- 제2차적 욕구 : 더 좋은 것은 갖고 싶고 사모하는 안전의 욕구
- 제3차적 욕구 : 어딘가에 속하기를 바라고 사랑받기를 원하는 소속과 사랑의 욕구
- 제4차적 욕구 : 모두에게 인정을 받고 싶어 하는 인정 욕구
- 제5차적 욕구 : 무언가 보람 있게 살겠다는 자기실현 욕구

이처럼 욕구는 사람마다 가지고 있는 것으로서 그 욕망의 무제한이 죄를 가져온다.

"간음하지 말라." 제7계명이 주는 의미는 무엇인가?

첫째, 결혼의 신성을 말해준다. 결혼제도는 가정제도보다 먼저 주어진 것이다.

둘째, 순결을 상실한 사람은 수치를 당한다. 아내와 남편은 사랑과 복종의 원리에 의해서 살아가야 한다.

셋째, 신앙의 정조를 지켜야 한다. 우상숭배자, 불신자, 배교자는 영적 간음자이다.

넷째, 몸은 성령이 거하시는 전으로 자기 자신을 지켜야 한다.

다섯째, 순결해야 한다. 할 수만 있으면 부부는 서로 용서하고 위로하며 살아야 한다.

8) 제8계명(출 20:15)

"도둑질하지 말라." 도둑질은 하나님께서 자기에게 허락한 것에 대한 불만족 때문에 발생될 수 있다. 이 계명은 우리의 손뿐 아니라 마음을 위하여 주어진 것으로서 자신의 재산을 보호할 뿐만 아니라 타인의 이익을 증진시키기 위한 것이다.

인류 최초의 죄는 도둑질이다. 아담과 하와가 하나님이 금하신 선악과를 따먹은 것이다. 도둑질도 여러 가지다. 재물 도둑이 있는데 남의 재산을 훔치고 빼앗는 것이며 수고하지 않고 얻는 불로소득이 그것이다. 남의 정신적 재산인 명예를 훔치는 죄, 자기의 가능성을 쓰지 않는 죄… 책임을 회피하는 것도 책임을 훔치는 죄이며 하나님의 것을 훔치는 것도 도둑질이다.

"사람이 어찌 하나님의 것을 도둑질하겠느냐 그러나 너희는 나의 것을 도둑질하고도 말하기를 우리가 어떻게 주의 것을 도둑질하였나이까 하는도다 이는 곧 십일조와 봉헌물이라 너희 곧 온 나라가 나의 것을 도둑질하였으므로 너희가 저주를 받았느니라"(말 3:8, 9)

영국의 스펄전 목사님은 "십일조를 하나님께 바치지 않고 내가 사용하는 것은 하나님의 것을 도적하는 것이요, 드려야 할 것을 드리지 않는 것도, 주님의 날에 예배드리지 않는 것도, 드려야 할 영광을 드리지 않는 것도 모두 도둑질한 것이다"라고 말했다. 시간의 도둑, 영적인 도둑, 물질의 도둑, 하나님의 것을 도둑질하지 아니하려면 분에 넘치는 생각을 버려야 하고 자립정신을 가져야 한다. 세상에는 공짜가 없기 때문이다. 바울도

"누구든지 일하기 싫어하거든 먹지도 말게 하라"(살후 3:10)고 단호하게 말했는데 그러려면 부지런해야 한다.

존 웨슬리는 "될 수 있는 대로 많이 벌어서 될 수 있는 대로 많이 저축하여 할 수 있는 대로 하나님께 영광을 돌려라"고 하였다.

9) 제9계명(출 20:16)

"네 이웃에 대하여 거짓 증거하지 말라." 제9계명은 말의 성실을 강조하고 있다. 말은 진실하되 거짓이 없어야 한다. 이 계명을 주신 목적은 진실을 보존하기 위해서이다. 하나님은 진리 자체이시기 때문이다. 진실은 모든 덕목의 뿌리요, 올바른 성품의 근본이 된다. 네 이웃에 대해 진실을 말하라(슥 8:16).

그러나 인류 최초의 죄는 거짓말이다. 거짓말의 3가지 구성요소를 보면 참되지 않은 말을 하는 것, 유유히 그렇게 행하는 것, 타인을 속일 의도로 하는 것이다.

- 거짓말을 하지 않으려면 약속에 신중해야 한다.
- 자기 자신에게 거짓 증거하지 말아야 한다.
- 타인의 잘못을 폭로하지 말아야 한다.
- 침묵 때문에 타인에게 피해를 입히지 말아야 한다.
- 사람에게 아부, 아첨하지 말아야 한다.
- 당파심, 종파심 등의 편견을 갖지 말아야 한다.
- 다른 사람 일에 참견이나 간섭하지 말아야 한다.
- 자신을 깊이 생각하라.
- 말을 만들거나 잡담하는 자리를 피하라.
- 타인이 비방한다면 자신을 살펴보라.

영국의 홀(Holl) 감독은 "일은 하지 않고 문제만 만드는 자들의 혀는 삼손의 여우와 같다"고 하였고, 야고보 기자도 "혀는 곧 불이요 불의의 세계라 혀는 우리 지체 중에서 온 몸을 더럽히고 삶의 수레바퀴를 불사르나니 그 사르는 것이 지옥 불에서 나느니라"(약 3:6)고 했다.

10) 제10계명(출 20:17)

"네 이웃의 집을 탐내지 말라." 제1계명에서 제9계명까지는 인간의 행동을 하나님 앞에서 어떻게 할 것인가를 말씀하신 행동강령이라고 볼 수 있다. 그러나 제10계명은 내적 생각을 어떻게 하라는 마음의 강령이다. 세상에 일반 도덕이나 법률 앞에서 사는 사람들은 그들의 행동이 도덕과 법 앞에서 제재와 감시를 받는다. 그러나 하나님 앞에서 사는 사람은 마음의 태도가 행동 이상으로 중요하다. 무디(Moody) 선교사는 말하기를 "이 세상에서 사탄의 꾐에 가장 잘 넘어가는 사람은 외식하는 위선자와 마음에 욕심을 품은 탐심자들이다"라고 했다. 청교도인 에스겔 홉킨스(Hopkins)는 죄가 되는 육욕과 탐욕에는 4단계가 있다고 말했다. 싹의 단계, 번창의 단계, 내적 반응의 단계, 동조 및 허용의 단계이다.

탐심이란 히브리어로 '벳사'인데 이는 소유할 권리가 없는 사람이 소유하려고 하는 마음이라고 했다. 탐욕은 탐심과 도둑질, 거짓말을 하게 한다. 물질에 대한 탐심, 신분에 대한 탐심, 사람에 대한 탐심, 우상숭배, 이 모든 것에서 벗어나 자족하기를 배워야(빌 4:12) 한다. 탐심에서 벗어나려면 이웃을 적극적으로 사랑해야 한다. 예수 그리스도의 희생정신으로 돕고 협력해야 하며 돈의 가치를 절대적인 가치로 인정하지 말고 수단과 방법을 가려야 한다.

Chapter 11

성경에 대하여

성경에 대하여

미국의 헌법 기초자인 제퍼슨(Thomas Jefferson)은 "만약 성서가 없었다면 지구는 멸망하였을 것이다"라고 했고, 아브라함 링컨은 "가장 위대한 선물은 성서이다"라고 말하였다.

기독교는 성경에 기초한 신앙공동체이다. 따라서 성경을 바르게 읽고 받아들여야 기독교가 무엇인지를 분명히 알 수 있다. 성경 'Bible'은 희랍어 'Biblos'에서 유래한 말로 '두루마리들, 편지들, 하나님의 말씀'이라는 뜻이다.

성경은 창세로부터 요한계시록까지 약 1,600여 년에 걸쳐 40여 명의 성서 기자들이 하나님의 영감을 받아 기록하였다. 영감이란 신약과 구약이 만들어질 때 하나님에 의해서 초자연적인 통제를 받는 것을 의미한다.

디모데후서 3장 16절에 "모든 성경은 하나님의 감동으로 된 것으로 교훈과 책망과 바르게 함과 의로 교육하기에 유익하니"라고 했다. 성경에는 구약과 신약이 있는데 이는 영어의 테스트먼트(testament)에서 왔는데 이 말은 라틴어 'Testamentum', 곧 '유언'이란 뜻으로 '계약, 약속'이란 말이다. 즉 하나님의 계약, 하나님의 약속이 곧 성경이다. 무엇에 대한 계약이며 약속인가?

구약은 기다리고 있는 메시아에 대한 약속이며, 신약은 그리스도를 증언하고 있다. 즉 신구약은 하나님께서 인간을 구원하시기 위해 예수 그리스도를 보내시고 십자가까지 지게 하심으로써 인간의 모든 죄와 허물을 용서하시고 구원하시는 하나님의 사랑과 능력을 증언하고 있다. 그러므로 칼 바르트는 "예수 그리스도는 인간이 되신 하나님의 말씀이고, 성경은 기록된 하나님의 말씀이며, 설교는 선포되는 하나님의 말씀이다"라고 말하고 있다. 하나님의 말씀을 보고 들을 때마다 사무엘처럼 "주여 말씀하소서 종이 듣겠나이다"라는 심정으로 대해야 한다.

성경은 구약 39권, 신약 27권, 총 1,189장 31,100절(개역한글)이다. 성경을 주신 하나님의 목적은 예수가 하나님의 아들이심을 믿게 하는 것이며 예수를 믿는 사람에게 영생을 갖게 하려는 것이다. 죄로 망할 수밖에 없는 인간에게 영원히 사는 길과 예수밖에 없음을 알게 하고 사람이 살아가는 가장 빠른 길을 알게 하시려는 데 있다.

1. 경전의 형성

오늘날 교회는 구약 39권, 신약 27권, 합해서 66권을 기독교의 경전으로 삼고 하나님의 말씀으로 읽고 있다.

경전(canon)이란 '나무로 된 자'를 가리키는데, 자로 재어서 길이를 알듯이 경전—성경—에 비추어서 기독교의 진리를 잴 수 있다. 경전은 기독교 진리의 기준이요, 규범이다.

1) 구약성서의 형성

구약은 크게 율법서, 역사서, 지혜문학, 예언서 등 네 부분으로 되어 있다. 율법서는 모세오경이라고 불리는 다섯 권(창세기, 출애굽기, 레위기,

민수기, 신명기)인데 가장 먼저 경전으로 인정되었다. 구약성서가 오늘의 39권으로 확정된 것은 그보다 훨씬 후인 AD 90년경의 얌니아회의(AD 90~100년)에서였다.

2) 신약성서의 형성

신약은 복음서와 역사서(사도행전), 서간 및 예언서(요한계시록)의 네 부분으로 되어 있다. 서간이 가장 먼저 쓰였고 그 후 복음서와 역사서 순으로 기록을 세웠다.

AD 2세기의 마르키온이라는 이단이 누가복음과 바울의 서간만을 경전으로 받아들이자 신약의 경전화 작업이 크게 촉진되었다. AD 397년 칼타고 회의에서 현재의 27권을 신약성경으로 확정하였다.

3) 사본의 발견

15세기 구텐베르크(Gutenberg)가 인쇄술을 발명한 이후 비로소 성서가 책으로 인쇄되기 시작하였다. 그때까지는 양피지에다 일일이 손으로 베껴 쓴 사본만이 전해 내려왔다. 그러나 수천 종의 사본들은 서로 틀린 곳이 많아 보다 정확한 성서원본을 찾으려는 노력이 계속되었다.

그러던 중 1844년 독일의 티센도르프(Tischendorf)가 시내산에 있는 성 캐더린 수도원에서 AD 4세기의 성서 사본을 발견하였다. 시내사본이라고 불리는 이 사본은 거의 같은 시대에 쓰인 바티칸 사본과 함께 가장 오래되고 권위 있는 사본이다.

그 후 1947년에 팔레스틴의 사해 부근 동굴에서 BC 1세기경의 구약성서 사본이 발견되었는데 이를 사해사본이라고 한다. 오늘날 우리가 읽는 성서는 거의 원문에 가깝다고 할 수 있다.

2. 성경의 구조

성경은 한 권의 책이지만 여러 가지 책들로 이루어져 있다. 크게 두 가지로 구분하면 구약과 신약으로 나누어진다.

구약에서는 만물의 창조와 죄가 이 세상에 들어온 과정, 인간을 죄에서 구원하시려는 하나님의 계획, 인간을 구원하시려는 방편으로 삼으시기 위하여 한 민족 이스라엘을 부르시는 사건 등이 나온다. 구약은 장차 오실 메시아, 예수 그리스도를 바라보고 있다.

신약에서는 예수 그리스도의 생애를 말해준다. 예수님의 긍휼에 찬 생애와 인류를 위한 그분의 죽으심을 기록하고 있다. 신약에서는 또한 교회의 시작이 나오고, 서신의 형태로 교리가 제시되며, 그리스도를 따르는 자들이 어떻게 살아야 할 것인지를 말해준다. 신약은 새로운 언약에 중심을 두고 있다(마 26:28).

1) 구약의 구분

율법서 : 창세기~신명기

이것은 모세오경이라고 불리는 책들로서 사람과 생명의 시작에 대하여 말해주며 인간의 타락, 아브라함을 부르심, 아브라함 가족의 역사, 출애굽, 모세에게 율법을 주심, 그리고 이스라엘이 광야를 방황했던 역사들을 기록하고 있다.

역사서 : 여호수아~에스더

여기에서는 이스라엘 백성이 약속의 땅에 들어가기까지의 과정이 설명되어 있다. 즉 가나안 원주민의 정복, 사사와 왕들의 다스림, 첫 번째 내란으로 인한 왕국 분열, 이스라엘이 여호와께 순종하지 못함으로 포로로 잡힌 과정 등이 나타나 있다.

지혜문학 : 욥기~아가서

이것은 이스라엘의 시문학이다. 욥은 아브라함과 동시대의 사람이었다. 다윗과 그 밖의 사람들이 기록한 시편은 경배의 노래이다. 잠언, 전도서 그리고 솔로몬의 아가서 등은 지혜문학이다.

예언서 : 이사야~말라기

하나님의 음성은 네 사람의 주요 선지자(이사야, 예레미야, 에스겔, 다니엘)을 통하여 이스라엘에게 전달되었으며, 또 12명의 소선지자(호세아부터 말라기까지)들을 통하여 전달되었다. 이스라엘과 유다, 그리고 주변 국가들에게 심판이 내려졌고 메시아의 임재가 약속되었으며 평화의 왕국이 예언되었다.

2) 신약의 구분

복음서 : 마태복음~요한복음

복음서는 예수 그리스도의 지상사역의 '좋은 소식'을 우리에게 기록해 주고 있다. 복음서들은 네 그룹의 1세기 사람들에게 기록한 글들이다. 즉 유대인들(마태복음), 로마인들(마가복음), 이방인들(누가복음) 그리고 그리스도인들(요한복음)에게 쓴 것이다.

교회의 역사 : 사도행전

이것은 오순절날 교회의 시작에서부터 예루살렘에서 유다와 사마리아, 그리스에서 로마 등 세계 전역에까지 교회가 확장되는 과정을 기록한 책이다.

이것들은 개인이나 교회에게 보낸 스물한 통의 서신들(편지)을 모은 것이다. 그 가운데 13개의 서신은 사도 바울이 썼다고 해서 바울서신이라고 부른다. 서신들 가운데 일부는 기독교 교리를 체계적으로 가르치는 반면 또 다른 것들은 그 교리들을 구체적인 상황에 적용시키고 있다.

예언서 : 요한계시록

이것은 신약의 마지막 책이다. 요한계시록에는 예수 그리스도의 영광과 궁극적인 승리, 그리고 교회, 이스라엘, 타락한 천사, 예수의 재림, 새 하늘과 새 땅, 인간의 미래에 대하여 말해 준다.

"사람이 떡으로만 살 것이 아니요 하나님의 입으로부터 나오는 모든 말씀으로 살 것이라"(마 4:4)

"또 어려서부터 성경을 알았나니 성경은 능히 너로 하여금 그리스도 예수 안에 있는 믿음으로 말미암아 구원에 이르는 지혜가 있게 하느니라 모든 성경은 하나님의 감동으로 된 것으로 교훈과 책망과 바르게 함과 의로 교육하기에 유익하니 이는 하나님의 사람으로 온전하게 하며 모든 선한 일을 행할 능력을 갖추게 하려 함이라"(딤후 3:15~17)

3. 말씀과 은혜

1) 하나님 말씀에 대한 상징
• 칼(히 4:12) : 인간의 죄를 지적한다.
• 방망이(렘 23:29) : 사람의 완악함을 깨뜨리는 연장이다.

- 씨(벧전 1:23) : 듣는 자들을 거듭나게 하는 살아 있는 말씀이다.
- 거울(약 1:23~25) : 자신을 볼 수 있게 한다.
- 불(렘 23:29) : 듣는 자들의 불순한 것을 소멸한다.
- 등(시 119:105) : 매일 인도받기 위해 비춘다.
- 음식(벧전 2:2; 고전 3:2) : 영을 살찌게 하는 음식이다.

2) 말씀을 가까이함으로써 얻는 은혜

깨닫게 한다(행 2:14~27), 들음으로 믿음이 생긴다(롬 10:17), 깨끗케 하는 역사가 나타난다(고후 7:1), 확신을 준다(요일 5:13), 위로해 준다(살전 4:18), 진리를 알게 한다(행 7:11), 거듭나게 한다(벧전 1:23).

3) 성경을 어떻게 읽을 것인가

사랑하는 마음으로, 경건한 마음으로, 기도하는 마음으로, 묵상하는 마음으로, 조직적으로, 단호한 결심으로 매일매일 성경을 읽어야 한다.

라인홀드 니버(Reinhold Niebuhr)가 "성서 없이 사는 것은 배가 나침반 없이 항해하는 것과 같다"고 하였듯이 성서는 하나님의 사랑을 깨닫게 하고 구원받은 하나님의 백성이 살아 나가는 이정표를 제시하고 있다. 하나님의 뜻을 발견하고 하나님 나라의 건설을 위한 사명자의 길을 걷게 한다.

Chapter 12

예배에 대하여

예배에 대하여

예배를 영어로 '워십'(worship)이라고 하는데 이는 원래 앵글로 색슨어인 'worthship'에서 나온 말로서 가치(worth)라는 말과 신분(ship)이라는 말의 합성어이다. 이 말을 좀 더 구체화시킨다면 '하나님께 최상의 가치를 돌리는 것'이란 뜻이다.

무가치하고 부정한 인간에게 베푸시는 하나님의 무한한 자비와 은총, 여기에 대한 인간의 고귀한 감사와 찬양이 교차되는 가치 있는 의식이 곧 예배이다.

지글러(Franklin Segler)는 말하기를 "기독교의 예배는 예수 그리스도 안에 나타난 하나님의 자신의 인격적인 계시에 대한 인간들의 인격적인 신앙 안에서의 정성어린 응답이다"라고 했다. 수직적인 관계에서 하나님은 예배를 받으시는 분이고 인간은 예배를 드리는 자가 되어야 한다. 예배를 드리는 자는 다만 "너는 마음을 다하고 뜻을 다하고 힘을 다하여 네 하나님 여호와를 사랑하라"(신 6:5)는 말씀에 충실해야 한다.

윌리엄스(J. G. Williams)는 "예배의 핵심은 신앙이다"라고 했다. 예배자는 예배드리기 전에 먼저 예배에 대한 깊은 인식이 있어야 한다. 내가 왜 이 자리에 와 있으며 어떠한 하나님을 위하여 내 자신이 여기에 왔는가를 반드시 알아야 한다. 예배 참여자의 깊은 신앙 없이는 아무리 훌륭한 말씀의 선포가 있다 하더라도 그것은 일종의 종교 강연에 지나지 않는다. 예배를 통하여 하나님을 만나는 시간이 되어야 한다.

1. 예배의 의의와 이해

1) 예배의 의의

- 예배는 살아 계신 하나님 아버지와의 인격적인 교제이며, 마음과 뜻과 정성을 다하여 신령과 진정으로 기쁘시게 하는 봉사이다.
- 예배는 하나님께서 성령으로 우리에게 임재하시며 "너는 내 것이라"고 확인하는 시간이다.
- 예배는 우리의 허물과 죄를 용서해 주신 하나님의 사랑과 은혜에 대해 감격과 찬미로 영광 돌리는 시간이다.
- 예배는 하나님의 말씀인 설교를 통해 은혜 받는 시간이다.
- 예배는 인간 중심, 인간 본위의 생활에서 하나님 중심의 생활방식에 의해 하나님의 뜻대로 살겠다는 결단의 기회이다.
- 예배는 평소 불신앙의 환경과 사귐, 세상으로 이끌려 해이해진 심령을 다시 회개하며 새 힘을 받는 시간이다.
- 전체 신자가 마음을 묶어 드리는 공중예배는 하나님의 능력을 받아 하나님의 사랑으로 흩어지면서 전도하는 복음의 용광로이다.
- 예배는 주님도 한 분이요, 믿음도 하나요, 세례도 하나인 공동체로서의 교회를 확인하는 곳이다.
- 예배는 하나님을 기쁨으로 섬기고 봉사하는 결의의 장소이다.
- 예배 중의 성찬은 교회의 기초인 동시에 예배의 중심이다. 예전은 주님의 몸과 피를 나누는 거룩한 시간이다.

2) 예배의 이해

기독교는 십자가의 종교요, 구원의 종교이므로 어둠과 죽음의 자리에서 멸망당할 수밖에 없는 인간을 하나님은 예수의 죽으심으로 모든 인생을 영원한 생명의 세계로 인도해 주셨다. 그러므로 구원받은 무리는 그리스도의 몸인 교회에서 하나님께 예배한다.

2. 예배의 내용

예배의 참모습은 참된 기독교인이 되어 주님의 사랑으로 봉사하고 주께서 정하신 성례와 법례 등 주의 법에 복종하는 삶을 살아가는 것이다. 그리고 항상 쉬지 않고 기도생활하며 주일을 거룩히 지키고 영적 은혜에 감사하며 하나님께 예물을 봉헌하고 하나님 나라의 나타나심을 바라고 사모하도록 가르치는 데 있다.

1) 예배의 기본원리와 특성

예배의 원리와 특성은 성도들로 하여금 하나님의 말씀이 중심이 되어 순종하는 마음으로 하나님의 은혜의 말씀에 응답하고 결단하게 하는 것이다. 예배의 목적은 하나님께 영광 돌리는 것과 개인 구원, 하나님 나라의 성취이다. 그러므로 예배가 유교의 권위주의나 불교의 신비주의, 무교의 기복주의에 빠져서는 안 된다.

2) 예배자의 자세

예배당에 들어올 때
- 하나님께 예의를 갖춘다는 의미에서 복장을 정장으로 하고 머리는 단

정히 하며 성경, 찬송가를 꼭 휴대하여 예배시간보다 10분 내지 20분 전에 도착하여 조용히 기도함으로써 마음을 준비한다.
- 정숙한 분위기를 만들기 위해 예배 도중의 출입을 삼가고, 어린이의 울음을 통제하고, 속삭임이나 인사소리로 예배분위기가 흐트러지지 않도록 유의한다.

설교시간
- 설교 말씀을 바르게 받아들여 생활의 변화가 일어나도록 한다.
- 설교를 들을 때에는 나 자신이 죄인임을 고백하고 자각해야 한다.
- 항상 상한 심령을 고치려는 겸허하고 간절한 마음으로 듣는다.
- 새로운 사명과 과제를 얻고자 하는 마음으로 들어야 한다.
- 설교자를 주시하고 다른 곳을 보지 말아야 한다.
- 말씀을 나의 생활에 적응시켜 받아들여야 한다.
- 말씀을 듣고 생명의 양식으로 삼아야 한다.

3) 예배의 제요소
전주곡
많은 신자들은 예배 전의 전주가 좌석을 정리하거나 예배의 시작을 기다리면서 그 공백을 메꾸는 시간인 것처럼 오해하고 있지만 엄밀히 말해서 전주곡은 예배의 가장 첫 순서이다.

한국교회가 예배 전에 어수선한 분위기를 수습하고자 종을 쳐서 예배를 선언하고 있는 것도 바른 예배방법이 못 된다.

전주곡은 참석자들에게 공공예배를 위한 마음의 적절한 형틀을 얻도록 하는 데 뚜렷한 목적이 있다. 그러므로 피아노 주자가 예배에서 자신의 사명에 대한 바른 자각과 목사가 바라는 것이 무엇인지 깨닫지 못하면 예배의 통일성을 이루지 못한다. 피아노 주자는 그의 음악적 봉사가 의미하는 것을 바로 이해해야 한다.

예배자는 일찍 성전 안에 들어와 헝클어진 마음을 정리하고 새로운 마음으로 가다듬을 수 있는 전주 순서에 참여해야 한다.

도날드 캐트링(Donald Kettring) 교수는 "예배를 위한 전주곡은 예배시간 15분 전에 시작하고, 처음엔 조용하면서 부드럽게 조화를 이루다가 중간음으로 발전하여 마지막 4분은 다시 조용한 음으로 돌아와 교회 안에 정중한 침묵의 분위기가 흐르도록 한다. 10시 57분경에는 연주한 음악이 끝나면서 목사와 성가대가 입장한다. 그런데 전주곡으로 귀에 익은 찬송가를 연주하면 가사가 의식 속으로 들어와서 기도와 명상을 방해하므로 귀에 익지 않은 곡이 좋다"고 말했다.

예배의 부름(The call to Worship)

오늘날 교회가 종을 치면서 회중의 주의를 환기시키는 것은 로마가톨릭에서 사용된 방법을 도입한 것으로서, 이는 하나님의 부르심을 뜻하는 것이며 집례자가 하나님을 대신해서 모든 사람을 예배에 초대하는 것이다. 그러므로 종을 친 후에 "이제 다 같이 우리의 뜻과 정성을 모아 예배를 드립시다"라는 선언과 함께 하나님의 말씀으로 회중을 예배 가운데 임하게 한다. 그러함으로써 예배의 주도권을 인간이 갖는 것이 아니라 하나님이 소유하고 계심을 알리게 되는 것이다.

이때 사용되는 시편의 성구 낭송은 장엄하면서도 뚜렷한 발음으로 낭송하여야 한다. 예배의 부름에 대한 형식은 두 가지로 분류될 수 있다. 하나는 집례자가 말씀을 일방적으로 선포하는 것이고 다른 하나는 집례자의 선언에 응답하는 형태이다. 초대교회들이 예배의 부름과 같은 성격으로 말했던 인사말과 미사의 서송(sursum corda)이 바로 응답적 관계 속에 있었다.

예) 목사 : 주님의 평강이 여러분과 함께 계시길 바랍니다.

회중 : 또한 목사님과 함께 계시길 빕니다.

목사 : 우리의 마음을 들어 주님께 감사를 드립니다.

회중 : 우리의 마음을 들어 주님께 감사를 드립니다.

예배의 부름에 가장 적절한 대표적 성구들: 시편 34:1~3; 84:1~4; 92:1, 2; 95:6, 7; 96:1~4; 100; 103:1~5; 105:1~4; 113:1~3; 117; 145:1~4, 8~11, 17~21; 150:1, 2, 6

기원(Invocation)

기원이란 짧은 기도로서 오늘의 예배 속에 성령으로 임재하신 하나님의 권능과 현존을 예배 인도자와 회중이 깨닫도록 해 달라는 순수한 기원의 성격을 띠고 있다. 기원은 스스로의 죄를 참회하는 기도가 아니고 오직 하나님의 높으신 경륜에 감사하고 성령의 임재 속에 하나님의 영광이 나타나기만을 구할 뿐이다.

예) "영원하신 주 하나님! 권능과 자비와 은총 속에 만물을 창조하시고 그 귀하신 지혜로 이 땅을 이끌어 가심을 무한히 감사하고 찬송합니다. 이 모든 신비한 역사 앞에 우리는 머리 숙여 감사할 뿐입니다. 특별히 주님의 자녀들에게 베풀어주신 크신 은총에 찬양과 경배를 드리옵나이다. 오늘도 그 귀하신 능력의 하나님께서 임재하심을 뵙는 기쁨을 간직하기 원합니다. 성령의 역사 속에 내려주신 복된 사연을 가득히 간직하는 예전이 되게 하여 주시옵소서. 이 시간 모든 영광과 존귀를 받으시옵소서. 예수님의 이름으로 기도드립니다."

예배를 신령과 진정으로 드리라는 준엄한 하나님의 말씀 앞에 모두가 일어서서 응답하고 그 하나님을 찬양하는 순서가 곧 찬양의 찬송이다. 칼뱅이 예배 가운데 사용된 찬송을 가리켜 "하나님을 우러러 찬양하고자 하는 뜨겁고 열렬한 열심과 더불어 인간의 가슴을 강렬하게 움직이는 힘을 가지고 있는 것"이라고 말하였듯이 그러한 음악적 이해를 가지고 부르심에 응답하는 순서로서 찬양과 경외를 뜨겁게 표현해야 한다."

예) '다 찬양하여라'(21장), '거룩 거룩 거룩'(629장), '기뻐하며 경배하세'(64장)

하나님의 거룩한 존전에 서 있는 실존으로서 부끄러운 자아의 모습을 내놓고 거기에 하나님의 용서와 임재를 간구하는 공동체의 고백이 필요하다. 예배자가 죄악된 사연을 그대로 품고 있으면 거룩한 하나님과의 만남은 불가능하다. 이사야가 하나님의 현존을 보고서 자신의 죄를 고백하는 장면은 이런 고백의 기도를 실감케 한다. "화로다 나여 망하게 되었도다 나는 입술이 부정한 사람이요 나는 입술이 부정한 백성 중에 거주하면서 만군의 여호와이신 왕을 뵈었음이로다 하였더라 … 보라 이것이 네 입에 닿았으니 네 악이 제하여졌고 네 죄가 사하여졌느니라"(사 6:5~7)

예) 고백의 기도

"하나님! 하나님께 마음과 뜻과 정성을 바치는 데 최선을 다하지 못한 죄를 고백합니다. 부끄러운 모든 죄를 용서하옵소서. 이제 새로운 용기와 결단과 희망을 가지고 살아가게 하여 주시옵소서."

용서의 선언

"하나님은 우리 모두가 자신의 허물과 모순을 거짓 없이 고백할 때, 용서의 손길을 허락하십니다. 여기 하나님의 말씀이 우리 앞에 있습니다."

"여호와는 긍휼이 많으시고 은혜로우시며 노하기를 더디 하시고 인자하심이 풍부하시도다"(시 103:8)

영광송(Gloria Patri)

하나님의 용서가 선언된 다음 인간의 응답으로서 영광송을 바친다. 영광송에는 용서를 주신 하나님을 향하여 그 자비하심과 위대하심을 찬양하면서 모든 영광을 돌리는 성도들의 감사와 기쁨의 표현이 담겨 있다. 영광송에는 '성부 성자와 성령'(4장), '주 성부 성자 성령께'(통일 5장), '찬양 성부 성자 성령'(2장) 등이 있다.

중보의 기도(The prayer of Intercession)

일명 목회기도라고 하는데 이는 하나님 앞에 모여 예배드리는 회중을 위탁받아 섬기고 살피는 목양자로서 예배 인도자가 성도들이 살고 있는 정치, 경제, 문화적 상황에서 발생된 죄와 잘못을 용서 구함은 물론, 전쟁과 질병과 가난과 억눌림의 세계로부터의 해방을 간구하는 것까지 하나님께 아뢰고 구하는 기도가 바로 중보의 기도이다.

그런데 오늘날 예배는 평신도의 참여에 의미를 부여하여 장로에게 그 순서를 맡기고 있기 때문에 대표기도라는 성격으로 변했다. 그러나 교회의 예배역사에서 대표기도는 찾아볼 수 없다. 역사적 배경을 보면 초기 선교사들이 짧은 한국어 실력으로 인해서 설교는 원고를 보고 할 수 있었으나 기도는 눈을 감고 해야 되기 때문에 자연히 평신도에게 기도를 부탁하게 된 것이 한국교회의 전통이 되어 버렸다.

중보의 기도는 가톨릭의 고해성사와 신학적 맥락을 같이한다. 고로 성도가 죄를 지은 뒤 하나님과 사제 앞에 나아와 저지른 죄를 고백하고 용서를 받도록 하나님께 간절히 기도하는 목자의 기도가 중보의 기도이다. 그러므로 대표기도자는 성도들의 형편이 어떤지를 정확하게 파악하고 그들을 위해 효과적인 기도를 드릴 수 있도록 한 주간 동안 간절한 마음으로, 성도들의 죄에 대한 용서뿐 아니라 관심과 필요가 무엇인가를 적절히 하나님께 구해야 한다. 회중은 앉아서 듣는 자세에서 벗어나 마음속으로부터 아멘으로 화답하며 자신의 기도로 알고 정성껏 기도해야 한다. 기도자는 언제나 5분 이내에 간결하고도 신선한 표현을 사용하도록 노력해야 한다. 기도해야 할 내용을 적어서 간절한 마음으로 기도하면 더욱 좋을 것이다.

말씀봉독

예배에서 부름, 찬송, 기원, 기도, 헌금, 찬양 등의 예전은 우리가 하나님께 드리는 찬양, 감사, 경외의 고백행위들이다. 그러나 성경말씀, 설교, 축도 등은 하나님께서 인간에게 응답해 주시는 순서이다.

하나님의 말씀(Word of God)은 예배에서 두 형태의 순서로 분류되는데 ① 기록된 하나님의 말씀인 성경과 ② 설교자를 통하여 선포되는 설교 말씀이다.

16세기경에는 말씀을 봉독할 때 언제나 구약과 신약에서 각 한 장씩을 읽었으며 교회의 설교단을 우뚝 솟아나게 배치하여 말씀의 권위를 살리는 데 노력을 기울였다. 이때 모든 성도들은 말씀의 단을 향하고, 봉독되는 말씀에 귀를 기울이고, 계속 이어지는 설교에 새로운 양식을 공급받는 간절한 심정으로 예배를 드렸다.

그러므로 말씀봉독의 순서는 아주 엄숙히 진행되었고 감격스러웠다. 말씀봉독을 위하여 도날드 멕클레오드 교수는 이렇게 제안한다. "봉독자는 성경말씀을 언제나 단순한 글로만 읽지 말고 하나님의 말씀으로 읽어야 한다. 봉독자는 적어도 본문을 여러 번 읽어서 정확하게 발음해야 한다. 또한 봉독자는 반드시 다음의 말을 봉독 전후에 사용해야 한다. 봉독 전에는 '오늘 우리에게 주신 하나님의 말씀이 여기 있습니다. 로마서 3장 20절 말씀입니다.' 또는 '오늘 우리에게 주시는 말씀은 야고보서 4장 3절의 말씀입니다. 이 말씀을 봉독하는 가운데 살아 계신 하나님의 음성을 들으시길 빕니다'라고 말한 다음 봉독한다. 봉독 후에는 '하나님께서 이 거룩한 말씀을 통하여 우리에게 은총을 더해 주시기를 빕니다'라고 말함이 좋다."

성가대의 찬양

예배에서 음악이 차지하는 비중은 40%로 실로 크다고 할 수 있다. 음악에는 세 가지 요소가 있다. 계획과 자연스러움, 균형과 다양성, 질과 깊이다.

성경에 최초로 나타난 성가대는 언약궤가 예루살렘으로 옮겨 오고 성전 예배를 가졌을 때 다윗 성전에서 노래만 하도록 사명을 받았다. 로마가톨릭교회에서도 성가대원을 특별히 육성하는 기관을 세운 적이 있으며 중세에도 소년들을 선별하여 성가대로 육성시켰던 기록을 유명한 비엔나 소년합창단의 역사에서 볼 수 있다.

예배 시에 성가대가 맡은 역할은 대단히 중요하다. 그중에서도 설교 전에 부르는 찬양은 하나님을 향하여 가장 아름다운 경회를 드리는 부분이며, 예배자들의 마음을 하나님 앞에 함께 끌고 가는 헌신을 경험케 한다. 음악을 통해 교인들의 마음을 감동시키고 회중의 마음을 하나님께 드리게 하는 사역을 담당하는 사람이 성가대원들이다. 그러므로 하나님의 영광을 위하여 노래하는 성가대는 반드시 가슴속으로부터 우러나는 신앙의 표현으로 노래해야 한다. 그러기 위해서는 뜨거운 신앙을 소유하고 영성생활과 기도와 말씀에 힘써야 한다. 노래 속에 있는 메시지 전달을 위하여 정확한 발음과 함께 마음과 몸이 일체된 상태로 찬송을 불러야 한다.

찬양대의 지휘자는 언제나 설교의 내용과 일치된 찬양곡을 선곡하여야 한다. 뜨겁고 간절한 심령으로 찬양곡을 선정하여 연습해서 성령의 뜨거운 감화와 함께 성도들의 마음을 그리스도에게로 이끌어야 한다.

설교 전의 기도(Prayer for Illumination)

설교 전에 드리는 기도의 본래적 의미는 말씀을 선포하기 전 성령께서 임재하시어 우리의 마음을 열어주시고 그 말씀에 귀를 기울이고 그 마음에 순종하도록 해 달라는 기도이다. 말씀이 선포되는 순간에 성령의 강한 손길에, 그 과정과 결과를 맡긴다는 의미를 담고 있는 말씀의 시작과 끝 기도는 소중히 여겨야 한다.

예) "주님! 주님의 말씀을 받아들이도록 우리의 마음을 준비해 주옵소서. 우리의 생각은 잠자게 하시옵고 주님의 말씀만이 들려지게 하옵소서. 그리고 주님의 뜻만을 순종케 해 주옵소서. 예수님의 이름으로 기도하옵나이다."

"오 하나님! 우리가 필연코 들어야 할 말씀을 하시옵소서. 우리가 순종하고 나아가야 할 것들을 들려주시옵소서."

설교(Preaching)

설교란 예배 가운데서 봉독한 하나님의 말씀을 회중에게 삶의 정황에 맞추어 그들이 생활 속에서 구체적으로 하나님의 뜻을 실현하며 살아갈 것을 결단하도록 하는 것이다.

예배 때는 성례전과 설교말씀이 균형을 이루어야 하는데 종교개혁 이후 말씀만을 강조하여 왔다. 여기에서 예배와의 밀접한 관계를 갖는 설교로서 최소한 지켜야 할 문제들을 요약한다면 예배에서 설교의 기본적인 목적은 말씀 가운데서 하나님과의 만남을 이룩하여야 한다는 것이다.

설교자는 하나님 말씀을 전달하는 순수한 사명만을 가지고 설교단 위에 서야 한다. 자신의 뜻이나 목적을 이루려고 설득하려는 시간으로 사용해서는 안 되며 오직 순수하게 하나님 말씀의 전권대사로서의 신성한 사명만을 감당하는 엄숙한 시간이 되어야 한다.

예배 가운데 선포된 설교는 언제나 하나님의 구속사건 속에 회중의 신앙의 초점이 모아져야 한다.

설교의 내용은 언제나 예배의 내용(교독문, 찬송, 기도 등)과 일치하여야 한다. 예배 중에 선포된 설교는 언제나 복음(기쁜 소식)이며 은혜의 도구이어야지 심판의 칼자루가 되어 공포의 분위기가 되어서는 안 된다. 설교자는 설교가 예배의 일부분임을 알고 정한 시간을 준수할 줄 알아야 한다.

설교가 끝난 후 설교자는 기도를 드려서 이제껏 자신을 도구로 삼아 전달한 설교에 대하여 성령께서 가꾸시고 결실을 맺게 해 주시도록 위임한다. 설교는 선포적인 설교, 치유적인 설교, 예언적인 설교가 있는데 언제나 2,000년 전의 주님의 말씀을 오늘을 사는 현대인들이 어떻게 실천할 것인가를 제시하는 내용이어야 한다.

설교자는 전체 예배를 염두에 두어야 한다. 전체 예배는 복된 소식인 복음과 관계가 있다. 율법은 강하지만 은혜는 그보다 더욱 강하고, 소망이 추억보다 강하며, 열려진 무덤이 십자가보다 강하고, 부활하신 주님이 돌아가신 주님보다 강하다. 따라서 사람들이 들어야 할 메시지는 바로 그것이다. 사람들은 도움을 얻고 사랑을 받기 위해서 교회에 나온다.

그러므로 설교의 본질은 사랑과 은혜가 되어야 하며, 설교의 특성은 도움을 주는 방법으로 그 사랑과 은혜를 나누어 줄 수 있는 방법이어야 한다. 설교는 쉽게 알아듣고 이해할 수 있어야 하며 유머와 갈등, 본문의 드라마와 현재 삶의 드라마가 포함되어 있고 고통과 고난 가운데 있는 현대인에게 도움과 희망을 주어야 한다.

봉헌(Offering)

봉헌의 의미는 '예물의 드림'만을 뜻하는 것이 아니라 원칙적으로 하나님의 은총 앞에 성도들이 드리는 응답 행위를 말한다. 즉 하나님께 드리는 정성의 표현이다. 구약에서는 하나님의 성전을 찾는 무리가 빈손으로 성전예배에 임하지 않고 희생 예물을 손에 들고 나아가는 것을 당연한 자세로 알았다. "여호와의 이름에 합당한 영광을 그에게 돌릴지어다 예물을 들고 그의 궁정에 들어갈지어다 아름답고 거룩한 것으로 여호와께 예배할지어다"(시 96:8, 9)

십일조 봉헌은 이스라엘 백성이 생활규례로 드리는 규범이었으며 하나님의 명령이었다. 따라서 십일조는 마땅히 드려야 할 의무요, 책임행위였다.

초대교회에서는 말씀의 예전(설교)이 끝나고 성만찬예배가 시작될 때 주님의 희생에 참여하기 위하여 각자 준비하여 가져온 빵과 포도주를 제단 위에 드렸고 이것을 봉헌이라 하여 봉헌함에 넣도록 하였고 성찬식이 시작되기 전 보제(deacon, 집사)들에 의해 제단 앞으로 옮겨졌다.

신약에서 바울은 물질을 봉헌하는 일에 소중한 원칙을 밝히고 있는데 인색함으로나 억지로 하지 않도록 부탁하면서 하나님은 즐겨내는 자를 사랑하신다(고후 9:7)고 했다. 봉헌은 하나님의 선하신 뜻을 위하여 감사함으로 드리는 것이어야 한다.

또한 봉헌은 구약의 맥락을 이어받아 희생의 예물로서 하나님께 드리는 예배자들의 희생적인 신앙이어야 한다. 고로 정성과 마음이 모아진 것이어야 하며 자신이 사용하고 즐길 것을 포기하고 하나님께 드리는 헌신적 행위가 참된 봉헌의 정신이다. 하나님 나라와 그 의를 확장시키기 위하여 그 선하신 뜻대로 사용하시도록 바치는 마음과 물질의 봉헌이어야 한다.

하워드 라이스(Howard Rice) 예배학 교수가 "봉헌의 의미는 물질적인 것과 영적인 의미가 연결되어 있다"고 말했듯이 오늘의 삶에 감사하고 언제나 주인 되신 하나님의 필요에 응답할 수 있는 감사와 순종의 신앙이 곧 봉헌이다. 봉헌은 곧 자신을 드리는 상징이다.

축복기도(Benediction)

예배의 마지막에 성가대의 응답송, 반주자의 후주로 마치는 이 축복기도의 기원은 구약에서부터 출발하였는데 하나님은 이스라엘 민족의 시조인 아브라함을 선택한 후 그에게 축복을 주실 것을 약속하시며, 제사장들이 여호와의 이름으로 백성에게 축복을 선언할 때 복을 내려 주시겠다고 약속했다. "여호와는 네게 복을 주시고 너를 지키시기를 원하며 여호와는 그의 얼굴을 네게 비추사 은혜 베푸시기를 원하며 여호와는 그 얼굴을 네게로 향하여 드사 평강 주시기를 원하노라 할지니라 하라 그들은 이같이 내 이름으로 이스라엘 자손에게 축복할지니 내가 그들에게 복을 주리라"(민 6:24~27)

사도 바울은 "주 예수 그리스도의 은혜와 하나님의 사랑과 성령의 교통하심이 너희 무리와 함께 있을지어다"(고후 13:13)라고 축복 선언을 했다.

그러므로 축복기도의 성격을 살펴본다면 구약의 제사장들과 신약의 사도들이 사용했던 축도는 단순한 기도라기보다 하나님이 복을 내려주심을 선언하는 행위였다. 그러므로 '빌라'는 의미의 '축'(祝)자를 쓰지 않고 하나님으로부터 복이 내려옴을 알리는 의미에서 '강복'(降福)이라고 했다.

축복의 선언은 아무나 원하는 대로 주어지는 것이 아니라 하나님께 예배를 드리고 세상으로 나아가는 무리에게 내리는 것이 지금까지의 기독교 전통이다.

축도의 근본 취지는 결코 오늘의 육적인 삶에 풍부한 물질적 만족을 누리도록 하는 데 있지 않다. 축도의 참 목적은 하나님 앞에 제단을 쌓고 세상 속으로 나아가는 성도들에게 하나님의 영광을 중심으로 한 생활을 강조하고, 하나님을 위한 사명적 존재로서의 삶을 위한 복의 선언이라 할 수 있다.

지금까지 예배의 내용에 대해서 살펴보았다. 우리가 드리는 예배는 하나님의 거룩하심으로 양심을 살리는 것이고 하나님의 진리로 심령을 양육하는 것이며, 하나님의 사랑에 대해 마음을 여는 것이고 하나님의 목적에 대해 마음과 뜻과 정성과 생각을 바치는 것이다. 그러므로 전적인 헌신이 뒤따르는 예배는 하나님께 드리는 신령과 진정으로 드려야 한다.

"내가 그리스도와 함께 십자가에 못 박혔나니 그런즉 이제는 내가 사는 것이 아니요 오직 내 안에 그리스도께서 사시는 것이라"(갈 2:20)

Chapter 13

심방에 대하여

심방에 대하여

1. 심방의 성서적 근거

심방이란 관심을 갖고 돌보는 것을 의미한다. 양떼의 형편을 알아 양떼의 모든 필요를 채워주어 부족함이 없도록 하는 것이 심방이다.

성서적 근거를 보면 심방은 하나님의 돌보심이다. 인간이 범죄하고 하나님의 낯을 피하여 에덴동산 나무 사이에 숨어 있을 때 하나님은 죄를 범한 인간의 자리에 찾아오셔서 "네가 어디 있느냐"(창 3:9)고 물으셨다. 그 이후 하나님은 계속해서 인간을 찾으셨고 마침내 육신을 입고 이 땅에 오셨다. 하나님은 오늘도 우리를 찾아오셔서 때를 따라 돕는 은혜를 주시어 하나님의 자녀로서 부끄럽지 않게 돌보아 주신다.

1) 예수 그리스도의 심방

예수 그리스도의 공생애는 쉴 새 없는 심방의 연속이다. 계속해서 사람을 찾고 돌보고 권고하셨다. 여우도 굴이 있고 공중의 나는 새도 깃들일 곳이 있지만 인자는 머리 둘 곳이 없다고 말씀하실 정도로 분주한 심방생활을 하셨다.

2) 사도들의 심방

"예루살렘에 있는 사도들이 사마리아도 하나님의 말씀을 받았다 함을 듣고 베드로와 요한을 보내매 그들이 내려가서 그들을 위하여 성령 받기를 기도하니"(행 8:14, 15) 성경말씀에 기록된 것처럼 사도들 역시 한 영혼 한 영혼을 구원하기 위해 먼 곳까지 찾아가서 신자들을 돌보았다.

심방의 용어를 살펴보자면 축호 심방은 예수께서 갈릴리 지방을 공생애의 활동 중심지로 삼고 많은 병자와 죄인들을 심방하셨고 하늘의 진리를 증거하신 것에서 나온 것이다.

병자 심방은 역시 예수의 사역 가운데 하나이다. 예수는 육신의 병든 자, 심령의 병든 자, 영혼의 병든 자를 찾아 치료하시고 위로하시고 격려하시며 새로운 인생의 터전을 마련해 주셨다.

전도 심방 시에 예수께서는 여리고 성의 삭개오를 비롯하여 많은 사람들을 만나 전도하시고 회심시켰다. 제자를 삼으실 때에도 직접 심방하시고 "나를 따르라"고 말씀하시며 소명을 주셨다.

유고 심방은 근심스러운 일이나 특별한 일로 주일을 성수하지 못하거나 은혜 받는 집회에 참석지 못했을 때 찾아가는 심방이다.

대심방은 대개 일 년에 봄과 가을 두 차례에 걸쳐 신자들의 가정을 빠짐없이 찾아가서 사정과 형편을 파악하면서 하나님의 도움을 청하는 심방을 말한다.

2. 심방의 의미

심방에는 목양적 의미와 치유적 의미가 있다. 목양이란 목자에서 유래한 말로 하나님은 이스라엘의 목자이시며 이스라엘은 하나님의 양떼들이다. 예수는 믿는 자의 목자가 되시고 믿는 자는 그의 양떼가 된다. 양은 목자의 음성을 듣고 목자는 양의 형편을 잘 알고 있다. 목자의 보호 없이 양들은 안전할 수 없다. 목자는 개개의 양에 대한 관심을 가지고 양들의 필요를 공급하여 부족함이 없도록 만들어준다. 이것이 목양이다. 치유적 의미에서의 심방은 하나님의 사랑으로 성도들을 돌보고 보살피며 상처받은 심령들을 치유하는 일이다.

오늘을 살아가는 현대인들의 모습은 풍요 속의 빈곤을 느끼고 군중 속의 고독을 느끼며 외롭게 살아가고 있다. 복음을 통한 영적 치료 없이는 언제나 텅 빈 인간의 모습에서 벗어날 수 없다.

3. 심방의 실제

심방의 목적은 신자들의 영적 성장에 도움이 될 수 있는 개별적인 교제를 위해서, 그리고 생활 속에서 승리하는 신자들의 삶의 현장을 직접 보고 듣고 교제함으로써 목회자 자신이 격려를 받고 용기와 기쁨을 얻으며 더욱 주님을 영화롭게 하는 데 있다.

심방을 통하여 "신자들이 바른 신앙을 가지고 있는가?", "시험 당하는 일은 없는가?", "신앙생활에 만족하고 있는가?", "신자들 간에 갈등은 없는가?" 등을 세심하게 살펴보고 검토한다.

심방을 통하여 신자들과 더욱 친밀해지게 되고 신뢰와 사랑이 더욱 두터워지게 된다. 그러므로 심방의 목적은 "피곤한 손과 연약한 무릎을 일으켜 세우고 너희 발을 위하여 곧은 길을 만들어 저는 다리로 하여금 어그러지지 않고 고침을 받게 하라"(히 12:12, 13)고 하신 말씀처럼 신자들로 하여금 믿음에 굳게 서서 똑바로 걸어가게 하는 것이라고 볼 수 있다.

심방은 성도들 사이에 신앙교제를 나눔으로 화목하게 하고 질병이나 복잡한 가정문제로 어려움을 당하는 성도를 위로, 격려하고 권면함으로 용기와 힘을 북돋아 주고 새 신자의 신앙생활을 도와준다. 또한 믿음의 용기를 심어 주어 악한 마귀의 세력을 누르고 성도들의 가정이 하나님의 도우심과 축복 속에서 모든 일이 합력하여 선을 이룰 수 있도록 기원하는 것이다. 그러므로 심방대원은 심방가기 전에 먼저 성령의 인도하심을 받도록 기도로 준비해야 한다.

급박한 사정 외에는 사전에 심방사실을 알려주어야 하며 심방시간은 15분 내지 20분 이내에 마치도록 한다. 심방대원은 예의에 벗어나지 않도록 잡담이나 남의 험담을 피하고 자기 자랑이나 금전거래를 피하며 간단한 차 정도 외의 대접은 삼간다. 심방 20분 전에 교회에 도착하여 심방할 가정의 기도제목을 찾아야 한다.

반면에 심방을 맞아들이는 가정은 부지중에 천사를 대하듯이 기쁜 마음으로 영접해야 하며 예배용 상을 준비하고 백부장 고넬료와 같이 하나님의 축복을 온 가족과 함께 받아들이는 자세를 취하며, 심방에 대한 감사의 표시로 하나님께 온 마음으로 영광을 돌리면 된다.

4. 성공적인 심방 기술

- 심방을 통해서 해결하고자 하는 핵심목표를 하나부터 셋까지 결정하라.
- 언제 작별할 지 시간을 정하라.
- 초인종을 누르기 전에 하나님과 기도로 대화하라.
- 심방자는 상대로부터 신뢰와 도움과 희망을 줄 수 있음을 나타내는 복장을 하라.

- 초인종을 누를 때 위협적인 위치에 서지 말며 문 옆에 서서 겸손을 보이라.
- 당신 자신으로부터 심방을 시작하지 말고 그들과 더불어 시작하라.
- 삶의 기능적인 역동성보다는 관계적 역동성(예배)에 중점을 두라.
- 심방 중에는 서로 교통하는 대화를 나누고 두세 가지 이상의 질문을 하지 말라.
- 심방의 분위기가 상승세에 있을 때 떠나라. 만일 한 시간가량 머문 후에 떠난다면 단지 떠났다는 사실만으로 기뻐할 것이다.
- 떠나는 데에 대한 구실을 말하지 말고 그들에게 중점을 두라. "오늘 당신에게 좋은 심방이 되었으면 좋겠군요" 하고 심방을 마치는 것이 좋다.

Chapter 14

사도신경에 대하여

사도신경에 대하여

기독교인의 믿음생활에 중요한 세 가지가 있는데 그것은 기도의 모본으로, 예수님이 가르쳐 주신 주기도(눅 11:2~4)와 신자의 행동에 기준이 되는 십계명(출 20:1~17)과 신앙고백인 사도신경이다.

사도신경은 성경이 전하는 신앙의 근본진리를 간명하게 나타낸 신앙고백이며 신자 개개인에게 믿음에 대한 대상을 확신케 하는 신조이다. 성경의 방대한 내용을 어떤 표준이나 지침이 없이 읽으려면 이해하기가 매우 어렵다. 공식을 통해 수학을 쉽게 이해할 수 있듯이 사도신경은 진리의 핵심이라고 말할 수 있다.

1. 신조의 명칭과 사도신경 제정의 근원

1) 명칭

신조라는 원어는 'credo'로 여기에는 '믿음, 신앙의 규범, 상징, 표어'의 뜻이 있다. 영어로는 'creed' 또는 'confession'이라 부르는데 신앙고백이란 말은 이 'confession'에서 왔다.

2) 사도신경 제정의 근원

"주는 그리스도시요 살아 계신 하나님의 아들이시니이다"(마 16:16) 신앙 고백은 요한복음 6장 6, 9절과 마태복음 10장 32절, 로마서 10장 9, 10절에서와 같이 개인의 신앙생활과 교회의 내적 생활에 있어서 하나의 필수조건이다. 신학이 형성되기 전에, 교리적 논쟁이 있기 전에 이미 그리스도에 대한 신앙고백이 있었고 이 고백을 중심으로 교회가 형성되었다.

사도신경은 예수 승천 후 사도들이 지었다는 설도 있고 오순절에 성령의 감동을 받아 사도들이 한 구절씩 기록했다는 설도 있다. 또한 예루살렘에서 일반성도의 신앙표준으로 만들어 로마에 가지고 갔다는 설도 있다.

신조는 여러 가지가 있지만 현재 사용하고 있는 사도신경은 AD 140년경에서 150년경까지 로마에서 사용한 「로마신조」를 원형으로 만들어진 것으로, 4~5세기에 여러 논쟁과 교회 회의를 거쳐 "음부에 내려가사, 교회, 성도의 교제, 영원히 사는 것"이란 말을 첨가하여 6세기경 비로소 완성된 것이다.

2. 신조의 권위, 가치, 종류

1) 신조의 권위

신앙의 규범이라 할 수 있는 성서가 신앙의 절대적인 권위를 가졌다면 신조는 교회적인 권위를 가졌다. 성서의 권위보다 낮은 위치를 점하고 있다 하더라도 신조는 성서를 토대로 형성된 믿음을 고백한 내용이다.

2) 신조의 가치

사도신경은 "주는 그리스도시요 살아 계신 하나님의 아들이시니이다"(마

16:16)라는 베드로의 고백을 토대로 세례형식에 따라 삼위일체론적인 요소를 가미하여 형성된 것이다.

초대교회에서는 3세기경 학습교인들을 가르치는 데 많이 사용하였으며, 세례 받을 때 사도신경을 암송해서 성부, 성자, 성령에 대한 신앙을 고백하게 하였다.

또한 교회는 신자들을 교육하고 훈련하기 위하여 교회의 공통된 신앙고백이 필요했고, 당시 교회 안에 그노시스(영지주의) 같은 이단이 생겨 바른 신앙을 가르칠 교회의 전통적 신앙고백이 필요했으므로 교회의 전통적 가르침인 삼위일체 신앙을 고백하는 사도신경을 확정하게 되었다.

3) 신조의 종류

- 고대교회의 에큐메니칼 신조 : 사도 신조, 니케아 신조, 아타나시우스 신조
- 희랍정통교회 신조 : 니케아 신조(325년), 콘스탄티노플 신조, 칼케돈 신조(431년) 등 7가지
- 로마가톨릭교회 신조 : 트렌트회의 결의문(1563년), 바티칸회의 결의조항(1870년)
- 프로테스탄트교회 신조 : 아우구스티누스 신앙고백(1530년), 합의 신조(1577년), 제네바 교리문답(1552년), 웨스트민스터 신앙고백(1648년), 감리교 교리적 선언(1930년)

3. 사도신경의 구분과 내용

사도신경에 담긴 내용을 분석해 보면 다음의 신앙고백이 담겨져 있다.

1) 하나님

전지전능하신 하나님

어디에나 계시는 무소부재하신 하나님, 모르는 것이 없이 모든 것을 다 아시는 하나님.

천지창조의 하나님(시 90:2)

말씀으로 창조하시고 없는 것 가운데서도 있게 하시는 하나님, 천지와 생물과 인간을 창조하신 하나님, 사람을 만물보다 귀하게 창조하시고 하나님의 영광을 위해 창조하신 하나님.

2) 예수 그리스도

외아들

참 하나님이시며 참인간이신 독생자, 우리의 주인 되시는 예수, 왕이며 예언자시며 제사장 되시는 그리스도.

성령으로 잉태되신 예수(마 1:18~25)

식물 번식은 식물의 씨와 씨 맺는 법에서 이뤄진다. 수술의 꽃가루가 암술에 들어가 이루어지나 어떤 식물은 구근이나 꺾꽂이로도 번식한다.

일본의 내촌감삼(우치무라 간조)은 "나는 예수의 모든 기적을 믿는다. 무엇보다 우상의 나라에서 자라난 내가 예수를 믿는 것이 가장 큰 기적이다. 이것을 믿는 것은 두뇌로서 되는 일이 아니다. 믿음을 되는 일이다"라고 했다.

고난의 메시아(사 53:4~6)

고난의 종, 빌라도의 법정(눅 23:22)에서 당하신 고난은 심령의 고난이요 육신의 고난이다. 제자에게 팔리심, 심문(요 18:28), 법정에서 희롱 당함, 강도의 조롱, 베드로의 부인, 하나님의 버리심, 결박당하심, 심문, 채찍, 머리의 가시관, 십자가에 못 박히심, 창에 찔리심.

십자가에서 죽으신 예수

고통의 죽음(십자가), 죄 없는 죽음(히 4:15), 속죄의 죽음으로 우리를 구속하시고 화목제물이 되심(벧전 1:19; 고후 5:18).

죽었다가 다시 사신 예수

장사한 지 사흘 만에 다시 사셨다. 예수께서 내가 보여 줄 표적은 요나의 표적밖에 없다 하셨다. 또한 한 알의 밀이 땅에 떨어져 죽지 아니하면 한 알 그대로 있고 죽으면 많은 열매를 맺는다고 하셨다. 모하멧은 63세에 죽고, 맹자는 83세, 공자는 73세, 석가는 80세에 죽었으나 예수는 영원히 사심. 부활하심(롬 1:4).

승천하신 예수(막 16:19; 눅 24:50~51; 요 14:2~3, 28, 16:5~7)

재림하실 예수

다시 오실 이유는 믿는 자를 구원하기 위해(눅 21:28), 죄악 세상을 심판하기 위해, 공의와 평화로 영원한 통치 위해서(단 7:13, 14)이다. 재림의 시기는 아무도 모른다(마 24:43, 44; 살전 5:1, 2). 재림의 징조와 재림의 목적은 영광의 몸으로 변케 하기 위해(빌 3:21), 사람의 행위대로 갚아 주시기 위해(마 16:27), 각 사람의 공적이 드러나도록 하기 위해서(고전 3:13; 벧전 1:6, 7)이다.

3) 사죄

인도 선교사로 활약하던 스탠리 존스(E. Stanley Jones) 박사가 기차를 타고 옆 자리에 앉은 청년과 이야기하게 되었다. 그는 부잣집 아들로 친구를 잘못 만나 패륜아가 되었고 결국 아버지로부터 추방을 받았다. 어머니께서 "아버지의 진노가 풀릴 때까지 나가 있거라" 하시어 집을 떠난 것이었다. 그는 아버지에게 다음과 같은 내용의 편지를 마지막으로 띄웠다. "한 번만 용서해 주십시오. 아니면 차라리 죽겠습니다. 그러나 용서의 표로 집 앞마당에 있는 배나무에 흰 천을 달아 주시면 용서하시는 것으로 알고 그렇지 않으면 이 세상을 하직하겠습니다." 그가 기차를 타고 가면서 보니 배나무마다 흰 천이 주렁주렁 매달려 있었다는 것이다.

기독교는 사죄의 종교이다. 어떠한 죄라도 회개하면 용서하신다.

> "너희의 죄가 주홍 같을지라도 눈과 같이 희어질 것이요 진홍 같이 붉을지라도 양털 같이 희게 되리라"(사 1:18)
> "만일 우리가 우리 죄를 자백하면 그는 미쁘시고 의로우사 우리 죄를 사하시며 우리를 모든 불의에서 깨끗하게 하실 것이요"(요일 1:9)

4) 죄란 무엇인가?

도둑질, 살인, 간음, 거짓말 등 죄는 수없이 많다. 죄란 곧 하나님께 대한 반역이요, 불순종으로 믿어야 할 것을 믿지 아니하는 것을 말한다. 하나님께서 하라 하신 365개의 계명과 하지 말라 하신 248개의 계명대로 살지 아니한 것이 곧 죄이다. 죄를 지으면 자기를 감추게 되고 하나님을 속이게 된다. 그로 인해서 나타나는 현상은 갈등, 불안, 두려움, 분리, 원수, 사망, 불행 등이다. 모든 사람들이 죄의 독을 먹고 죽게 되자 예수님은 그의 보혈을 흘리심으로써 모든 사람을 살리셨다. 십자가를 지신 예수님만

이 죄를 사하는 권세가 있다(막 2:10).

내적 증거와 외적 증거가 있다.
내적 증거는 죄의 공포, 죄책, 죄의 지배를 받지 않는 것이다.

"죄가 너희를 주장하지 못하리니 이는 너희가 법 아래에 있지 아니하고 은혜 아래에 있음이라"(롬 6:14)

외적 증거는 상처가 나면 흉터의 흔적이 남듯이 죄의 용서를 받은 사람에게는 변화가 생기는데 하나님과 화목하게 되고 사람들 사이에 화평을 만든다. 그리고 하나님을 사랑하며 하나님의 계명을 지킨다. 용서받고 구원받은 하나님의 은총에 감사하여 언제나 영원히 사는 하나님 나라를 바라보며 기쁨과 즐거움 속에서 행복을 누리게 된다.

제2차 세계대전 때의 일이다. 영국 공군장교의 식당에서 독일 비행사 포로를 주빈으로 열린 연회가 있었다. 적군 포로지만 그의 용감성을 찬양하며 위로했다. 이때 대접받던 독일 비행사가 눈물을 글썽거리면서 이렇게 말했다. "용서해 주십시오. 나는 평생토록 영국인을 싫어하도록 교육을 받았고 최근 5년간은 영국을 싫어했습니다. 그러나 적군이요, 악마같이 생각했던 영국 사람들이 나에게 음식을 주며 극진한 사랑으로 대해줄 뿐만 아니라 용감성을 칭찬해 주니 울음이 북받칩니다."

강퍅하던 사람도 용서받으면 변화가 일어난다. 사죄 받은 사람의 마음에는 기쁨이 충만하다. 긍휼과 용서받은 사람은 다른 사람을 용서할 수 있다.

Chapter 15

기독교가 민족사에 끼친 공헌

기독교가 민족사에 끼친 공헌

하나님의 형상대로 지음 받은 인간은 하나님 앞에서 평등하고 소중한 존재이다. 성서에서는 인간이 온 천하를 주고도 바꿀 수 없는 귀중한 존재임을 말하고 있다.

고로 양반과 상인이 한 자리에 앉을 수도 없었던 엄격한 봉건적 계급사회에서 이들이 한 자리에 앉아서 예배드리고 교회 일을 의논하고 결정했던 사건은 당시의 사람들에게는 하나의 사회혁명으로 받아들여졌다.

특별히 기독교가 들어오면서 선교사들은 세 가지 집을 지었다. 첫째가 영혼을 살리는 교회요, 둘째가 무지를 깨우치기 위한 학교이며, 셋째가 육신의 질병을 몰아내는 의료기관인 병원이다.

「신사회 100년」, 「한국 현대사 8」의 마지막 부분에서 저자는 "기독교회가 한국 사회에 끼친 영향은 어느 종교보다도 앞선 것이다. 특히 신교육의 보급과 의료사업의 개척은 그것이 신앙세계에 끼친 영향을 훨씬 능가하여 한국의 근대화에 큰 촉진제 역할을 했다"라고 논평했다.

「한국의 사학」이란 책에서도 감리교 교육 100년에 한국 사회에 끼친 영향을 살펴볼 수 있는데 단적으로 한치진 박사는 한글의 통일, 문맹퇴치, 미신타파, 신앙문명의 수입, 자유사상의 수입 등이 기독교의 문화적 공헌이라 했다. 좀 더 구체적으로 제시하면 다음과 같다.

1. 생활개선

금주, 금연은 물론 알코올과 마약 등 유독성인 약종에 대한 계몽이다. 그리고 미신행위를 일체 금했다. 또 강제 결혼과 조혼 폐습을 시정하고 혼례식 및 장례식에 대한 간소함과 정중함을 생활화하게 했다.

교제, 오락, 회의를 자연스럽고 예의 있게 진행하도록 계몽을 했다. 허례허식의 폐기, 풍수설의 배격, 의식주에 대한 개량과 계몽을 행했다(관혼상제의 간소화).

2. 사상의 향상

개인의 의견을 존중하고 개인의 인격을 중요시하는 기독교의 사상으로 민주사상의 터를 쌓았다. 또한 반상계급의 관념이 타파되고(백정해방운동), 남녀동등의 관념이 탄생함으로 남존여비의 유교사상을 수정할 수 있었다. 따라서 여성의 지위가 향상되고 어린이의 권리를 인정하게 되었다. 당시 여성은 가문을 잇는 남자아이를 낳는 기계에 불과했다. 실학체계를 집대성한 이익도 "부인은 근(일)과 건(절약)과 남녀유별(男女有別)의 삼계(三戒)를 알면 족하니라. 독서와 강의는 장부의 일이다. 부인이 이를 힘쓰면 유해무궁하니라"고 했다.

그리고 일부다처주의자를 죄악시하고, 일부일처주의를 고수하고 이혼을 금했다. 인간은 누구나 하나님 안에서 자녀이므로 서로 형제자매로 호칭하여 평등사회를 목표로 했다.

노동경시 풍조를 시정했다. 즉 사농공상이란 직업귀천의식을 타파하고 봉건적 구습을 타파했다.

3. 지식의 증가

기독교 신자가 될 때에는 무식에서 탈피하려는 생각을 갖게 된다. 따라서 자녀교육에 눈 뜨고 여성교육에 힘쓰며 해외 유학에 앞장섰다. 감리교의 노병선은 "집안이 홍하고 나라가 부하고 백성이 강하려면 여성을 교육시켜야 한다"고 주장했다.

토론회와 회의 등 공동 집회의 단련으로 인해서 어린이들의 지식이 증가되고 자기표현에 능숙해지며 협동심이 강화됐다.

새로운 의약, 음악, 미술, 체능의 보급으로 문학, 예능계에 석권을 가져왔다. 아울러 각종 세미나, 연수회, 좌담회로 시대적 교육에 민감한 반응을 가져온 것도 교회교육의 특성이었다.

실업교육, 특수교육에도 앞장섰다. 곧 의학, 맹아, 출판(배재학당 신교사 지하실에 있던 감리교출판사 : 독립신문과 조선그리스도인 회보 발행), 농업, 산업 등의 교육도 기독교가 먼저 시작했다.

또한 유아교육을 위해 교회마다 유치원의 설립, 유아원, 탁아소 등의 경영도 시작되었다.

4. 민족의식의 배양 및 심화

1) 국어 통일과 역사의식 강화

이광수는 "한글도 글이라는 생각을 조선인에게 준 것은 기독교회이다. 귀중한 신구약과 찬송가가 한글로 번역되매 이에 비로소 한글의 권위가 생기고 또 보급된 것이다"라고 했으며, 최현배도 "한글과 배달말의 과학적인 연구, 애족적인 선전, 애국적인 수호에 기독교의 공덕은 영세로 잊지 못할 것이다"라고 했다.

2) 신앙의 고백으로 이루어지는 공동체 의식 강화

일제하에서 교회만이 민족 의식화 작업이 가능했고, 교회 또는 선교사를 통해서 민족운동을 해외에 선전하는 기회가 마련되었다.

독립협회 강제해산(1898년 12월) YMCA 운동, 을사보호조약(1905년)의 무효화 투쟁, 105인 사건(1911년 신민회사건)이 바로 그것이다. 그리고 교회 활동을 통해서 외국에 대한 지식이 증가하고 호흡을 같이하여 세계적인 운동을 협력할 수 있었다.

사대주의 사상배격, 민족 일체감을 형성(독립신문), 민권 · 민주사상(인권사상과 민주주의 훈련)을 고취시켰다.

교회교육과 사회교육을 통해서만 이루어질 수 있었던 이러한 분야에 대한 교회의 지대한 공헌을 우리는 간과해서는 안 된다.

Chapter 16

비교종교와 이단종교

비교종교와 이단종교

종교에는 크게 자연종교와 계시종교 두 가지가 있는데 자연종교는 종교의 대상과 방법이 자연적인 원시종교를 말하는 반면에 계시종교는 초월자(神)에 의해 주어지는 종교를 말한다.

1. 비교종교

1) 무교(無敎, 무당종교)

무교의 원리

시베리아에서 온 것으로 알려진 한국의 무교는 오래 전부터 한국인의 생활 속에 깊이 뿌리내린 민속종교로, 한국인의 생활양식과 사고방식에까지 많은 영향을 주고 있다.

김태곤 교수는 "무교는 주술적 자연종교로 윤리성이 없으며 높은 정신적 이상이나 내세적 구원보다도 생활의 당면한 문제를 신의 힘에 의지해 보려는 신앙으로 다신론(多神論)이며 이원론(二元論)이며 내세보다도 현실생활을 더 중시하고 개인의 구원과 가족과 동민의 안녕을 중요시하며 모든 일이 신의 뜻에 따라 결정된다고 믿는 신앙으로 무당을 통해 굿으로 나타난다"고 말한다.

신앙목표가 소원성취로서 초복(招福), 제재(除災), 치병(治病) 등 신을 위한 것이 아닌 인간을 위한 것뿐이다.

무교의 신은 천신(天神), 일신(日神), 성신(星神), 풍신(風神), 지신(地神), 산신(山神), 수신(水神) 등과 왕신(王神), 왕비신, 왕녀신, 장군신, 부인신, 대감신 등 다양하다.

무교의 인간관도 본래 지상에는 사람이 존재하지 않았는데 '당금 애기씨'라는 처녀신이 신승(神僧)과 결혼해서 아들 3형제를 낳은 후 삼신할머니(産神)가 되어 최초로 세상에 점지했는데 사람이 죽으면 저승의 십대 왕전을 거치며 행위에 따라 심판받는다고 주장한다.

모순점

무교는 윤리성이 없으며 인간에게 용기와 희망과 위로를 주기보다 대신 벌을 예고하고 위험을 알려주며 고통과 공포감을 넣어준다. 그런데 행위에 따라 구원을 받는다면 세상에 의로운 사람이 어디 있겠는가?

2) 불교(佛敎)

불교의 창시자는 BC 560년 인도 국명 네팔에서 정반왕과 마야부인 사이에서 태어난 고타마(석가모니: '석가'는 성이고 '모니'는 성현 또는 현자란 뜻으로 석가 집안의 성자란 뜻이다)이다. 그는 본래 힌두교인으로서 인간이 태어나 생로병사(生老病死)의 문제에 심취하던 중 진리를 깨달아 불타가 되었다.

불교의 한국 전래는 삼국시대 고구려의 소수림왕 2년(AD 372년)에 순도(順道)가 불상과 불경을 들여옴으로 시작되었고, 백제는 384년에 인도의 승려 마라난타에 의해서였고, 신라는 527년에 불교를 처음 공인했는데, 같은 해에 이차돈이 순교했다.

그러나 불교는 지나치게 현세구복적(現世求福的)이며 풍수지리설과 참위사상과의 야합으로 미신적 색채를 띠게 되어 조선에 이르러 박해를 받게 되었다.

① 삼보(三寶)〔불(佛), 법(法), 승(僧)〕: 불(佛)이란 고행 끝에 크게 깨닫는 부처님을 상징하며 이 부처가 처음 깨달은 것을 법(法)이라 한다.

② 사성제(四聖諦), 팔정도(八正道): 고(苦), 집(集), 멸(滅), 도(道)를 사성제라 하는데 이는 모든 것이 괴로움인데 이 원인은 집(集)이요, 이는 탐욕, 분노, 어리석음 때문이며 이 때문에 고(苦)가 오는데 이 집착을 없게 하는 것이 멸제(滅諦)이다. 그러므로 8가지 수행 덕목으로 집을 없게 할 수 있는데 곧 정견(正見), 정사(正思), 정어(正語), 정업(正業), 정명(正命, 올바른 생활수단), 정정진(正精進), 정념(正念), 정정(正定, 올바른 명상)이다.

③ 중도(中道): 덧없는 것에 집착하지 않는 것으로 쾌락과 고행의 두 극단을 피하는 것을 말한다.

④ 사법인(四法印): 네 가지 움직일 수 없는 진리로 제행무상(諸行無常), 제법무아(諸法無我), 일체개고(一體皆苦), 열반적정(涅槃寂靜)이다. 이 모든 것은 무상하므로 집착하지 말며 이를 깨달은 사람은 고요하고 청정한 열반의 기쁨을 아는 사람이다.

⑤ 12인연(因緣): 과거의 행동에 대한 현재의 과보(果報)와 현재의 행동에 대한 미래의 고(苦)를 받게 되는 12가지 인연을 말한다.

불교는 소승불교와 대승불교가 있는데, 소승불교는 부처의 도를 정확히 따르는 소수의 신자만이 열반에 이를 수 있다고 믿으며, 대승불교는 부처를 온 인류의 구원의 신으로 숭배한다.

불교는 원래 신을 인정하지 않고 누구든지 해탈하여 진리를 깨달으면 부처가 된다는 무신종교(無信宗敎, 신이 없는 종교)인 범신교였으나 세월이 지남에 따라 불타 자신을 숭배하고 신앙의 대상으로 삼으면서 인과응보의 법칙, 윤회 전생설을 믿으며 무수한 신과 보살을 믿게 되었다. 현재 불교는 19개 종파와 7,000여 개의 사찰과 1,200여 만의 신도를 가지고 있다.

모순점

불교는 인간에게 털끝만한 욕망이 남아 있어도 열반(구원)에 이르지 못하고 고통의 세상에 다시 태어나는데 전생의 업보에 따라 인간으로 태어날 수도, 동물로 태어날 수도 있다고 하니 인간이 얼마나 불행한가? 또한 인간이 자각을 통해 진리를 깨닫는다 해도 인간의 노력이나 행위로 죄의 문제를 해결할 수는 없다고 하므로 불교를 믿으면 현세에서 착하게 살 수는 있다 해도 구원을 얻을 수는 없다. 그러나 인간이 영혼의 문제를 해결받지 못한다면 신앙은 무슨 필요가 있는가.

3) 유교(儒敎)

유교는 고대 중국에서 발생한 공자의 사상으로 묘, 순, 우, 탕, 문, 무, 주공의 도를 집대성한 윤리훈(倫理訓)이다. 즉 효제충신(孝悌忠信)을 주로 한 일상생활의 실천도덕을 실현하게 하는 것인데 특히 인(仁)을 모든 도덕의 최고이념으로 삼아 수신제가치국평천하(修身齊家治國平天下)를 목적한다.

유교의 교리

모든 행동의 기본이 되는 준칙을 천(天)이라고 하며 나를 알고 덕(德)을 깨달을 때 이 천(天)을 알게 되는데 이것을 곧 인(仁)이라 한다.

고로 '仁'과 '人'을 같은 개념으로 보았고, 사람이 사람답게 될 수 있는 것은 인(仁)이 있기 때문이고, 모든 사람은 태어날 때부터 선하게 태어났다는 성선설(性善說)을 주장한다.

모순점

삼강오륜과 여자의 삼종지도(三從之道)와 칠거지악(七去之惡), 그리고 군주제도에 기초한 봉건주의는 근대 문명의 발전을 낙후시켜서 산업과 공업을 경시하고 서구적 교육제도를 배척했기 때문에 36년간 일본 지배를 받게 만들었다.

또한 양반과 상놈이라는 인간 차별과 일하는 사람을 천대하여 쟁이라고 멸시하는 등의 노동 경시풍조는 인간의 존엄성을 짓밟고 더불어 살아가는 민주주의 공동체 생활을 약화시켰다.

공자의 인(仁) 사상이나 맹자의 인의예지(仁義禮智) 사상은 인류의 대도(大道)라 할 수 있으나, 인간에게 죄가 없다는 성선설과 내세의 구원관이 없다는 유교는 종교라기보다는 인간이 살아가는 데 필요한 윤리관(倫理觀)이라 볼 수 있다.

4) 천도교(天道敎)

창설자 최수운(崔水雲)이 세상의 어리석은 사람을 구하겠다고 이름을 제우(濟愚)라고 고쳤는데 36세 때 경북 구미산 밑 용담정에 들어가 있다가 "몸이 떨리고 마음을 가눌 수 없는 신비한 황홀의 경지에서 한울님의 말씀을 들었다"고 주장한다.

천도교의 교리

삼경사상(三敬思想)으로 경천(敬天), 경인(敬人), 경물(敬物)이다. 즉 '한울님'은 전지전능하신 인격적 존재로 질병을 치료하고 평화를 이룩하심으로 경외해야 하는데 인(人)은 즉천(卽天)이며 천(天)은 즉인(卽人)이니 인외(人外)에 별도 천(天)도 없고 천외(天外)에 인(人)이 없다는 인즉천(人卽天) 사상이다. 이는 사람의 본체와 '한울님'의 본체가 동일하다는 뜻이 아니라 사람은 본래 '한울님'을 모시고 있다는 것을 의미한다. 만물도 '한울님'이 만드신 것이고 만물 속에 '한울님'의 이치가 있으므로 만물도 공경해야 한다고 주장한다.

신성(神性)이 인성(人性)과 합일(合一)이 되어 있다고 보는 동시에 만물이 다 같이 신성을 포함하고 있다고 주장하는 점에서 천도교는 범신론임이 틀림없다. 인내천(人乃天) 사상은 인간의 가치를 극대화시켜 인간을 신적인 존재로 가치를 부여했지만 인간은 어디까지나 한계를 지닌 약한 존재이며 죄인임을 인식해야 하고, 인간의 힘으로 구원을 이룰 수 없음을 알아야 한다.

5) 이슬람교(회교, Mohammedanism)

이슬람교의 창시자는 마호메트인데 이슬람이란 단어는 '순종'의 뜻으로 '알라'(Allah)신에 대한 순종을 강조한다. 그들은 아브라함의 아들 이스마엘을 조상으로 자랑스럽게 여기며 자신들을 '모슬렘'이라 부르는데 이는 복종하는 자들이란 뜻이다. 이슬람교의 경전은 마호메트가 가브리엘 천사에게서 받은 계시를 기록한 「코란」과 5대 근본 교리, 5대 실행의무가 있다.

5대 교리

① 참된 하나님은 하나뿐인 알라신이며

② 천사 중에 주된 천사는 가브리엘이고 사탄(Satan)은 타락한 천사이고 이를 따르는 마귀 천사가 있다.

③ 하나님의 영감으로 받은 모세의 토라(모세 오경), 다윗의 시편, 예수의 복음, 코란(Koran)을 믿는다.

④ 알라의 예언자(아담, 노아, 아브라함, 모세, 요나, 예수 등) 28명 중 가장 위대한 사람은 마호메트이다.

⑤ 죽은 사람들은 마지막 날, 알라가 심판하여 천국과 지옥으로 간다.

5대 실행의무

① 신자들 앞에서 "알라신 외엔 다른 신이 없으며 알라신의 예언자는 마호메트"라는 신앙을 진술해야 입교가 된다.

② 하루 다섯 번씩 성지 메카(성전이 있는 곳)를 향해 무릎을 꿇고 기도해야 한다.

③ 모든 수입의 40분의 1은 자선행위에 바쳐야 한다.

④ 음력 9월 라마단 계절에 한 달간 금식하며 잔치를 벌이며 죄를 멀리한다.

⑤ 메카로 성지순례해야 하는데 자신이 가지 못할 때에는 타인에게 대신 순례케 한다.

이슬람교의 모순점

알라신 외에 하나님은 없다고 믿으며 예수는 하나님의 아들이 아니라 선지자에 불과하고 마호메트보다 못하며 십자가에 죽은 자는 예수가 아니라 유다라고 믿고 있다.

죄란 알라신의 뜻대로 살지 않고 5대 종교적 의무를 지키지 않는 것을 말하며, 사람이 죄에 대하여 용서를 받으려면 자기를 스스로 책임져야 하고 스스로 구원받아야 된다고 말한다. 성경은 있으되 성경대로 믿지 않으면서 십자가의 죽음에 대해 말하지 않고 죄의 문제는 인간이 해결한다고 말한다.

어떻게 인간 스스로 죄의 문제를 해결할 수 있겠는가? 성경 대신 코란을, 예수 대신 마호메트를, 하나님 대신 인간이 만든 5대 실행의무를 고집하는 일은 어리석지 않을 수 없다.

6) 유대교

유대교의 원리

유대교에서 기독교가 나왔지만 유대교와 기독교 간의 차이에 대해 모르고 지낼 때가 많다.

유대교란 토라(Torah, 모세의 율법)에 기초를 두고 있으며 신약성경을 인정하지 않고 구약만을 고집하며 사는 히브리 사람(이스라엘)들의 종교이다. AD 70년에 나라를 잃고 1,900여 년 동안 세계 각처로 흩어지는 비운 속에서도 시온을 향한 그들의 마음은 여호와 신앙으로 흩어지지 않았고, 결국 1948년에 이스라엘을 다시 창건하게 되었다. 유대교는 정통유대교, 보수유대교, 개혁유대교로 분류될 수 있는데 안식일과 성일을 지켜야 한다는 데는 일치하고 있다.

유대교는 여호와만을 섬기면서 그리스도의 신성과 속죄를 부인하고 예수를 구세주(메시아)로 인정하지 않고 하나의 예언자, 선지자로 생각하므로 이들은 지금도 정치적인 평화를 가져올 메시아를 기다리고 있다.

지금도 할례를 행하면서 인간은 원죄를 갖고 태어난 것도, 선하게 태어난 것도 아니고 선악을 택할 수 있는 능력을 갖고 태어났다고 주장하며, 구원은 오직 하나님을 믿고 도덕적인 생활을 행함으로 얻는다고 주장한다. 그리고 내세보다는 이 세상에서의 훌륭한 생활에 더 관심을 갖고 그들만

이 선택된 민족이라는 배타주의에 빠져 있다.

[모순점]

　미가서 5장 1~3절에서 예언된 메시아로 오신 예수님을 부인하고 지금도 정치적 메시아를 기다리지만 앞으로 수없는 세월을 기다려도 헛수고이다. 이들은 구약성경의 예언대로 우리에게 오셔서 인간의 모든 죄를 대속하시고 하나님과 화목시키기 위해 하늘의 영광을 버리시고 낮고 천한 이 세상에 오셔서 자신의 몸을 버려 십자가에 매달려 죽으신 그리스도의 사랑을 모르는 어리석은 신앙인이 아닌가?

2. 이단종교

1) 통일교

　통일교의 공식 명칭은 세계기독교통일신령협회이다. 1954년 한국에서 출발한 통일교는 1970년대 일본에서 갖가지 물의를 일으켰고 미국에서 1984년 말 탈세혐의로 유죄판결을 받기도 하였는데 교주 문선명의 약력을 다음과 같다.

　문선명의 나이 17세 때 형이 정신병으로 사망하고 누이가 미쳐버리자 기독교에 입신하였는데 그의 신앙은 신령주의에 빠져 잘못되기 시작했다. 1945년, 그는 최선길 여인과 결혼하여 큰아들 성진을 낳고 생활하던 중 당시 이화여대 재학 중이던 김 모 양 사이에서 문희진을 낳고 최선길 여인과 이혼했는데 문희진은 14세 때 열차사고로 죽고 말았다. 문선명은 41세 때, 17세인 세 번째 여인 한학자와 결혼하여 14명의 자녀를 낳았고, 그 후 최 모 여인에게서 아들을 낳아 17명의 자녀를 두었다.

원래 삼위일체는 하나님, 아담, 하와였는데 범죄와 타락으로 이 관계가 깨어지고 하나님, 문선명, 한학자가 중성적 삼위일체라고 주장하며, 예수 그리스도의 신성과 성령 잉태설을 부인한다. 예수는 사생아이고 피조물이며 그가 십자가를 진 것은 실패한 것이므로 완전한 구원을 위해서는 재림주가 육신을 입고 오셔야 하는데 그 재림주가 곧 문선명이라고 말한다.

성경은 낡은 시대의 교훈이므로 새 시대, 새 계시인 원리강론이야말로 참 진리라고 주장하며 성경보다 더 중요하게 여긴다. 재림의 장소는 동방의 나라 한국이며 재림주는 이미 1920년에 나신 참 아버지인 문선명이라 하며, 말세는 현재이고 말세 때는 환난이 없으며 기쁨의 날인 '희망의 날'이 실현된다고 주장한다. 메시아 성탄일은 12월 25일이 아니고 자신의 생일인 1월 3일이라고 한다.

통일교의 기관

통일신학교, 경복초등학교, 선화예술 중고교, 성화신학교, 선문대학, 국제승공대학, 국제승공연합, 전국대학생원리연구회, 국제기독학생연합회, 세계평화교수협의회, 국제문화재단, 주간종교, 세계일보, 리틀엔젤스 무용단 등이 있다.

생산기업체

일화, 통일산업, 한국티타늄, 일신석재, 일화생수, 통일실업, 맥콜, 원일기계, 동양기계, 세일여행사, 성일기계, 홍영수산 등의 업체가 있다.

통일교는 부동산왕국, 기업왕국을 꿈꾸고 있으며 막대한 재력으로 모든 것을 움직이려고 돈을 물 쓰듯 쓰며 목적을 위해 수단과 방법을 가리지 않고 있다.

원리강론을 진리로 주장하고 성경보다 더 우위에 두는 것은 이단의 속성이다. 통일교는 삼위일체 하나님을 범신으로 보는 동시에 예수 그리스도의 신성을 부인하고 속죄사역을 불완전하게 본다.

그리고 말세의 환난을 부인하고 성결을 주장하면서 구원의 교리로 피가름의 교리를 내세워 혼음을 주장하는 무서운 범죄 집단이다. 어찌 인간이 인간을 죄와 사망의 법에서 구원할 수 있는가?

2) 여호와의 증인

여호와의 증인들은 "병역을 거부하라", "수혈을 거부하라", "국가공무원에 취업해서는 안 된다", "모든 투표는 거부하라", "집회를 거부하라", "반대하는 남편과는 이혼하라"고 하면서 세상 전부를 사탄이라고 규정하고 일체의 협력을 거부하도록 가르치며 우리 주변에서 미혹의 손을 뻗치고 있다. 세상과 기성교회를 모두 부정적인 시각으로 거부하는 여호와의 증인들이란 어떤 사람들인가?

교주 럿셀과 주요 교리

교주 럿셀은 1852년 2월 16일 미국 펜실베이니아 주 알레리나 지방에서 태어나 피츠버그에서 잡화상을 했는데 학생시절부터 웅변술이 능하였다. 안식교에 있다가 지옥의 영원한 형벌 교리에 대해 거부감을 갖다가 교회에서 이탈하여 성경을 가르쳤는데 럿셀은 자신을 사도 요한과 같은 여호와의 증인이라고 말하면서 '파수대'라는 잡지를 발행하여 삼위일체, 그리스도의 신성, 예수의 육체적 부활, 지옥의 실제, 죽은 후의 인간의 의식 등을 부인한다.

1874년에 럿셀은 예수가 이미 재림했다고 주장하면서 1914년에 아마겟

돈 전쟁이 일어나 세상이 멸망할 것을 예언했으나 그 예언이 빗나가자 충격을 받고 1916년 10월 31일 캘리포니아에서 설교를 마치고 돌아오던 중 64세를 일기로 사망했다.

여호와의 증인은 성부, 성자, 성령을 부정하고 삼신(三神)으로 오해하고 있으며 예수님의 신성(神性)을 부인한다. 그리고 파수대를 통해 성경만 가지고는 하나님의 계획을 알 수 없다고 주장하며, 인간은 생리적이고 물리적인 죽음으로 끝나는 것이지 영혼이 존재하지 않는다고 말하면서, 구원의 지상에서 영생을 얻는 부류와 하늘나라에 가게 되는 극소수의 '여호와의 거룩한 영'을 가진 사람이 있다고 한다. 예수는 영적으로 부활한 것이지 육체적으로 부활한 것이 아니라고 말하면서 '파수대', '깨어라' 등의 문서를 가지고 2인 1조가 되어 종교를 믿는 가정을 집중적으로 찾아다니며 전도한다.

여호와 증인은 애국가 봉창을 거부하고, 국기는 우상이므로 경례해서는 안 된다고 주장하고, 신도끼리만 결혼하도록 하여 남자신도가 부족하여 결혼을 못하고 외롭게 사는 처녀들이 많다고 한다.

모순점

예수 그리스도의 신성을 부인하고 인성만 인정하는 여호와 증인교는 성경에 있는 주 하나님을 모두 여호와 하나님으로 바꾸었고, 성령은 여호와의 활동력으로 번역했고, 예수 그리스도는 이미 1914년에 재림하였다고 주장한다.

이들은 행위로 구원받는다고 믿는다. 그리고 가가호호 방문하여 성경을 연구하고자 하는 신자들에게만 접근한다. 여호와 증인은 포교 70여 년 동안 선한 일보다 국가와 사회에 물의를 일으키고 행복한 가정을 수없이 파괴하였다.

3) 몰몬교(말일성도그리스도교)

외국인들이 길거리에서 능숙한 한국어를 사용하며 전도하는 것을 보게 되는데 이들이 주로 몰몬교도들이다.

몰몬교는 1829년 미국 요셉 스미스 2세에 의해 발생한 이단종교이다. 창시자는 1820년 숲속에서 기도하던 중 신적 계시를 받았다고 하며, 1823년 9월 21일 저녁 천사 모로나이(몰몬의 아들)의 방문을 세 번이나 받았으며 그때 완전한 복음이 적힌 금판의 위치를 알려 주었는데 그것을 번역한 것이 몰몬경이라고 한다.

몰몬교의 교리

몰몬교의 창시자 스미스는 약 50명의 아내를 거느리고 일부다처제를 주장했지만 사회적 지탄을 받자 일부일처제를 표방하나 주장뿐이다. 이들은 하나님도 피조물이며 인간도 하나님과 같이 될 수 있다고 믿으며 예수의 성령 잉태설을 부인하며 예수님도 다처가였으며 구속주가 아니라고 부인한다.

그리고 몰몬경과 교리와 성약, 값진 진주 등을 성경과 똑같이 권위를 인정하고 인간의 원죄를 부정한다. 구원은 선행에 따라 이루어진다고 믿는다. 이들은 일생 중 2년간을 무보수 해외 포교활동을 하며 십일조를 철저히 한다.

모순점

이단은 언제나 비윤리적 요소가 있듯이 성적 문란이 문제시되고 있는 몰몬교도의 포교활동은 기성교인들의 신앙의 허점을 노리고 있고, 구원의 확신이 없는 신자와 성경에 의문을 품는 신자들을 치밀한 전략으로 접근한다. 언제나 예의 바른 모습으로 자기 신분을 밝히지 않고 하나님 말씀을 연구하자고 제의한다.

몰몬교는 삼위일체 신앙과 거리가 멀 뿐 아니라 신앙자체가 인본 중심으로 종종 사회적 물의를 일으키고 있다.

4) 전도관(천부교)

전도관은 1955년 12월 25일에 박태선에 의해 발생한 이단 종파이며 1980년 1월 1일 천부교로 개명했다.

전도관은 경기도 소사읍에 7,476명의 신도의 재산으로 공장을 짓는 등 신앙촌을 건설하였고, 자신이 동방의 의인이며 감람나무로, 하늘의 권세를 받았다고 선언하고 그 증거로 성화가 사진에 찍혔다고 주장하다가 거짓이 누설되었다.

또한 박태선은 자신이 축복한 생수를 먹으면 만병통치할 수 있다고 먹이다가 20세 처녀가 죽는 사건도 일어났으며, 섹스 안찰, 아들 박동명의 연예인 100여 명과의 엽색행각 등 사회적 물의를 빚기도 했다.

전도관의 교리

하나님을 이원론적으로 보아 태극에서 음양이 나온다고 말하며 하와가 선악과를 따먹음으로 인간이 타락하게 되었고, 하나님으로부터 받은 순수한 피가 더러워졌으므로 깨끗한 피를 가진 사람과 혈통적으로 관계를 통해서 깨끗케 할 수 있다는 피가름의 원리를 주장하며 깨끗한 피는 동방의 의인 박태선의 피라 말한다.

이들은 독신주의를 장려하고 돼지고기, 개고기, 복숭아를 먹지 않는다.

모순점

박태선을 성령화하고 말세의 심판주로 여기며 삼위일체 하나님을 부인하고 구원은 박태선을 통해서만 받는다고 주장하고, 박태선이 손 씻은 물과 세탁한 물을 생수라고 많은 신도들을 속여 왔다.

복숭아와 선악과를 구별 못하는 무지한 신앙으로 어찌 소망과 구원의 종교가 될 수 있는가?

5) 구원파(기독교복음침례회)

구원파는 권신찬을 중심으로 기성교회를 비난하며 "기성교회는 구원이 없다", "예배의식을 율법적으로 드린다", "한 번 구원받으면 모나게 살아도 상관없고 7년 후 예수 재림하신다"라고 주장한다.

그리고 헌금제도를 비판하면서 회원을 모집하여 회비를 거출(據出)하며 기성교회를 문란케 하며 많은 신자를 현혹하고 있다.

이들은 언제나 전도할 때 "구원받으셨습니까?" 등 10가지를 질문하면서 바른 신앙을 왜곡시킨다.

① 선생님의 이름이 생명책에 기록된 것을 확실히 알고 있습니까? ② 선생님은 거듭났습니까? ③ 성령이 마음에 계심을 믿습니까? ④ 사망에서 생명으로 옮겨진 것을 확신합니까? ⑤ 의인입니까? 죄인입니까? ⑥ 모든 죄가 용서되었습니까? ⑦ 하나님을 두려워하는 생활을 하십니까? ⑧ 구원받는 것을 확신합니까? ⑨ 재림주를 영접할 준비가 되었습니까? ⑩ 구원을 받은 근거는 어디에 있습니까?

구원파의 교리와 문제점

구원은 확신이 있어야 하고 구원받았으면 죄를 지어도 상관없다고 주장하며, 원죄는 십자가로 인해서 용서받았으므로 회개가 불필요하다고 주장하고 육신의 죄에 관용한다. 그리고 가시적 교회를 부인하고 거듭난 자체가 교회라고 말하며 구원받은 사람에게 기도가 왜 필요하냐고 한다.

성직과 성수주일은 구원받은 사람에게 무의미하고 구원파 외에는 구원이 없다고 하며, 천지창조 이전에 이미 사탄이 있었다며 하나님께서 멸망을 전제로 천지를 창조하셨다는 허무맹랑한 주장을 한다.

구원 얻은 사람은 주일성수, 새벽기도, 십일조 등 율법의 의무가 필요 없고, 십자가도 필요 없다고 하며 기성교인들을 호도한다.

이와 같이 하나님의 교회를 혼합시키고 가정생활을 파괴시키고 절박한 위기의식을 고조시켜 신자의 영과 육을 노략질하는 이단에 대항할 수 있는 성숙한 신앙을 갖추어야 한다.

3. 이단을 어떻게 분별할 것인가?

첫째, 사도신경의 신앙고백 여부를 가지고 이단 여부를 판별할 수 있다. 정통교회는 사도신경을 신앙고백으로 고백한다. 그러나 통일교, 여호와의 증인, 몰몬교, 천부교, 안식교 등은 사도신경을 거부한다.

둘째, 정통교회가 예수 그리스도의 십자가 구속의 도리를 믿는 데 반해 이단들은 이를 부인한다. 뿐만 아니라 "십자가 죽음은 하나님의 뜻이 아니라 인간의 무지의 결과이며 십자가의 죽음에서 영적 구원만을 이루고, 육적 구원은 실패했으며 죄인처럼 형틀에서 불쌍한 죽음을 당했으니 예수를 믿으면 구원을 못 받는다"고 주장하고 있다.

셋째, 정통교회는 성경 66권을 정경(正經)으로 받아들이며 하나님의 특별계시를 믿는 데 반해 이단들은 성경보다 그들의 다른 복음(갈 1:7, 8; 고후 11:4)에 권위를 부여하고 있으며 하나님의 특별계시의 계속성을 주장하고 있다. 통일교의 원리강론, 몰몬교의 몰몬경 등이 바로 그것이다.

넷째, 이단들은 기성교인들만 대상으로 미혹하고 있다. 일반 신자들은 전도하다가 신자를 만나면 소속교회에 충성하라고 말한다. 그러나 이단들은 가가호호 방문하면서 교패가 부착되어 있는 신자의 가정만을 선택하여 공격과 포섭의 대상으로 삼는다.

다섯째, 이단들은 그들의 지도자들을 반드시 숭배의 대상으로 삼거나 신격화한다. 예를 들면 '재림의 예수', '말세의 마지막 종', '하나님의 어린 양', '선지자', '보혜사 성령', '심판주 하나님', '하나님의 부인', '하나님의 둘째 아들' 등이다.

여섯째, 이단들은 불건전한 신비주의의 온상에서 독버섯처럼 발생한다. 기독교는 신비로 가득한 진리를 내포하고 있지만 불건전한 신비주의는 아니다. 그들은 "직접 계시를 받았다", "자기와 하나님과 직통한다", "예수를 직접 만났다", "환상을 보았다" 등등의 주장을 통해 자신의 주관적인 신비 체험을 객관화시키려 한다.

일곱째, 이단들은 성경해석의 오류를 범한다. 마틴 루터는 성경의 가장 정확한 주석은 성경이라고 원리적인 해석을 했다. 그러나 이단들은 은유적인 해석을 시도하다가 지나쳐서 성경해석의 오류를 범한다.

1) 이단의 공통점

첫째, 그들은 세계의 종말이 눈앞에 다가왔다고 말하면서 사람들로 하여금 절박한 위기의식에 빠지게 한다. 즉 불안과 공포에 빠뜨린 다음 심리적으로 도피처나 돌파구를 찾게 될 때 그들은 '오직 충성과 복종'만을 요구하면서 서서히 신도들을 세뇌한다.

둘째, 이단자들은 그리스도 중심적이 아니고 자기중심적이다(롬 3:9~20). 자기 이익과 자기중심적인 사람은 다른 사람들의 가치관을 인정하지 않고 이타적인 행동을 하지 못한다. 그들의 명령은 신의 명령이요, 계시라고 주장하고 개개인의 영혼이나 인권에는 관심이 없고 오직 자신의 이익과 지위

안락을 위하여 신도들을 도구와 기계처럼 이용할 뿐이다.

셋째, 이단들은 자신들이야말로 하나님과 직접 교통하고 계시를 받는다고 주장하며 자신을 신격화한다.

넷째, 이단자들은 자기네들을 통해야만 구원을 받을 수 있고 마지막 때 환난에서 살아남을 수 있다고 주장한다.

다섯째, 이들은 자신들만 구원받는다는 선민의식이 강하다. 특히 통일교는 나라와 민족과 세계를 위해 일한다는 환상 속에 빠져 가장 기본적인 개인생활과 가정생활을 파괴한다.

여섯째, 그들은 성도들을 가급적 외부세계와 단절시키려는 노력을 하는 등 폐쇄적이다. 자기들끼리만 알고 넘어가야 하는 일이라고 하면서 누설은 곧 천기(天氣)를 누설하는 중죄에 해당된다고 협박한다.

일곱째, 비윤리적이며 부도덕적인 면을 가지고 있다.

여덟째, 지상천국의 현실화를 주장한다.

아홉째, 경제문제에만 관심이 있고 신도들로부터 갖은 방법으로 금전을 수탈한다.

열째, 성경의 일부분을 지나치게 확대 해석하여 강조한다.

2) 이단을 예방하는 길

우리 몸에 해를 끼치고 고통을 주는 모든 질병은 발병 후의 처방이나 수술보다는 예방이 훨씬 효과적이다. 예방할 때 적은 노력으로 큰 효과를 거둘 수 있으나 발병 후에는 큰 노력으로 작은 효과밖에 거둘 수 없는 법이다.

그러면 이단을 예방하는 길에는 어떤 방법이 있는가를 살펴보자.

첫째, 가정은 따뜻하고 사랑이 넘치는 공동체로서 그리스도의 삶을 실천하는 장이 되어야 한다. 이단에 빠지는 대부분의 사람들은 사랑을 느끼지 못하고 사랑에 굶주린 사람들이 대부분이다. 그러므로 가정을 하나의 천국으로 만들고, 크리스천다운 생활을 유지해 나가고, 하나님의 말씀을 진리의 성으로 쌓아서 이단의 침입을 미리 막아야 한다. 이단들은 성경의 말씀을 교묘하게 이용하여 부모형제나 아내와 남편, 그리고 자식들을 서로 미워하고 사탄시하도록 유도하고 때로는 가출하도록 유도한다. 평화로운 가정의 질서를 맨 먼저 파괴하는 것이 이단의 공통점이요, 원리이다.

둘째, 지속적으로 성경말씀을 배운다. 성경말씀으로 무장한 사람은 이단들이 침범할 수가 없다. 이단에 빠진 사람들은 한결같이 성경에 무지하다.

셋째, 기성교회 신자들의 영적인 욕구를 무시해선 안 된다. 신앙이 깊은 사람들은 하나님께 좀 더 가까이 접근하고 싶어 한다. 그러나 영적 욕구에 엄격한 가정이나 제도화되고 전통적인 교회에 의해서 무시당했거나 좌절된 경우에 신자들은 이단의 함정에 빠지기 쉽다. 특히 예언, 방언, 계시, 환상 등 신비체험에 대해서 기성교회가 명확한 답변을 주지 못하고 무조건 반대만 하고 이단이라고 정죄해 버리면 그들은 당황하게 되고 반발심이 생겨 다른 신자들까지 미혹하여 데리고 감으로써 자기의 행동을 합리화 내지 정당화시킨다.

넷째, 자신이 속한 교회에서 어떤 역할을 맡아 헌신하도록 한다. 우리가 교회에서 해야 될 꼭 필요한 역할을 하고 있을 동안에는 이단에 한눈을 팔수가 없다. 자기에게 맡겨진 역할에 대한 사명감을 갖고 일하는 동안에는 이단이 끼어들 틈이 없다.

다섯째, 성스러운 교회이지만 불완전한 인간이 모인 곳이 교회임을 인식시켜야 한다. 사람들이 모인 곳이기에 때로는 인간적인 실수와 잡음, 환멸감을 느낄 수밖에 없는 제도적인 모순이나 문제점이 있다는 사실을 솔직하게 시인하여 교인들이 교회에 대한 실망감이나 목회자에 대한 환멸감을 갖지 않도록 하는 것이 중요하다. 교회나 목회자에 대한 기대감이 클수록 거기에 정비례하여 실망감도 클 수 있다. 목회자도 '보통 인간'임을 인정하여야 한다.

Chapter 17

교인생활의 표준

교인생활의 표준

1. 교인생활

1) 신앙생활

성수주일

　그리스도인은 예배에 빠짐없이 참석해야 한다. 이것이 그리스도인의 생활표준이다. 교인생활의 중심은 예배이므로 최고의 열심을 가지고 신령과 진정으로 예배를 드려야 한다. 주일예배를 통하여 한 주일의 신앙생활이 시작되는 것이다.

　그러므로 자기 취미나 오락, 여하한 사정으로라도 예배에 빠져서는 안 된다. 안식일을 거룩히 지키고 예배에 참석하는 것이 교인생활의 첫걸음이요, 은혜생활과 축복의 근원이 된다. 또 주일 저녁예배와 수요예배, 금요예배 참석은 영적인 신앙 성장에 큰 힘이 된다.

예배 전의 태도

- 마음 준비 : 마음을 정돈하고 은혜를 사모한다.
- 몸 준비 : 옷은 깨끗하게 정장을 하며 바른 자세를 취한다.
- 시간 준비 : 항상 예배시간 10분 전에 예배장소에 도착해야 한다.

- 헌금 준비 : 정성어린 예물을 준비해야 한다.

- 가벼운 발걸음으로 들어오며 기도와 찬송 외에 일체 잡담을 하지 말아야 한다.
- 성경, 찬송가 책 외에 신문이라 잡지를 보아서는 안 된다.
- 졸거나 껌을 씹는 행위, 발로 장난치는 일, 사면을 두리번거리는 행위를 하지 말아야 한다.
- 예배에 방해되지 않도록 어린이를 단속해야 한다.
- 설교를 비판적으로 듣지 말고 순종하는 마음으로 믿음과 아멘으로 받아야 한다.
- 축도 전에 퇴장하는 것은 축복의 기회를 포기하는 것이다.
- 예배가 끝나면 웃는 얼굴로 성도 간에 안부와 미담을 나누며 함께 친교해야 한다.
- 예배가 끝나는 시간부터 새로운 헌신과 봉사가 시작되는 것임을 알아야 한다.

매일 성경을 읽어야 한다

성경은 하나님의 말씀으로 우리의 생명의 말씀이요 영혼의 양식이다. 그러므로 성경을 읽어야 믿음이 자라고 예수님을 알며 구원의 확신을 얻게 된다.

또 성경의 지식이 있어야 이단에 미혹되지 않고 마음의 기쁨과 평안을 누리게 된다. 성경은 매일 규칙적으로 읽어야 한다. 성경을 읽지 않은 사람은 참된 신자가 되지 못한다. 그리고 누구든지 성경을 휴대하여야 한다 (딤후 3:15~17; 시 19:7~11, 119:105; 벧전 2:2).

매일 기도생활에 힘써야 한다

기도는 영적 호흡이요, 영혼의 날개이며, 제단의 향이며, 주님과의 대화이다. 그래서 기도 없이 신자는 신앙을 유지할 수 없으며 하나님과 밀접해질 수가 없다.

신자는 언제나 기도생활에 힘써야 한다. 새벽시간에, 잠자리에서, 음식을 먹을 때, 남의 집을 방문할 때, 여행할 때, 큰 일이 있을 때, 누구와 상담할 때, 교회에 나올 때, 그리고 슬플 때나 기쁠 때나 언제든지 쉬지 말고 기도생활에 힘써야 한다(살전 5:17).

전도에 힘써야 한다

전도는 주님의 지상명령이요, 교회의 사명이요, 교인의 의무이다. 그러므로 힘써 전도해야 한다. 전도는 신앙이 살아 있다는 증거요, 사랑의 열매요, 죽어가는 영혼을 구원하는 일이다. 집, 직장, 거리, 병원, 학원, 어디서나 복음을 전하며 주님의 증인이 되어야 한다(딤후 4:2; 행 1:8). 열심히 전도함은 축복의 지름길이요, 교회가 부흥하는 길이 된다.

바치는 생활에 충실해야 한다

하나님께 바치는 것은 천국에 보물을 저축하는 일이요, 축복받는 비결이므로 누구든지 신자는 이 반열에 참예해서 은혜를 받아야 한다. 우리는 주님께 누구든지 자신의 몸과 정성, 시간과 재주를 드려야 하는데 이것 외에도 물질을 드려야 한다. 왜냐하면 주님은 우리를 위하여 물과 피를 다 쏟으셨기 때문이다.

㉠ 십일조 : 소득의 10분의 1을 드리라는 것은 주의 명령이다.
"만군의 여호와가 이르노라 너희의 온전한 십일조를 창고에 들여 나

의 집에 양식이 있게 하고 그것으로 나를 시험하여 내가 하늘 문을 열고 너희에게 복을 쌓을 곳이 없도록 붓지 아니하나 보라"(말 3:10)

ⓒ 절기헌금 : 일 년 중의 절기마다 드리는 헌금. 부활절, 맥추감사, 추수감사, 성탄절, 신년축하예배, 교회설립기념일 등에 드린다.

ⓒ 주일헌금 : 주일대예배 시에는 되도록 정성어린 헌금을 드려야 한다.

ⓔ 속회헌금 : 각 가정에서 속회예배로 모일 때에는 평소보다 더 많은 감사예물을 드려야 한다.

ⓜ 감사헌금 : 감사할 일이 있을 때마다 수시로 액수의 다소에 관계없이 감사한 마음으로 드려야 한다. 감사의 조건은 다음과 같다.

- 영적인 면 : 세례, 학습, 성찬 참예, 직분 임명, 시험 승리 등
- 육적인 면 : 출산, 생일, 돌, 회갑, 결혼, 장례, 퇴원 등
- 생활면 : 취직, 승진, 입학, 졸업, 이주, 여행, 개업, 제대 등

성도의 교제가 있어야 한다

신자는 하나님의 자녀인 동시에 주님의 지체이다. 그러므로 그리스도 안에서 한 형제요, 자매로서 사랑의 교제가 있어야 하며 기쁨이 있을 때 함께 기뻐하고, 어려움을 당할 때 기도와 말씀으로 서로 위로해야 한다. 이러한 교제는 주님이 오실 때까지 지속해야 한다.

교역자를 잘 받들어야 한다

목사는 제사장의 입장에서 예배를 인도하고, 목자의 입장에서 양을 먹이며, 교사의 입장에서 성경을 가르치고, 행정가의 입장에서 교회를 치리한다. 그리고 전도자로서 복음을 전하고, 상담자로서 신자들의 신앙문제를 서로 의논하고 심방하며 기도하는 일을 하며 매일 분주하게 보내고 있다. 그러므로 성도들은 교역자와 밀접한 관계를 가지고 신앙생활을 해야 유익

이 있고 영적 성장에 도움이 된다.

성경연구, 교리문제, 결혼, 직장, 생일, 회갑, 사업, 신앙 등 여러 문제에 대해 지도를 받고자 할 때는 전화로나 또는 방문하여서 상담을 해야 한다. 설교, 전도, 교육, 심방, 제반 교회 일을 처리할 때 교우들의 적극적인 협조 없이는 아무것도 할 수 없다. 비판적이거나 부정적인 태도를 버리고 언제나 긍정적으로 협조하여야 한다.

좋은 목사 되게 하는 길은 성도가 좋은 교인이 되는 것이다. 목사의 허물과 잘못을 세상에 이야기하는 것은 교회가 상처를 받는 일이므로 사랑과 용서로 덮어주고, 권면하는 것이 시정의 길일 뿐 아니라 좋은 교역자로 만드는 길이다. 이는 동시에 좋은 교인이 되는 길이다.

> "부지런하여 게으르지 말고 열심을 품고 주를 섬기라 소망 중에 즐거워하며 환난 중에 참으며 기도에 항상 힘쓰며 성도들의 쓸 것을 공급하며 손 대접하기를 힘쓰라" (롬 12:11~13)

2) 성미를 드리는 생활

성미를 드리는 생활은 하나님을 내 가정에 모시는 정성, 주님을 모시고, 목사님을 우리 집 식탁에 모시는 정성을 의미한다. 매일 식구들의 밥을 지을 때에 식구 수대로 한 숟가락씩 떼어 구분해 두었다가 주일마다 하나님께 바친다. 한 숟가락씩 떼면서 가족 한 사람 한 사람을 위한 하나님의 보호하심과 축복 내려주심을 간절한 마음으로 주님께 구해야 한다.

> "또 각종 처음 익은 열매와 너희 모든 예물 중에 각종 거제 제물을 다 제사장에게 돌리고 너희가 또 첫 밀가루를 제사장에게 주어 그들에게 네 집에 복이 내리도록 하게 하라"(겔 44:30)

3) 성도의 개인생활

믿음으로 거듭난 사람의 영적 상태는 갓난아이와 같아서 믿음과 인격이
차츰 자라야 한다. 그러자면 다음의 몇 가지를 지켜야 한다.

- 매일 성경을 읽고 그 말씀대로 살아가야 한다.

"주의 말씀은 내 발에 등이요 내 길에 빛이니이다"(시 119:105)

- 항상 기도하며 낙심하지 말아야 한다.

"쉬지 말고 기도하라"(살전 5:17)

- 구원받은 사실을 이웃에게 전해야 한다.

"빌립이 입을 열어 이 글에서 시작하여 예수를 가르쳐 복음을 전하니"(행 8:35)

- 맡은 일에 충성해야 한다.

"맡은 자들에게 구할 것은 충성이니라"(고전 4:2)

- 성령의 내적 열매인 사랑과 희락과 화평과 외적 열매인 전도의 열매를
맺는 생활을 해야 한다.

"오직 성령의 열매는 사랑과 희락과 화평과 오래 참음과 자비와 양선과 충성과 온유
와 절제니 이같은 것을 금지할 법이 없느니라"(갈 5:22~23)

4) 교인의 의무

- 예수 그리스도를 다른 사람에게 구주로 증거한다.
- 매일 기도하며 성경을 읽는다.
- 대예배, 기도회, 소회예배, 기타 공식예배에 참석한다.
- 교회의 교리와 헌법을 지킨다.
- 본교회에서 발생하는 서적과 기관보, 유익한 서적을 구독한다.
- 교회의 제반 일을 자기 일같이 보살핀다.
- 교회의 임원으로 피선되었을 때는 그 직무를 충실히 이행한다.
- 주님의 성업을 위하여 의무금을 낸다.

5) 가정생활

가정은 하나님 나라의 작은 모형이다. 그리스도인은 가정생활을 통하여 하나님의 영광을 나타내고 온 가족이 은혜 안에서 축복을 누릴 수 있어야 하겠다. 그러자면 다음의 몇 가지를 지켜야 한다.

- 때를 따라 예배를 드리기 위해 온 가족이 한 자리에 모여야 한다.

"그가 경건하여 온 집안과 더불어 하나님을 경외하며 백성을 많이 구제하고 하나님께 항상 기도하더니"(행 10:2)

- 부부간에 사랑과 신뢰의 생활을 하여야 한다.

"남편들아 아내 사랑하기를 그리스도께서 교회를 사랑하시고 그 교회를 위하여 자신을 주심 같이 하라"(엡 5:25)

- 자녀들은 주의 말씀으로 양육하고 훈계하여야 한다.

"또 아비들아 너희 자녀를 노엽게 하지 말고 오직 주의 교훈과 훈계로 양육하라"(엡 6:4)

- 부모를 공경하고 순종하여야 한다.

"네 부모를 공경하라 그리하면 네 하나님 여호와가 네게 준 땅에서 네 생명이 길리라"(출 20:12)

- 이웃에게 본이 되어야 한다.

"너희는 세상의 소금이니 … 너희는 세상의 빛이라"(마 5:13, 14)

6) 사회생활

사회와 교회는 서로 영향을 주고받을 수 있는 밀접한 관계에 놓여 있다. 그러므로 그리스도인들은 그 지역사회 안에서 빛과 소금이 되어야 한다. 그러자면 다음의 몇 가지를 지켜야 한다.

- 세상 유혹에 빠지지 않도록 항상 단정히 행하여야 한다.

"낮에와 같이 단정히 행하고 방탕하거나 술 취하지 말며"(롬 13:13)

- 이웃을 내 몸과 같이 사랑해야 한다.

"네 마음을 다하며 목숨을 다하며 힘을 다하며 뜻을 다하여 주 너의 하나님을 사랑하고 또한 네 이웃을 네 자신 같이 사랑하라 하였나이다"(눅 10:27)

- 국민된 의무를 다하고 주어진 주권을 바로 행사하여야 한다.

"모든 자에게 줄 것을 주되 조세를 받을 자에게 조세를 바치고 관세를 받을 자에게 관세를 바치고 두려워할 자를 두려워하며 존경할 자를 존경하라"(롬 13:7)

- 국가와 국민과 위정자를 위하여 기도하여야 한다.

"그러므로 내가 첫째로 권하노니 모든 사람을 위하여 간구와 기도와 도고와 감사를 하되 임금들과 높은 지위에 있는 모든 사람을 위하여 하라 이는 우리가 모든 경건과 단정함으로 고요하고 평안한 생활을 하려 함이라"(딤전 2:1, 2)

- 범사에 하늘나라와 그의 의를 구하므로 복지사회 건설에 이바지하여야 한다.

"너희는 먼저 그의 나라와 그의 의를 구하라 그리하면 이 모든 것을 너희에게 더하시리라"(마 6:33)

2. 임원과 훈련

시대와 사회가 세분화되고 다양해지며 다변화됨에 따라 교회에서의 평신도 활동은 교회가 그 소임을 다하게 하는 데 결정적인 열쇠가 되고 있다. 따라서 신실하고 유능한 임원, 즉 평신도 사역자가 그 어느 때보다 절실히 요청되고 있다.

1) 임원 수련의 필요성

다윗이 여호와의 법궤를 아비나답의 집에서 옮기던 중 웃사가 당한 참사는 오늘날 훈련받기를 게을리 하는 교회 임원들에게 큰 경종이 아닐 수 없다.

거룩한 직책이기에

교회 임원들에게 맡겨진 임무는 세속적인 일이 아니라 '하나님의 일'이다. 하나님의 일은 하나님이 원하시는 방법으로 해야 한다.

소명을 받았기에

물론 외적(外的) 소명, 즉 교회 의회에서 선출되는 형식이 취해졌으나 실은 하나님의 부르심이다. 자원한다고 되는 것도 아니며 사양하고 불평하며 소홀이 여기는 일은 더욱 있을 수 없다. 오직 훈련받고 능력 입어 충성해야 하는 외길이 있을 뿐이다.

신령한 기능이기에

기능이란 배우는 것, 또는 이해하는 것만으로 얻어지는 것이 아니다. 훈련과 실천을 통한 숙련만이 큰 기능을 발휘하게 한다. 임원이란 결코 지위가 아니라 신령한 기능임을 명심하고 숙련해야 한다.

몸이신 교회의 지체이기에

기능을 달리하는 각 지체는 끊임없이 개발되어야 하며 균형을 유지해야 한다. 한 지체의 침체가 온몸에 지장을 주며 한 지체만의 특출한 개발은 부작용을 유발하기 쉽다. 선교, 교육, 봉사의 기능을 중심으로 각 지체의 기능 개발 그리고 이 기능들의 조화를 위해 끊임없는 훈련이 요청된다.

평생직이기에

평생직이라 할 때 직책이나 기능의 종신직을 뜻할 수도 있고 계속적 훈련을 받아야 함을 암시한다. 요한서신(요일 2:12~14)에서 밝혀주는 것처럼 아비들, 아이들, 청년들 각각의 체험, 지식, 기능은 그 연륜에 따라 깊어지고 넓어지고 특이해지고 온전해진다. 따라서 죽음도 하나의 과업이행이 되는 것이고 죽는 일도 훈련되어야 한다.

현대교회에서 임원의 역할이나 그 영향은 막대하다. 만일 임원이 세속적 교양이나 신분 또는 생각이나 기능을 가지고 교회 일을 능숙하게 처리하려 할 때 되지도 않을 것이며 오히려 교회를 세속화 또는 저질화되는 두려운 요인이 된다.

오직 교회의 임원은 말씀을 중심으로 한 신령한 지식, 기도를 통한 영적 교통, 실천을 통한 철저한 체험으로 자신을 지키며 순간순간 진보를 이루도록 끊임없이 수련을 쌓아야 한다.

2) 임원의 자격

사도들이 전도 초기에 7인의 집사를 선출할 때의 자격 기준은 오늘의 교회 임원들이 늘 갖추고 있어야 할 자세의 기본이 된다(행 6:1~6).

성령이 충만한 사람

성령이 충만한 사람이란 예수 그리스도를 믿고 구주로 고백하며 성령에 의해서만 살며 따라서 날마다 매사에 성령으로 결실하며 성장을 지속하는 사람이다. 즉 믿음으로 완전한 자이다.

지혜가 충만한 사람

지혜는 모든 책임과 임무를 수행해 나가는 내적인 연장이다. 말씀을 실천하는 데도(마 7:24) 지혜로워야 하며, 말씀을 증거하는 데도(고전 3:10), 임무를 다하는 데도(왕상 3:6~), 자기를 보존하고 온전케 하는 데도 지혜가 있어야 한다.

칭찬 듣는 사람

"임원보다 앞서는 평신도는 없다"고 한다. 칭찬이란 존경하는 마음을 일으키며 배우고 따르려는 대상이 되게 한다.

예배를 비롯하여 모든 은혜 받는 모임에 참석하는 것으로부터, 전도, 봉사 등 모든 생활로 믿는 이들에게 모범이 되어야 하며 섬기는 생활로 세상 사람들에게 본이 되어야 한다. 불신자들은 임원들의 예배 참석의 열의, 성경 지식의 유무, 기도를 통한 신령한 은혜 여부보다 생활을 통해 나타나는 실천을 보는 데 민감하다.

3) 임원의 직무

우선 성경에 나타난 평신도 사역자들의 직무를 살펴보고 임원의 직무를 분명히 알아보도록 하자.

하인(요 2:1~)

식탁에서 시중드는 하인이 갈릴리 가나 잔칫집에서 행한 직무이다. 물로 만드신 포도주를 사람들에게 제공할 때 시키시는 대로 그대로 했으며 나중의 포도주가 어떤 것임을 아는 자들이었다.

사환(마 22:1~)

마련된 연회장을 채우기 위해 밖으로 나가 사람을 부르는 직책을 맡은 자로 절대 복종을 생명으로 아는 임금의 사환이다. 사람을 불러 하나님의 집을 채우라는 어길 수 없는 명을 받은 종이다.

섬김이란 모든 임원의 직무의 기본이다. 그것은 주님의 명령이며 친히 본을 보여 주시면서 강력히 일러 주신 임원 본연의 자세이다. 섬김이란 하나님의 사랑을 나타내는 가장 구체적인 삶이다.

임원의 모든 소유는 곧 하나님께서 맡기신 것이라는 소유관이 뚜렷한 사람이다. 맡기신 하나님의 뜻대로 써야 하며 이를 증식시켜야 하며 또 이를 상환하는 것을 책임지는 것이다. 풍성한 결실로 주인을 기쁘게 해야 한다.

무용지물은 도태를 당하기 때문이다. 모든 소유는 하나님 맡기신 것이라는 고백인 십일조를 드리는 일을 비롯해서 주께서 쓰시겠다고 하면 이유를 묻지 않고 봉헌하는 자세로 드려야 한다.

4) 임원의 책임

임원의 성서적 기원을 초대교회(행 6:1~)에서 찾는다면 그 책임의 기원 역시 마찬가지일 것이다. 임원의 책임이란 목회자로 하여금 기도하는 일과 말씀을 전하는 일에 전념토록 보좌하며 모든 신도들에게는 목회자들이 베풀어야 할 하나님의 사랑을 섬김으로 나타내는 일이다. 교회의 직무를 분업, 분담하는 것이 아니라 어디까지나 목회자를 보필하는 것이 임원의 책임의 핵심이다.

(1) 목회자를 위한 책임

목회자로 하여금 모든 신도들의 영적 생활을 적극 전담할 수 있도록, 임원은 목회자의 일반 생활에 관한 것을 책임진다(고전 9장; 느 13:10~12).

목회자는 그리스도의 대리자이며 전권대사인 영적인 아버지이다. 고로 무엇이든지 그에게 소용되는 바를 주고(롬 16:2) 모든 좋은 것으로 함께 해야 한다(갈 6:6).

또한 말씀을 힘 있게 전할 수 있도록 도울 뿐 아니라 선포되는 말씀대로 살아가는 것이야말로 가장 큰 협력이며 목회자가 영력 있는 설교를 준비하도록 모든 여건을 구비하도록 하는 것이다.

그리고 목회자를 위해 기도하며 모든 근심을 덜어주는 일을 하며, 목회자에게는 하나님의 능력이 역사하시도록 하여, 힘 있는 목회자가 되게 하므로 교회를 부흥시키고 말씀을 널리 힘 있게 선포하도록 해야 한다.

언제나 즐거움으로 목회하도록(고전 16:18; 히 13:17) 해야 한다. 목회자의 일에 인적(人的), 물적 자원으로 서슴없이 충당하여 목회자로 하여금 즐거움으로 일하게 해야 한다. 내분이나 불순종 또는 나약하거나 무능하여 오히려 거리낌이 되지 말아야 한다. 어떤 의미에서도 쓴 뿌리나 가시(히 12:15)가 되어서는 안 된다.

(2) 신도들을 위한 책임

신도들과 영원한 관계를 가지도록 하는 것이다. 임원들에게 주신 은혜는 서로 유익하게 하도록 돕는 생활을 위한 것이다(고전 12:17~25).

주께서는 베드로에게 "내가 네 발을 씻기지 아니하면 너는 나와 아무 상관이 없느니라" 말씀하셨다.

모든 사람의 경우와 실정에 맞도록 복음을 중심으로 도움을 주어 영원한 관계를 형성토록 해야 하며 또한 자기보다 더 나은 그리스도인이 되게 해야 한다. 천하를 다니며 한 심령이라도 구원하여 지옥 자식이 되지 않도록 하라 하신 주님의 말씀을 기억하고 본을 보이고 힘이 되어 주어야 한다.

5) 임원의 자세

(1) 임원의 신앙자세
- 주일은 존중히 여긴다(사 58:13, 14).
- 예배를 존중히 여긴다(요 4:24).
- 성경을 존중히 여긴다(계 22:18, 19).
- 교역자를 존중히 여긴다(살전 5:12, 13; 히 13:17).

(2) 임원의 정신자세
- 하나님의 소유권을 인정하며 산다(마 25:14; 막 12:7).
- 하나님의 회수권을 인정하며 산다(마 25:28).
- 하나님의 사용권을 인정하며 산다(눅 16:1).
- 하나님의 감사권을 인정하며 산다(마 25:28).

(3) 임원의 봉사자세
- 교회에 대한 바른 이해(내 교회-우리 교회-하나님의 교회)
- 은사에 대한 바른 이해(하나님의 선물-은사의 다양성-봉사)
- 봉사에 대한 바른 이해(봉사의 대상, 재료, 방법은 하나님의 것)

6) 집사

집사는 교회 임원 중 중요한 직분이다. 감리교회는 집사제도를 채택하여 선교집사, 관리집사로서 교회를 위하여 봉사하게 하였다. 집사는 교회 선교의 최전방에서 일하는 요원이기 때문에 교회의 어떤 직분보다도 중요하다.

(1) 집사의 자격

- 입교인이 된 지 2년 이상된 이
- 신앙이 돈독하고 기독교대한감리회의 교리와 장정을 아는 이로서 당회에서 택함을 받은 이
- 신천집사는 총회가 제정한 과정고시에 합격한 이

(2) 집사의 자세(딤전 3:8~13)

집사가 그 직무를 수행하는 데 필요한 실제적 재능에 필요한 덕과 영적인 조건은 다음과 같다.

  ㉠ 집사는 단정해야 한다.

    여기서 단정이란 깨끗함과 통하는 영적 품성을 의미한다. 또한 단정이란 것은 근엄하고 엄정하다는 뜻이다.

  ㉡ 집사는 입이 가벼워서는 안 된다.

    집사는 많은 사람을 대하게 되며 특히 처음 믿는 교인을 대하게 되기 때문에 입이 무거워야 한다. 쓸데없는 말, 일구이언하거나 거짓말, 지나친 과장이나 나쁜 소문을 퍼뜨림으로 인하여 교인 간에 오해와 불화를 일으켜 교회의 일치와 협력에 지장을 주어서는 안 된다.

  ㉢ 집사는 더러운 이를 탐하지 말아야 한다.

    옛날 집사들은 가가호호 방문하여 물품을 거두고, 돈을 거두어 그 금품으로 가난한 사람을 구제하는 임무를 수행하였다. 그러므로 물질에 청렴하여야 한다. 다시 말하면 부정한 방법으로 이득을 얻거나 사복을 채우려는 욕심을 버려야 한다.

  ㉣ 집사는 도덕적인 생활에 모범이 되어야 한다.

    "술을 즐기지 아니하며"라는 말에서 알 수 있듯이 집사는 절제 있는 생활을 통해서 모든 교인들의 모범이 되어야 한다. 금주, 금연은 집

사로서 반드시 지켜야 할 일이다.

ⓜ 집사는 깨끗한 양심을 가져야 한다.

"형제들아 오늘까지 나는 범사에 양심을 따라 하나님을 섬겼노라"(행 23:1)고 하였으며, "나도 하나님과 사람에 대하여 항상 양심에 거리낌이 없기를 힘쓰나이다"(행 24:16)라고 바울은 말하였다. 양심이 더러운 자는 집사가 될 수 없다. 양심이 깨끗하여야 구제사업에 탐심이 없고 재정을 잘 운영할 수 있기 때문이다.

ⓗ 집사는 믿음의 확신을 가져야 한다.

집사는 실제 실무에 종사하는 사람이지만 재능만이 아니고 영적 확신을 가져야 한다. 집사는 도덕적인 여건을 구비하면서 신앙의 교리를 굳게 지키고 영적 품성을 가져야 한다.

(3) 집사의 직무와 사명

목사와 교사가 가르치고 다스리는 직무를 가졌다면 집사는 섬기는 직임을 가진 자이다. 집사들은 하나님의 도움을 받아 스스로 힘쓰고 노력해서 이 자격을 구비하고 사명을 감당하여야 한다. 초대교회 세 집사는 복음 이해에 있어서나 선교의 사명에 있어서나 헌신적인 봉사에 있어서 결코 사도들보다 못하지 않는 좋은 영향을 남기었다.

• 집사는 기능에 따라 선교, 교육, 재무, 관리부의 임무를 분담한다.
• 집사는 해마다 당회에서 선출된다. 그러므로 그 임기는 1년이다.
• 집사는 임원회에 빠지지 말아야 한다.
• 집사는 교회 각 부서에 동참하여 책임 있게 봉사하여야 한다.
• 집사는 목회자의 좋은 협력자가 되어야 한다.

디모데전서 3장 13절에서 집사의 직임을 잘한 사람들은 아름다운 지위와 그리스도 예수 안에 있는 믿음에 큰 담력을 얻는다고 하였다.

7) 속장

속회는 감리교의 특유한 조직으로서 당회에서 교인 5세대에서 9세대 범위 안에 조직하고 예배와 친교, 성경 연구, 구제, 봉사를 목적으로 하며 매주 금요일마다 교인 가정을 순회, 집회함으로써 새 신자 신앙훈련과 교회 부흥에 큰 공헌을 하는 제도이다.

이 기관을 효율적으로 책임지고 담임자의 관리에 협력하기 위하여 집사 중에서 속장 1명을 택하여 신앙과 속회관리를 책임지게 한다.

(1) 속장의 중요성

감리교회의 창설자 웨슬리는 초대교회 성도들이 성전에서 모일 뿐 아니라 집에서 떡을 떼며 기쁨과 순전한 마음으로 음식을 먹고 하나님을 찬미하며(행 2:44~47), 예배와 사랑의 교제를 가졌다는 성서의 말씀에 따라 속회를 조직하게 되었다.

속회의 성장은 곧 교회의 성장이요, 속장의 직임은 작은 교역자로서 교회 부흥에 큰 역할을 담당하게 되는 것이다. 속회는 속장의 영력과 기도가 있을 때 성장한다.

(2) 속장의 자격
- 집사나 권사 중에서 한 속회를 지도할 수 있는 자
- 성령의 체험을 했으며 믿음에 확신 있는 자
- 성경을 많이 연구하고 가르치는 일에 재능이 있는 자
- 부지런하여 전도와 심방에 전심하는 자

(3) 속장의 자세

속장은 무엇보다 성실함과 기쁨으로 충성하는 자세와 거짓 없는 사랑으

로 돌보고 우애와 존경을 보여 주는 일에 모범을 보여야 한다.
- 긍정적인 신앙의 자세를 갖고, 할 수 있는 방법부터 찾고 하고 싶어서 기쁨으로 해야 한다.
- 새로운 일을 찾아 하며 기회를 잃지 않고 해 보려는 자세, 모든 일을 모험할 수 있는 믿음의 자세를 갖고 있어야 한다.
- 모든 계획에 마음의 여유가 있는 자세, 모든 사람에 대해 편견을 버리고 대하는 자세, 가능성과 장점만을 찾아서 일하는 자세, 사람의 운명도 새롭게 할 수 있다는 믿음의 자세를 갖추어야 한다.
- 속장은 속회원들에게 영향을 끼칠 수 있는 지도력을 갖고 있어야 한다. 그러므로 개개인의 인격을 존중하며 목표를 정하고 해결하기 위해 노력하고 사심 없이 공정하게 헌신하며 어려운 일에 솔선수범하고 권위보다 사랑으로 봉사하고 담임자에게 속회 보고와 전달을 철저히 지켜야 한다.

(4) 속장의 사명

속장의 사명은 "사람이 마땅히 우리를 그리스도의 일꾼이요 하나님의 비밀을 맡은 자로 여길지어다 그리고 맡은 자들에게 구할 것은 충성이니라"(고전 4:1, 2)와 "내게 능력 주시는 자 안에서 내가 모든 것을 할 수 있느니라"(빌 4:13)의 말씀에서 찾아볼 수 있다.

하나님은 언제나 사람을 통하여 역사하신다. 그러므로 속장들은 그가 맡은 사명을 위하여 자신의 전체를 바쳐 순종하여야 한다.
- 속장은 꿈을 가지고 사명을 감당해야 한다.
- 꿈을 가지는 곳에 목적과 방향을 정하게 된다. 그 꿈은 인류를 구원코자 하는 꿈이어야 한다.
- 속장은 소명의식을 가지고 속회를 인도하여야 한다.

- 하나님의 동역자임을 기억하고 속회원을 찾아가야 한다.
- 담임자에게 신속한 보고를 하여야 한다.
- 속장은 속회를 활성화시키기 위해서 속도원들이 필요한 것을 제공해 주고, 영적 요구를 위해서 그들이 그리스도를 만나도록 도와주어야 한다.
- 속장은 희생의 대가를 지불하여야 한다.
- 속회의 성패는 속장의 지도력과 신앙에 달려 있다.

8) 권사

권사는 입교인 15명에 1명의 비율로 선택하되 입교인 수가 미달한 교회의 경우, 권사가 없을 때는 1명을 택할 수 있다. 권사의 제도는 외국에도 없고 한국교회만 있으며 감리교회에서는 남녀가 다 임명을 받으나 장로회에서는 여자로만 제한한다.

(1) 권사의 자격
- 입교된 지 5년 이상이고, 연령은 30세 이상의 집사
- 신앙이 돈독하고 기독교대한감리회의 교리와 장정을 아는 이로 기도회 인도와 다른 사람을 권면하기에 은혜와 능력이 있는 이
- 당회에서 택함을 받고 구역회에서 증서를 받은 이
- 신천권사는 구역회에서 장정에 제정된 과정고시를 받아 합격된 이
- 권사가 다른 구역으로 옮겨갈 때에 담임자의 이명증서가 없으면 권사를 인증할 수 없다.

(2) 권사의 자세
- 자기 맡은 일에 모든 사람에게 스승이 되어야 한다. 그러므로 항상 배

우는 자세를 가져야 한다.

- 교회를 섬기기 위하여 성령의 능력을 받아야 한다.
- 교회에 보람 있는 유산을 남겨 놓아야겠다는 자세가 필요하다.

권사는 아래와 같은 자세를 꼭 유의해야 한다.

주일을 잘 지키는 자세(사 58:13, 14), 예배를 존중히 여기는 자세(요 4:24), 하나님과 사람 앞에서 겸비한 자세(엡 3:7, 8), 자원하는 자세(벧전 5:3), 주장하지 않는 자세(벧전 5:3), 떨리는 마음의 자세(출 3:11)이다. 믿는 자들에게 본이 되는 자세(딤전 4:12), 십일조 헌금이 본이 되는 자세(말 3:8~12), 성경 연구에 본이 되는 자세(시 1:1, 2)이다. 그리고 가정예배에 본이 되는 자세(행 16:14, 15)이며 생활에 본이 되는 자세(딤전 3:7)이다.

(3) 권사의 직무와 사명

㉠ 직무

- 담임자의 지도 아래에서 기도회를 인도한다.
- 신자를 방문하고 낙심된 이를 권면하며 불신자에게 전도한다.
- 속회를 분담하여 지도 육성한다.
- 자기의 직무상 행한 바를 당회와 구역회에 보고한다.

㉡ 사명

- 교역자를 잘 도와야 한다.
- 심방의 직무를 감당해야 한다.
- 심방 시에 꼭 기억할 것은 물질에 깨끗해야 한다는 것이다. 말에 실수가 없어야 된다. 신앙을 바르게 인도해야 된다.
- 사랑의 봉사자가 되어야 한다. 희생적인 삶이 되어야 한다(시간, 물질).

9) 장로

장로는 교인(세례교인) 30명에 1명의 비율로 선택한다. 단 장로가 없을 때에는 입교인의 수가 정수에 미달되어도 1명을 둘 수 있다.

(1) 장로의 의의

장로(presbyter)는 연장자(벧전 5:1~5), 인민의 대표자(출 3:16; 삼상 8:4), 통치자(창 50:7)이다.

(2) 장로의 자격

- 입교인 된 지 10년 이상, 연령은 35세 이상인 이로 신앙이 돈독하고 전도할 능력과 열심이 있는 권사
- 당회에서 재석 3분의 2의 가표를 받은 이
- 총회에서 제정한 장로고시에 합격하고 지방에서 안수를 받은 이
- 성서적으로 본 자격은 신앙과 생활과 인격 면에서 존경을 받을 만해야 한다.
- 성령과 지혜가 충만해야 한다(행 3장).
- 책망 받을 일이 없어야 한다(딤전 3:2).
- 지도할 능력이 있어야 한다(딤전 3:2).
- 가정생활에 모범이 되어야 한다. 즉 한 여인의 남편이 되어야 하며(딤전 3:2), 가정을 믿음으로 잘 다스려야 하고(딤전 3:4), 나그네를 대접할 줄 알아야 한다(딤전 3:2).
- 장로는 자제할 수 있는 인격을 가져야 하고(딤전 3:2, 3), 청백해야 한다. 그리고 남에게 좋은 평판을 받아야 한다(딤전 3:7).

(3) 장로의 안수받을 자격
- 지방회에서 총회가 제정한 장로고시에 합격하고 성품이 통과된 이
- 지방 자격심사위원회의 추천에 의하여 지방회에서 무기명 투표로 3분의 2의 가표를 받은 이
- 장로안수 의식은 지방회에서 감리사 주례로 그 구역 담임목사와 본인이 원하는 목사, 장로의 보좌로 행해진다. 총회가 제정한 3년의 연수 과정을 5년 안에 필하지 못하면 장로 자격을 상실한다.

(4) 장로의 직무 및 권리
- 지방회에서 감리사의 파송을 받은 교회의 담임자를 도와서 예배 및 성례, 기타 행사 집행을 보좌한다.
- 장로는 지방회의 회원이 된다.
- 장로는 담임자를 도와서 교회에서 모든 임원들의 활동을 지도한다.
- 장로는 교회의 재정유지에 힘쓴다.
- 장로는 교역자의 부재 시에 담임자나 감리사가 위촉한 범위 내에서 교역자를 대리할 수 있다.
- 성도들을 심방하며 신앙을 지도한다.
- 자기의 직무상 행한 바를 당회, 구역회, 지방회에 보고한다.
- 장로로 은퇴한 이는 원로 장로라 칭하고 임원회와 지방회의 시, 특별 회원으로 예우한다.

(5) 장로의 파송과 관리
- 장로는 해마다 지방회에서 품행통과를 받은 후 감리사가 그 지방 내 교회에 파송한다.
- 지방 자격심사위원회는 장로의 교회출석, 의무분담, 신앙생활 등의

심사결과를 지방회에 보고하고 지방회 재석회원 3분의 2의 가표로 품행을 통과한다.

- 장로로서 다른 지방으로 옮겨갈 때에는 소속지방 감리사의 이명증서가 있어야 하고 지방 안에서 다른 교회로 옮겨갈 때에는 그 지방 감리사의 파송을 받아야 한다.
- 실격되었던 장로가 당회의 추천을 받아 지방회에서 품행이 통과되면 복직할 수 있다.
- 장로는 지방회에 무고히 2년 이상 불참할 경우에 자격을 상실한다.
- 다른 교파에서 이명증서를 가지고 온 장로는 입교인 된 후 6개월 동안 감리회의 교리와 장정을 공부케 하고 지방회에서 시험이 통과된 후 증서를 받아야 한다.

(6) 장로의 자세
- 장로는 교인들이 선출한 대표자이기 때문에 항상 교인의 여론을 경청하여야 한다.
- 장로는 주인의 자세를 가져야 한다. 주인의 자세는 책임의식을 말한다.
- 장로는 종의 자세를 가져야 한다. 종의 자세는 희생정신을 말한다.
- 장로는 어른의 자세를 가져야 한다.

3. 행복한 가정

가정은 하나님이 이루어주신 선물로 우리의 육신과 정신의 안식처이다. 세상에 보이는 어떠한 조건과 환경이 아무리 좋다 하여도 가정이 행복할 때에만 그것이 축복이 된다. 가정은 사회의 기본단위이다. 가정이 건전할 때 사회가 건전하게 되고 가정이 파괴될 때 그만큼 사회는 불안하게 된다.

하나님은 믿음의 가정들을 축복하시어 생육하고 번성하여 땅에 충만하고 땅을 정복하고 다스리어 자연과 인간과 하나님과 조화를 이루며 행복하게 살도록 축복하셨다.

그러므로 가정은 남편과 아내, 그리고 부모와 자녀 간에 어떠한 관계를 이루어야 하는지 살펴보도록 하자.

1) 행복한 부부의 특성

서로 간에 열등의식이 없고 항상 무슨 일에든지 비밀이 없고 말할 수 있는 열린 대화가 있으며 부부에게 각기 주신 하나님의 선물인 개성을 살리며 서로의 성숙을 위하여 도와주며, 이해하고 서로를 향해 정직하고 삶의 의미를 느끼며 일의 보람을 찾으면서도 서로 간에 지켜야 할 부부간의 예절을 지키고 남편의 목표를 아내가 돕고 신앙에 있어서 마음을 같이하고, 뜻을 같이하여 하나님 중심으로 꿈을 키워가며 열심히 생활한다.

2) 남편과 아내와의 관계

(1) 아내에 대한 남편의 의무(벧전 3:7)

아내는 연약하다. 고로 강압하거나 학대하지 말고 도와주어야 한다. 생명의 유업을 함께 받은 자로 알아 부부관계가 주인과 종의 관계가 아닌 일심동체의 관계를 이루어야 한다. 그것은 아내의 행복이 곧 남편의 행복이요, 아내의 근심이 곧 남편의 근심이기 때문이다.

(2) 남편에 대한 아내의 의무(벧전 3:1~6)

아내는 남편에게 순종해야 하며, 외모의 단장도 중요하지만 내적인 단장에 힘씀으로 항상 남편에게 정결한 모습과 검소한 모습 그리고 열심히 사랑하며, 힘써 도와야 한다. 아내의 최대의 자본은 눈물이 아닌 화평한 얼굴이다. 소문만복래란 말이 있다. 그리고 부드러운 음성과 순종하는 자세야말로 아내의 아름다움이다. 과거의 여인상은 5씨를 갖춘 여인이었다(맵시, 솜씨, 말씨, 마음씨, 글씨).

그러나 지금은 무엇보다도 남편의 어려움을 이해하고 격려해주며 가정을 책임 있게 이끌어 나감으로 남편에게 삶의 기쁨과 생동감을 심어 주는 여성이어야 한다.

3) 불신 남편과 사는 그리스도인 아내에게(벧전 3:1~6)

- 남편의 권위를 존중하고 순복하라.
- 많은 말보다도 그리스도에게 지배된 삶을 보여라.
- 마음의 단장에 힘쓰라.
- 남편을 이해하라.
- 남편을 기쁘게 하라.
- 남편과 많은 시간을 함께 지내라.
- 자신의 잘못을 인정하고 용서를 빌며 자존심을 세우지 말라.
- 하나님께 남편을 맡겨라.
- 하나님께 소망을 두라.
- 남편을 주님 섬기듯 하라.

4) 불신 아내와 사는 그리스도인 남편에게(벧전 3:7)

- 아내의 모든 것에 민감한 지식을 가져라.
- 함께 동거하라.
- 아내를 연약한 그릇으로 이해하라.

- 생명의 은혜를 유업으로 함께 받을 것을 기대하고 믿으라.
- 항상 사랑하고 아껴라.

5) 노인들에 대한 제언
- 믿음으로 살아야 한다(요일 5:4, 5; 롬 4:19~22).
- 소망을 지녀야 한다.
- 인내함으로 견디어야 한다.
- 사랑을 실천해야 한다.
- 감사함으로 생활을 해야 한다.
- 지혜를 지녀야 한다.
- 봉사할 것을 찾으라.
- 절제하라.
- 믿음으로 죽음을 준비하라.
- 남은 생을 하나님의 영광을 위하여 아낌없이 투자하며 가정과 사회를 위해 무엇을 남길 것인가를 발견하고 이를 위해서 힘쓰라.

6) 남편의 십계명
- 결혼 전과 신혼 초에 보였던 관심과 사랑이 변치 않도록 노력하라.
- 결혼기념일과 아내의 생일을 잊지 말라.
- 평소 아내의 옷차림과 외모에 관심을 보여라. 남편은 아내의 사랑스러움을 가꾸는 정원사라는 것을 알아야 한다.
- 아내가 만든 음식에 대해서 말이나 행동으로 아내에게 감사를 표시하라.
- 모든 일을 아내와 의논하고 결정하는 습관을 길러라. 결혼의 행복이란 부부간의 사랑보다 평소에 부부가 얼마나 많은 대화를 나누는가

에 달려 있다.
- 아내의 마음에 상처를 주는 농담이나 행동을 삼가라.
- 가정불화가 있을 때 남편은 한걸음 아내에게 양보하라. 아내의 매력이 사랑스러움이라면 남편의 매력은 너그러움이다.
- 가정 경제는 아내에게 위임하여 아내가 보람을 갖게 하라.
- 아내의 개성과 취미를 존중해주고 키워주도록 하라.
- 하루에 두 번 이상 아내의 좋은 점을 발견하여 즉시 일러줌으로써 아내에게 기쁨을 주는 습관을 길러라.

7) 아내의 십계명
- 자기 자신과 가정을 아름답게 꾸밀 줄 아는 재치와 근면성을 길러라.
- 음식 준비에 정성을 기울이고 남편의 식성에 유의하라. 식탁은 가정의 화목을 도모하고 대화를 나누는 친교의 광장이며, 하루의 피로를 풀고 내일을 꿈꾸는 희망의 산실이다.
- 혼자만 말하지 말라. 남편에게 말할 기회를 주지 않아 부부가 충돌하는 경우가 의외로 많다.
- 남들 앞에서 남편의 결점을 늘어놓거나 지나친 자랑은 하지 말라.
- 남편에게 따져야 할 말이 있을 때는 그의 기분상태를 참작하라.
- 남편에게는 혼자만의 정신적 휴식시간을 갖고 싶어 하는 심리가 있음을 잊지 말라.
- 중요한 집안일을 결정할 때는 남편의 뜻을 따르라.
- 남편의 수입에 맞춰 절도 있는 살림을 꾸려나가도록 하라.
- 모든 일에 참을성을 가져라.
- 하루에 두 번 이상 남편의 좋은 점을 발견하고 지적해 줌으로써 남편이 기쁨과 긍지를 갖도록 하라.

8) 멋진 며느리 수칙

- 자존심을 버려라.
- 대답과 인사는 상냥스럽게 하라.
- 좋든 싫든 즉석에서 화를 내거나 말참견을 하지 말라.
- 때로 솔직하게 말하고 시어머니의 뜻을 존중하며 세대 차이를 좁힐 수 있도록 노력하라.
- 시부모 생신과 어버이날을 뜻있게 보내도록 하라.
- 때때로 외출과 쇼핑을 함께 하면서 서로 정을 들이도록 노력하라.
- 늦잠은 금물이며 생활은 항상 검소하게 하라.
- 시부모 앞에서 남편에게 투정하거나 부부싸움은 절대로 하지 말라.
- 친정 식구에게 시댁 험담을 하는 일을 삼가며 시어머니의 좋은 점을 칭찬하려고 하라.
- 시어머니를 친정어머니같이 생각하라.

9) 멋진 시어머니 수칙

- 며느리의 생일을 기억하라.
- 결혼 때 가져온 예단과 혼수에 대해 부정적 평가를 하지 말라.
- 같은 말을 되풀이하지 말라.
- 교회, 봉사활동, 전도, 노인학교 등에 관심을 가지도록 하라.
- 아침에 너무 일찍 일어나지 말라.
- 젊은 세대를 이해하기 위해 책을 많이 읽어라.
- 며느리의 일거일동을 캐묻지 말라.
- 칭찬을 아끼지 말라.
- 딸이 있을 경우 특히 며느리의 위신을 세워주며 딸도 남의 며느리가 된다는 사실을 잊지 말라.

• 남에게 며느리 험담을 절대 하지 말라.

10) 가정교육의 의미

출생 후 3년이 사람의 생애에 있어 가장 중요한 시기라고 한다. 오늘날 집(house)은 있어도 가정(home)은 없는 시대라고 하는데 가정은 어떠해야 하는가를 살펴보도록 하자.

(1) 교육의 장(場)으로서의 가정

가정은 최초로 인간이 만나는 장소이며 인격 형성의 장소이며 인간이 하나님의 형상대로 지음 받은 특별한 존재임을 배우는 장소이다.

(2) 교사로서의 부모

가정은 말, 질서, 사랑, 신앙을 배우는 최초의 학교로 이곳에서는 인간 다움을 배운다. 부모의 교육이 없다면 인간은 한낱 짐승에 불과한 존재이다. 자녀는 부모 자신의 삶의 자세를 보고 배운다. 무엇을 보여 주며 가르칠 것인가?

(3) 가정교육과 환경

가정환경인 가풍, 전통, 가치관은 자녀의 성장발달 및 적응에 밀접한 관계가 있다.

가정의 경제적 안정, 공포로부터의 안정, 정서적 안정과 애정을 경험하지 못한 아이는 적개심과 무관심으로 인해 정서적 장애가 생기게 된다.

그러나 가정과 사회는 너무나 큰 벽이 있어서 가정교육과 사회현실 사이에서 오는 갈등과 모순 속에서 살아가는 사람들이 많이 있다.

가정윤리와 사회윤리에서 오는 갈등과 가정교육과 사회교육의 모순 등 수없이 많지만 인격을 갖춘 사람으로 올바르고 진실한 삶이 그 무엇보다도 귀중하다는 것을 가르쳐야만 한다.

그러므로 가정에서는 자녀에게 다음과 같은 것을 가르쳐야 한다.

- 아이가 하던 일을 끝까지 마치게 해야 한다. 그렇지 않으면 커서 직장을 자주 바꾸게 될 수 있고 무슨 일이든 싫증을 느끼며 인내심이 없게 된다.
- 무슨 일이든 돈을 주고 시키지 말고 완성의 욕구(성취감)를 함양시켜준다.
- 인격을 건드리지 말고 사실을 칭찬하여 꿈을 키우게 한다.
- 요행을 바라는 인생이 되지 않고 성실한 인간이 되게 한다.
- 한 사람의 몫을 감당할 수 있도록 하고 좋은 습관을 갖게 한다.
- 공부만을 강조하지 말고 인생의 우등생이 되게 한다.

11) 가정과 자녀교육

로버트 슐러(Robert Schuller)는 "가정은 작은 마을이며, 작은 도시이며, 조그마한 나라이다. 남편은 왕이고, 아내는 왕비이며, 아들은 왕자이고, 딸은 공주이다"라고 말했다. 가정은 가장 행복한 왕국이며 평화로운 보금자리이다.

(1) 가정은 교육의 장이다

인간이 이 세상에서 만나는 최초의 스승은 부모이다. 부모는 하나님의 첫 모습이요, 신앙의 모델이다. 아이들은 부모로부터 인생을 배우고, 질서를 배우고, 신앙을 배우고, 남을 사랑하는 법을 배운다. 부모는 자녀의 교과서이다.

나폴레옹이 "자식의 운명은 언제나 그 어머니가 만든다"고 말했듯이 어머니의 보람은 자녀에게 있고, 어머니의 자랑은 훌륭한 자녀에게 있다.

(2) 가정교육의 문제점

미래의 주인공인 자녀에 대한 교육이 중요하고 소중함에도 오늘의 부모들은 기대와 소망을 가질 뿐 기대한 만큼 도와주거나 키워주지 못하고 있는 이유는 무엇일까?

첫째, 부모의 교육보다 학교교육을 더 의존하고 있다. 부모의 세대는 배울 기회가 적었기 때문에 교육에 대한 자신감이 없다. 그러나 G. 하버트는 "한 분의 아버지가 백 명의 스승보다 낫다"고 말했다.

둘째, 부모가 자녀교육에 본이 되지 못하고 있다.

셋째, 가정교육의 목표가 표류하고 있다. 부모가 자녀에게 무엇을 가르칠 것인지의 표적을 잃고 우왕좌왕하고 있다.

넷째, 점수주의, 출세주의적 가정교육의 병폐이다. 착하고 진실한 자녀보다 학업에 뛰어난 아이를 원한다.

다섯째, 형식화된 신앙교육이다. 생활과 인격을 통해 진실을 보여 주어야 한다.

(3) 어떻게 자녀를 교육할까?

하나님의 은혜가 자녀들에게 넘치도록 하며, 자녀를 씩씩하고 강하게 키워야 한다. 비바람을 맞으면서 자란 화초가 생명력이 더 강하고 향기도 진하고 열매도 탐스럽다.

그리고 정의감이 강한 어린이로 키워 선과 악, 진실과 거짓, 예와 아니오를 분명히 할 수 있도록 해야 하며 슬기롭게 키워야 한다. 주먹구구식이나 그때그때 무계획한 삶을 살 수 없는 시대이다. 창조적이고 미래지향적인 꿈을 지니고 힘 있게 살아가도록 해야 한다.

마지막으로 신앙의 사람으로 키워야 한다.

언제나 하나님을 섬기며 살아가면서 주일을 성수하고 기도하며 하나님께 영광을 돌리는 믿음의 자녀로 키워야 한다.

이종성은 다음과 같이 말했다.

"이 지상의 근본적인 제도에 두 가지가 있다고 생각한다. 즉, 가정과 교회이다. 이 두 가지는 신의 창조질서에 속하는 것으로서 세상의 권세나 제도나 권력으로써는 절대로 파괴하거나 무력화할 수 없는 것이다. 그리고 모든 사람은 이 두 가지 제도를 보금자리로 해서 양육되고 성인(成人)이 되어 참다운 인간으로서 이 지상에서 신의 백성으로서의 가치 있는 삶을 가질 수 있게 된다.

아무도 가정 없이는 사람으로서의 정당한 삶을 가질 수 없다. 동시에 교회의 회원이 되지 않고는, 즉 그리스도의 지체가 되지 않고는 인생의 진미와 신비를 맛볼 수 없다.

따라서 참으로 가치 있는 삶을 사는 사람 중에 무신론자는 없다. 표면적으로는 신을 부인할 수 있으나 그의 내면 깊은 곳에서는 신을 부인하지 못한다."

참고문헌

강성두. 「기독교란 무엇인가」. 대한기독교서회, 1991.

김희보. 「기독교입문」. 양서각, 1984.

송용필. 「이것이 참된 예배이다」. 나침반사, 1986.

전가화. 「새신자 신앙훈련 교재」. 은혜사, 1988.

탁명환. 「기독교 이단 연구」. 도서출판연구사, 1985, 1987.

정장복. 「예배학개론」. 종로서적, 1985.

전성용. 「기독교 신학개론」. 대한기독교교육협회, 1987.

김광식. 「기독교 사상」. 종로서적, 1984.

조종남. 「요한 웨슬레의 신학」. 대한기독교출판사, 1985.

이종윤. 「십계명강해」. 정음출판사, 1983.

강문호. 「십계명강해」. 한국가능성계발원, 1994.

박근원. 「교회와 선교」. 종로서적, 1988.

윤형복. 「새신자 훈련교재」. 엠마오, 1985.

박은규. 「예배의 재발견」. 대한기독교출판사, 1988.

송길섭. 「한국신학사상사」. 대한기독교출판사, 1987.

황의영. 「목회상담원리」. 생명의 말씀사, 1976.

신종선. 「성령의 은사」. 나눔사, 1991.

정기화. 「평신도를 위한 조직신학」. 규장문화사, 1989.

김경수. 「평신도신학」. 경향문화사, 1987.

김흥영. 「기독교신앙의 7단계」. 양문서적, 1993.

유동식. 「한국종교와 기독교」. 대한기독교서회, 1977.

박준서. 「구약개론」. 기민사, 1984.

아더 핑크. 「구원의 교리」. 풍만, 1984.

로버트 콜먼. 「주님의 전도계획」. 생명의 말씀사, 1988.

예수님, 어떻게 믿을까요?

개정판 1쇄 2012년 10월 17일

최 재 화 지음

발행인 | 김기택
편집인 | 손인선

펴 낸 곳 | 도서출판 kmc
등록번호 | 제2-1607호
등록일자 | 1993년 9월 4일

(110-730) 서울특별시 종로구 세종대로 149 감리회관 16층
기독교대한감리회 출판국
대표전화 | 02-399-2008　팩스 | 02-399-4365
홈페이지 | http://www.kmcmall.co.kr
디 자 인 | 디자인통 02-2278-7764

값 13,000원

ISBN 978-89-8430-577-9　03230